高等院校计算机系列规划教材

大学计算机应用基础实验指导

汪炜军　章继涛　主编
喻燕华　朱真雾　刘　锋　饶　力　副主编

電子工業出版社
Publishing House of Electronics Industry
北京 • BEIJING

内 容 简 介

本书在设计和编写理念上体现了“以学生能力为本位”的宗旨，在编写过程中贯彻“着眼技术”、“立足实用”、“书薄释浅”等原则，针对课程特点强化了实际操作技能的训练。作者根据长期从事该课程的教学经验，在本书中，以实训、实例的形式引导学生从实际应用入手，采取由浅入深、循序渐进的教学方法，引导学生掌握计算机的基本操作技能，提高学生的计算机综合应用能力。

本书结合最新计算机等级考试大纲（2009 版）要求，主要包括了计算机基础知识、操作系统 Windows XP、文字处理软件 Word 2003、电子表格 Excel 2003、演示文稿 PowerPoint 2003 及 Internet 应用等方面。“任务驱动，案例教学”是编写本书的出发点，因此编写时采用介绍实例的具体操作步骤的方法来说明各软件的功能。本书中的每一个案例都是精心设计的，由浅入深、由简及繁，尽可能多地涉及软件中必要的知识点，又尽可能具有实用性和代表性，即使是从未接触过计算机的人，参照书中的操作步骤也可以轻松入门，进而熟练掌握各种软件的用法。在每一个操作实例之后，还专门列出相关的学习测评，帮助读者更为深入、全面地了解软件的功能。

本书内容精炼、系统、循序渐进，图文并茂、通俗易懂、实用性强、直观性强，既可作为大学各专业学生学习计算机基础知识的公共课程教材，也可作为社会人员的计算机技能培训教材。

图书在版编目（CIP）数据

大学计算机应用基础实验指导/汪炜军，章继涛主编. —北京：电子工业出版社，2009.8
高等院校计算机系列规划教材
ISBN 978-7-121-09098-1

Ⅰ.大… Ⅱ.①汪… ②章… Ⅲ. 电子计算机—高等学校—教材 Ⅳ.TP3

中国版本图书馆 CIP 数据核字（2009）第 102219 号

策划编辑：赵云峰
责任编辑：张　京
印　　刷：
装　　订：北京京师印务有限公司
出版发行：电子工业出版社
北京市海淀区万寿路 173 信箱　邮编　100036
开　　本：787×1092　1/16　印张：16　字数：409 千字
印　　次：2012 年 8 月第 5 次印刷
定　　价：29.00 元

凡所购买电子工业出版社图书有缺损问题，请向购买书店调换。若书店售缺，请与本社发行部联系，联系及邮购电话：（010）88254888。

质量投诉请发邮件至 zlts@phei.com.cn，盗版侵权举报请发邮件至 dbqq@phei.com.cn。

服务热线：（010）88258888。

前　言

目前，由于教育部对高等院校学生在校期间总学时的规定及计算机应用的不断普及，各高等院校有大大压缩计算机文化课程学时的趋势。以编者所在学校为例，计算机文化基础的课内学时已由 68 学时压缩为 32 学时。另外，大学入学新生的计算机应用能力存在较大的差距：许多学生在入学时便能熟练使用计算机，而有些学生却从未接触过计算机。上述两种原因使传统的以教师为核心，课堂讲授加上机实验的教学模式难以适应目前计算机文化基础课程所面临的实际情况，迫切需要一些新颖而有效的教学模式。

本书是在以上背景下，着眼于计算机基础教育，专门为在校大学生及希望通过自学掌握计算机实用操作技能的广大学员编写的教材，希望能为学生在老师指导下进行自主学习提供帮助。

“任务驱动，案例教学”是编写本书的出发点。大多数计算机基础教程都从介绍应用软件的功能入手，在初学者看来未免有些生涩、抽象和枯燥乏味。针对这一问题，本教材在讲解应用软件时不从软件出发，而是从实用出发，采用介绍一个个实例的具体操作步骤的方法来说明各个软件的功能。本书中的每一个案例都是精心设计的，由浅入深、由简及繁，尽可能多地涉及软件中必要的知识点，又尽可能具有实用性和代表性。因此，即使是从未接触过计算机的人，参照书中的操作步骤也可以轻松入门，进而熟练掌握各种软件的用法。在每一个操作实例之后，还专门列出了相关的知识和操作，帮助读者更为深入、全面地了解软件的功能。

本书的内容涵盖了计算机基础知识、操作系统 Windows XP、文字处理软件 Word 2003、电子表格 Excel 2003、演示文稿 PowerPoint 2003 及 Internet 应用等方面。

本书以图文并茂的形式详细地讲解了计算机的基础知识和 Windows XP 的操作方法，其中有丰富的图例和具体的操作说明。读者可以跟着本书的操作步骤，完整而又轻松地掌握 Windows XP 的常用功能，成为一个熟练的 Windows XP 使用者。

Office 2003 中文版是 Microsoft（微软）公司推出的办公自动化软件，是集文字处理、电子表格处理、演示文稿制作、数据库系统、网页制作、电子邮件管理于一身的套装集成软件，是世界上使用较为广泛的办公软件之一。

在 Office 2003 中，文字处理软件 Word 2003、电子表格处理软件 Excel 2003、演示文稿制作软件 PowerPoint 2003 和数据库系统软件 Access 2003 的功能强大；网页制作软件 FrontPage 2003、电子邮件管理软件 Outlook 2003、出版物制作软件 Publisher 2003 的操作简单，使得人们在网络上创建站点、发表文章变得易如反掌，通过 Internet 接收、发送和管理电子邮件更加方便、快捷。Office 2003 集成了办公软件的各个方面，是一套不可多得的理想软件，它将其所包含的各个软件融为一体，在一个软件中插入、链接其他对象非常简单、方便，全面支持真正“所见即所得”的编辑风格，支持 HTML、多媒体、音频与视频的使用等。

本书以图文并茂的形式讲解了 Office 2003 中 Word 2003、Excel 2003、PowerPoint 2003 几个软件的操作方法。对于每一个软件都有详细的操作步骤，每个操作步骤都有明确的说明。只要读者按照本书介绍的方法循序渐进地学习，就可以轻松地掌握并能熟练地操作 Office 2003 中的各个软件，迅速成为熟练应用办公软件的人员，极大地提高工作和学习的效率。

全书以计算机操作为主线，以在看图与实际操作过程中学习最新软件应用技术为目标，展现全新的教学方法。

本书语言流畅、规范，内容充实、丰富，每个案例结束都有大量的学习测评题，用于巩固读者的学习成果，书中还提供了计算机等级考试（一级）的练习题库。

本书由江西蓝天学院多位教学一线的教师编写。本书由汪炜军、章继涛任主编，喻燕华、朱真雾、刘锋、饶力任副主编。第 1 章由章继涛编写，第 2 章由喻燕华编写，第 3 章由朱真雾编写，第 4 章由刘锋编写，第 5 章由饶力编写，第 6～7 章由汪炜军编写。参加本书编写的人员还有黄凯、廖贵州、祝建武、刘泓、吴哲、蒋睿、涂敏、万涛、熊锦建、章杨、彭小明等。

感谢读者选用本教材。由于时间仓促，教材的内容和文字表述难免会有不妥之处，欢迎读者指正。

编　者

2009 年 5 月

目　录

第 1 章　计算机基本操作

- 微型计算机的组装
- 键盘与鼠标的认识
- 中英文录入

实例 1

微型计算机的组装

学习任务

了解微型计算机的硬件配置、组装的一般流程和注意事项。学会自己动手配置、组装一台微型计算机。

学习目标

学会独立组装一台微型计算机。

操作步骤

1．机箱的准备

打开机箱的外包装，可以看到随机箱会有许多附件，螺丝、挡片等，在安装过程中会一一用到它们。取下机箱的外壳，如图 1-1 所示（以 ATX 结构的机箱为例）。会发现机箱的整个机架由金属制成，其中有 5 英寸固定架，可以安装光驱、硬盘等；3 英寸固定架，可以安装软驱和 3 英寸的硬盘；电源固定架用来固定电源。机箱一侧的一块大铁板称为底板，底板上的铜柱用来固定主板。机箱背部的槽口和多块挡片可以拆下，用以连接外设，如鼠标、键盘和显示器等。

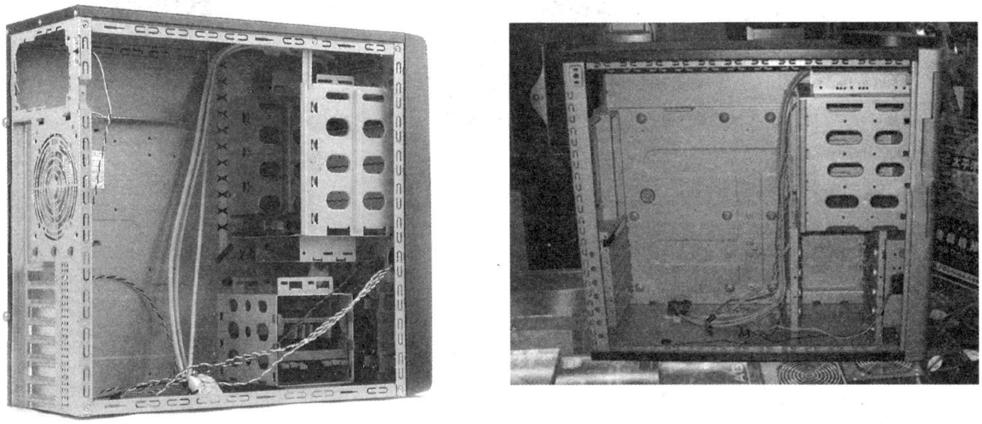

图 1-1　ATX 结构的机箱

2．安装 CPU 和风扇

主板上的 CPU 插槽有两种，即 Socket 插槽和 Slot 插槽。下面以常见的 Socket 插槽为例介绍 CPU 的安装方法。

将主板放置在桌面上，最好在主板下面垫上柔软的海绵。仔细观察主板上的 CPU 插座，会发现有一个角比其他的角少一个插孔，CPU 的本身也是如此（见图 1-2、图 1-3）。在插座的左侧有一个小扳手，拉起这个扳手，将 CPU 缺针位置与插座缺孔位置相对应，轻轻将 CPU 的各针脚插入插槽的插孔中，然后再将扳手复位即可。

图 1-2　主板上的 Socket 插槽

图 1-3　CPU

由于 CPU 发热量比较大，所以安装好 CPU 后，还需要安装散热风扇，以免 CPU 被烧坏。下面以采用最多的卡夹式风扇为例进行介绍，将散热风扇的卡夹套在 CPU 插座的卡槽上，最后将 CPU 风扇的电源线接到主板上 3 针的 CPU 风扇电源接头上。

3．安装内存条

目前常见的内存有 168 线的 SDRAM 内存和 184 线的 DDR SDRAM 内存。外观上 SDRAM 内存有两个缺口，而 DDR SDRAM 内存只有一个。

安装内存条时，先把主板上内存插槽两端的白色卡子向两边扳开，然后将内存条插入其中，内存条上的缺口必须和插槽的凸点相对应。用两个拇指轻轻把内存条推进插槽中，插槽两边的弹簧卡子会把内存牢牢卡住。

4．安装主板

主板上的 CPU 及内存条安装好后，就可以把主板固定在机箱底板上了。主板上一般有 5～7 个固定孔（见图 1-4），底板上也有很多螺钉孔，要选择合适的孔和主板上的孔相匹配。选好以后，把固定螺钉旋紧在底板上（现在大多数底板上已经安装了固定柱），然后把主板小心地放在上面，注意将主板上的键盘口、鼠标口、串并口等和机箱背面挡片的孔对齐，使所有螺钉对准主板的固定孔，依次把每个螺钉安装好。要求主板与底板平行，决不能搭在一起，否则容易造成短路。

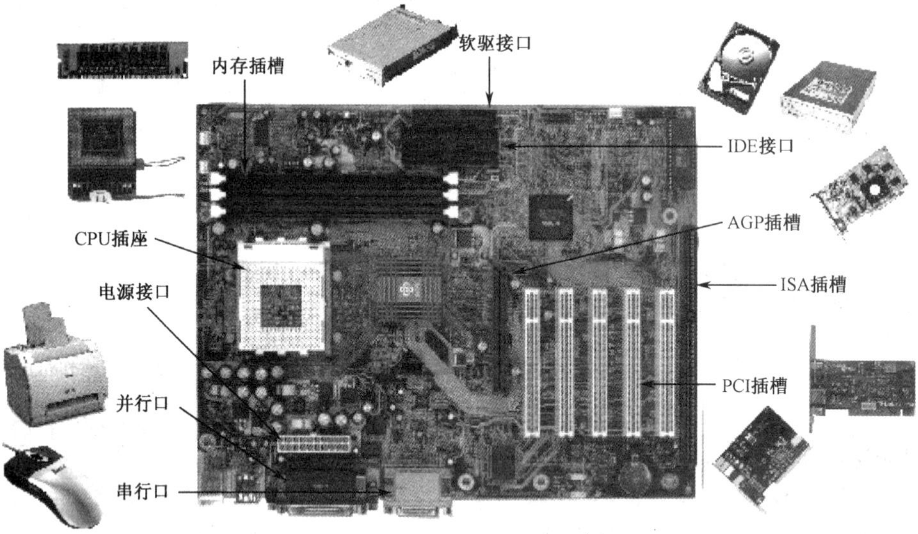

图 1-4　ATX 主板

5. 安装电源

主板上的电源分为 AT 电源和 ATX 电源两种。ATX 电源的好处是可以实现软件关机。目前市场上流行的主板一般只有 ATX 电源。

安装电源比较简单，把电源放在机箱电源固定架上，使电源后的螺钉孔和机箱上的螺钉孔一一对应，然后拧上螺钉。最后将 ATX 电源的 20 针长方形插座接入主板的 ATX 电源接口中，它不能接反（一般插反是插不进去的）。

6. 安装显卡

先将机箱上与 AGP 插槽对应的挡板去掉，然后将显卡以垂直于主板的方向插入主板上的深褐色的 AGP 显卡插槽中。用力适中并要插到底部，保证卡和插槽的良好接触。最后用螺钉将显卡固定在机箱上。AGP 显卡如图 1-5 所示，AGP 插槽如图 1-6 所示。

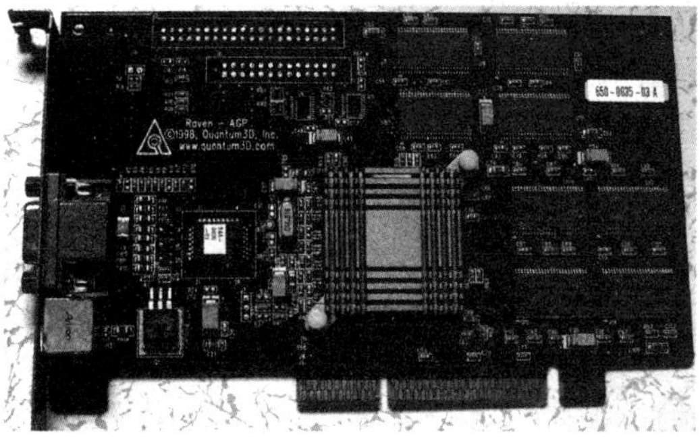

图 1-5　AGP 显卡

图 1-6　AGP 插槽

7. 连接机箱接线

机箱面板上有许多线头空着，它们是一些开关和指示灯，还有 PC 喇叭和硬盘指示灯等，要将它们连接到主板上，如图 1-7 所示。

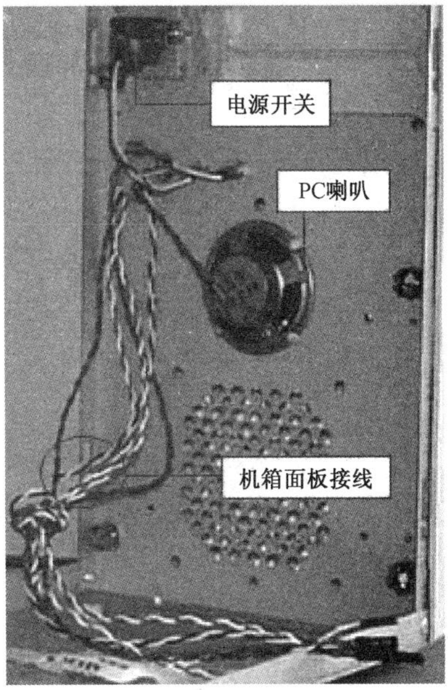

图 1-7　机箱面板上的连线

（1）电源开关总线。电源的开关接线是一个两芯的插头，它和 Reset 的接头一样，按下时短路，松开时开路，按一下，计算机的总电源就被接通了，再按一下就关闭。将它插入主板的 Power 插针上。电源开关面板线如图 1-8 所示。

（2）RESET 开关线。RESET 开关线是一个两芯接头连着机箱的 RESET 键，要接到主板上的 RESET 插针上。RESET 键是一个开关，按下它时产生短路，松开时又恢复开路，瞬间的短路就可使计算机重新启动。RESET 键面板线如图 1-9 所示。

（3）硬盘指示灯连线。硬盘指示灯的两芯接头，1 线为红色。在主板上，这样的插针通常标着 IDE LED 或 HD LED 的字样，连接时要红线对 1 线。这条线接好后，当计算机在读/写硬盘时，机箱上的硬盘指示灯会亮。硬盘指示灯面板线如图 1-10 所示。

图 1-8　电源开关面板线

图 1-9　RESET 键面板线

（4）电源指示灯连线。电源指示灯的接线是一个三芯插头，使用 1、3 位，1 线通常为绿色。在主板上，插针通常标记为 Power，连接时注意绿色线对应于第一针（+）。当它连接好后，计算机一打开，电源灯就一直亮着，指示电源已经打开了。电源指示灯面板线如图 1-11 所示。

图 1-10　硬盘指示灯面板线

图 1-11　电源指示灯面板线

（5）PC 喇叭面板线。PC 喇叭的四芯插头实际上只有 1、4 两根线，1 线通常为红色，它要接在主板的 Speaker 插针上。这在主板上有标记，通常为 Speaker。在连接时，注意红线对应 1 线的位置。PC 喇叭面板线如图 1-12 所示。

8. 连接显示器

连接显示器的信号线，15 针的信号线外框为梯形，将其接在显卡上，电源接在主机电源上或直接接电源插座。注意不要用力太猛，如图 1-13 所示。

图 1-12　PC 喇叭面板线

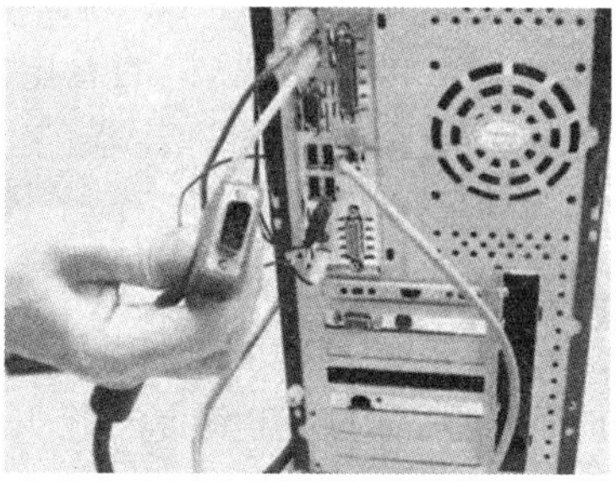

图 1-13　连接显示器信号线

9. 连接键盘和鼠标

目前市场上流行的键盘和鼠标为 PS/2 接口和 USB 接口，这两种接口的插头是一样的，对于 PS/2 接口一般计算机上都有颜色区别，只要将接口颜色和鼠标或键盘插头颜色相对应即可。对于 USB 接口的键盘和鼠标，只要有接口接入就可以了。

10. 加电测试基本系统的好坏

到此为止，我们可以给计算机加电，测试一下是否正常了。接通机箱电源，按下主机面板上的电源开关后，机器中的设备开始运转，其中 CPU 风扇、机箱电源风扇会发出“嗡嗡”的声音，伴随着喇叭“嘟”的一声，显示器出现系统提示信息，此时系统正在执行一个自检程序，表明机器可以正确启动。接下来就可以安装剩余的设备了。

11. 硬盘、光盘驱动器和软盘驱动器的安装与连接

（1）安装固定。台式机中最常用的硬盘是 3.5 英寸的硬盘。机箱面板上一般都有 1～2 个 3.5 英寸的安装位置。将硬盘放在 3.5 英寸安装位置上，将硬盘有数据接口和电源接口的一端朝向机箱后面，电路板一面向下，轻轻放入机箱中，然后用 4 个螺钉将其固定。软驱和光驱的安装方法基本和硬盘相同，只是光驱安装在 5.25 英寸的安装架上。

（2）连线。ATX 主板上有一个软驱接口、两个 IDE 接口，如图 1-14 所示。IDE 接口是用来连接 IDE 设备的，一般是硬盘和光驱。主板上的两个 IDE 接口，一个是主接口，一个是副接口。每个 IDE 接口可以连接两个 IDE 设备，所以，一台计算机最多可连接四个 IDE 设备。

硬盘数据线是 40 芯的，有 3 个接头（见图 1-15），它们不分顺序。其中两个接头连接硬盘和光驱，第三个接头接到主板的主 IDE 接口上，不要接到副 IDE 接口上。数据线上都有一根色线，一般为红线，接线原则是色线对应接口上第一根针，主板上的接口和设备接口都是这样的。先接好主板这边，再接光驱，最后接硬盘。

图 1-14　主板上的两个 IDE 接口和一个软驱接口

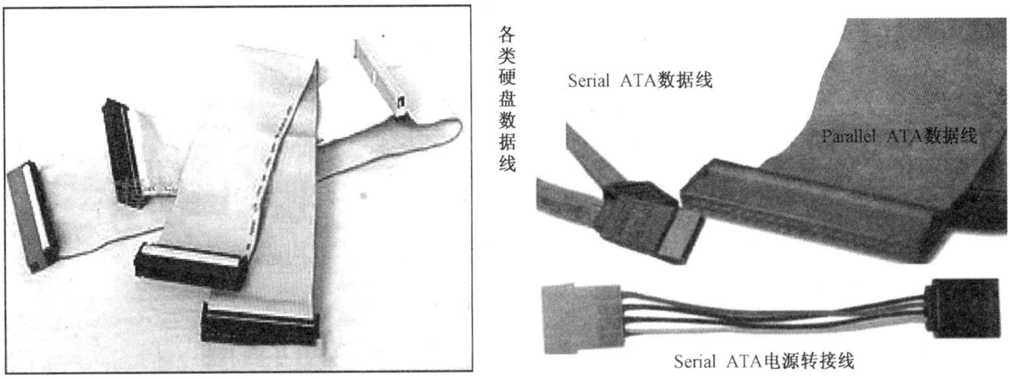

图 1-15　40 芯硬盘和光驱数据线

软驱线是 34 芯的，每一根可连接两个软驱。如图 1-16 所示，A 段和 B 段各有一个接头，用来连接 3 英寸软驱。C 段连接主板上的软驱接口。和硬盘连接一样，软驱线的红色边线必须对应主板接口和软驱接口的 1 号针。

最后再将电源上的插头插入光盘、光驱驱动器和软盘驱动器的相应插口中。因为电源插头都为梯形，所以一般不会插错，如果插反了是插不进去的。ATX 电源上的插头如图 1-17 所示。

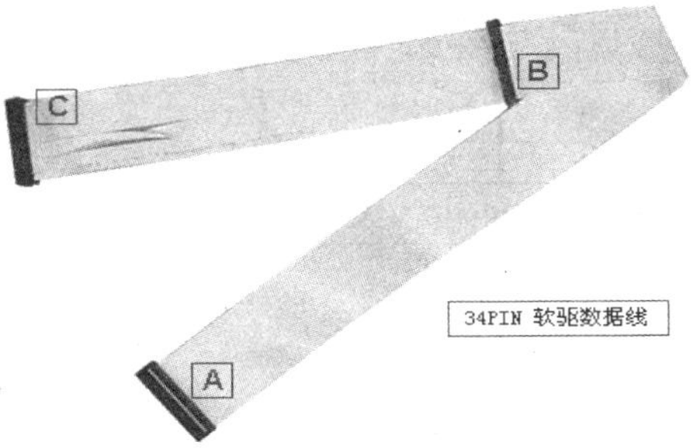

图 1-16　34 芯软驱数据线

图 1-17　ATX 电源上的插头

12. 安装声卡、网卡等扩展卡

现在的声卡、网卡等接口卡都是 PCI 接口的。主板上一般都有 2～4 个 PCI 插槽。安装板卡时，选择一个插槽安装就可以了。为了提高散热能力并降低信号干扰，应尽量将各卡隔离远一些。按照前面安装显卡的方法将各卡插入主板的 PCI 插槽中，然后用螺钉将其固定在机箱上。

13. 加电测试整机

最后，要对整个计算机硬件系统进行加电开机测试。如果有问题，需要重新检查设备的连接情况，耐心分析原因，将故障排除。

至此，一台微型计算机已经组装成功。紧接着就是系统设置和软件的安装。在安装操作系统前要进行 CMOS 设置、硬盘分区、硬盘格式化等操作，然后安装操作系统、安装显卡和声卡及网卡驱动程序、安装应用软件，完成这些操作后，才能真正使用微型计算机。

14. 微型计算机安装流程总结

微机的硬件组装并没有一个绝对的安装顺序（如有些机箱要先安装主板再装电源，而有些可能要先装电源再装主板），要依据实际情况进行安装。上面提供的是一个比较切实可行的组装流程，共分 13 个步骤，如图 1-18 所示。

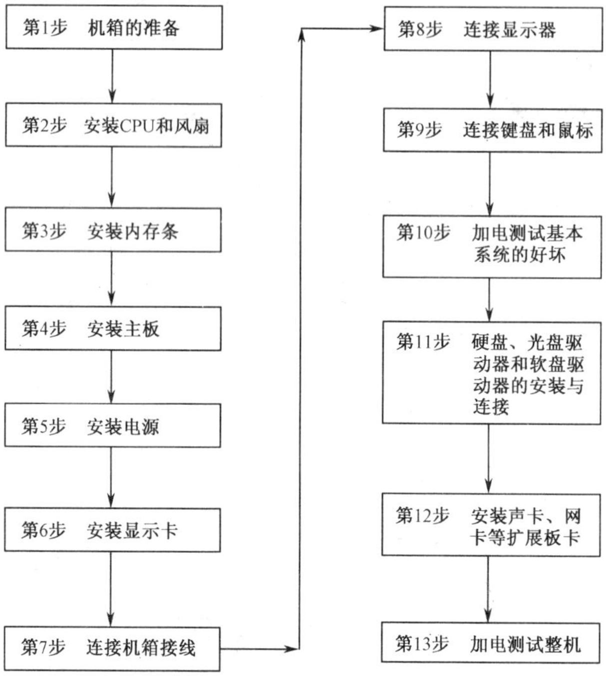

图 1-18　微机安装流程

实例 2

键盘与鼠标的认识

学习任务

了解微型计算机常用输入设备——键盘与鼠标的使用。

学习目标

1. 键盘布局与各键位的使用、鼠标布局与各键的使用。
2. 熟悉键位及各键功能。

认识键盘与鼠标

1. 认识键盘

键盘是计算机常用的输入设备，用来向计算机输入命令、程序和数据。目前在微型计算机上常用的是“101 键键盘或 104 键键盘。”一般通过 PS/2 接口或 USB 接口与主板相连。如图 1-19 所示是 104 键键盘布局。

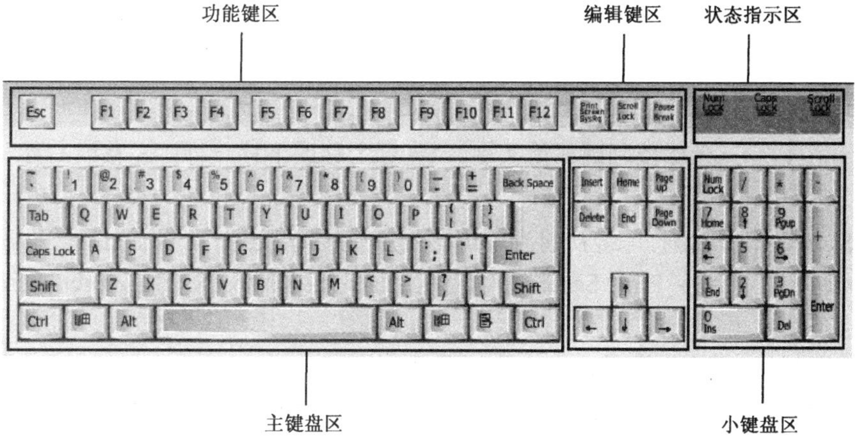

图 1-19　104 键键盘布局

（1）键盘布局。

整个键盘分为 5 个区：功能键区、主键盘区、编辑键区、小键盘区、状态指示区。

（2）主键盘区的使用。

对于打字来说，最主要的是熟悉主键盘区（共 61 个键）各个键的用途，主键盘区可输入 26 个英文字母（A～Z）、10 个阿拉伯数字（0～9）、运算符号、特殊符号，另外还有功能键。其中常用键的功能如下。

BackSpace——后退键（退格键）：光标向左退回一个字符位，同时删除该位置上原有的字符。

Enter——回车键（确认键/换行键）：将光标移到下一行行首，用于换行、结束输入或确认操作。

Shift——换档键（上档键）：必须与其他的键位结合使用，字母大小写临时转换、输入上档符号。例如，要输入大写字母“G”，同时按下“Shift+小写字母 g”即可。对于一个键上分布多个符号与数字的键。“Shift+该键”输入的是上档符号。例如，要输入主键盘区数字键“8”上的“*”号，同时按下“Shift+数字键 8”即可。

Ctrl——控制键：常与其他的键位结合使用，完成特定的控制和操作，在不同的系统和软件中完成的功能也不相同。例如，同时按住“Ctrl+Shift”组合键表示切换输入法。

Alt——转换键：与 Ctrl 一样，要同其他键位结合使用，完成特定的控制和操作。例如，“Alt+F”为文件菜单的打开快捷键。

Caps Lock——大小写锁定键（大小写换档键）：用于大、小写字母的锁定。按下该键，则指示灯会亮，表示已转换为大写状态并锁定，此时在键盘上按任何字母键均为大写英文字母。如再按一次该键，又变为小写状态。

Space——空格键：按下该键即输入一个空格字符。

Tab——制表定位键：按此键，光标向右移动 8 个字符。同时按住“Shift+Tab”键，光标左移 8 个字符。

——Window 功能键：相当于开始菜单键。

——Window 功能键：相当于鼠标的右键。

（3）编辑键区的使用。

常用编辑键（共 13 个键）的功能如下。

→← ↑ ↓——光标控制键（箭头键）：光标上移或下移一行，左移或右移一个字符的位置。

Print Screen——屏幕打印键：将当前屏幕信息直接输出到打印机上打印，即所谓的屏幕硬拷贝。同时按住“Alt+ Print Screen”为复制当前对话框的大小；而按 Print Screen 键则是复制整个屏幕的大小。

Scroll Lock——锁定屏幕键：灯亮为屏幕锁定状态。

Pause Break——暂停键：用于暂停命令的执行，按任意键继续执行命令。

Insert——插入/改写键：插入/改写状态的切换键。按此键，进入“插入”状态，可在光标位置插入所输入的字符，原光标上的字符和右边所有字符连同光标一起右移一格。再按此键，进入“改写”状态，每输入一个字符，仅将光标当前字符覆盖掉。

Home——起始键：快速将光标移动到行首。

End——终点键：快速将光标移动到行尾。

PageUp——向上翻页键：按此键，使屏幕显示内容上翻一页。

PageDown——向下翻页键：按此键，使屏幕显示内容下翻一页。

Delete——删除键：删除光标右边的字符。

（4）小键盘区（数字键区）的使用。

小键盘区（共 17 个键）包括数字键（0～9）和编辑键。常用数字键的功能如下。

NumLock——数字/编辑开关键：当此键的指示灯亮时，表示小键盘区处于数字输入状态，此时使用小键盘区就可以输入数字；当此键的指示灯熄灭时，小键盘区又回到编辑状态，小键盘区上的键变成了光标控制/编辑键。

Ins 键与编辑键区上的 Insert 键功能相同。

Del 键与编辑键区上的 Delete 键功能相同。

（5）功能键区的使用。

按这些键（共 13 个键），屏幕上不显示相应的字符，只是完成一定的功能。其中 F1～F12 键在不同的工作环境下功能有所不同。

Esc——取消键（退出键）：用于退出当前状态或进入另一状态或返回系统。

2. 认识鼠标

鼠标也是计算机常用的输入设备之一，现在的计算机操作基本离不开鼠标。用鼠标来执行一些命令会非常方便。目前常用的鼠标有 2D 鼠标和 3D 鼠标两种。一般也通过 PS/2 接口或 USB 接口与主板相连。

鼠标的操作包括五大方面的内容，它们分别是单击、双击、右键单击、指向、拖动，如表 1-1 所示。

表 1-1　鼠标操作方式

名　称	操 作 方 式
单击	快速地按一下鼠标的左键并松开
双击	快速地连续按两下鼠标的左键
右键单击	快速地按一下鼠标的右键并松开
指向	移动鼠标直到指针停留在要选择的项目上
拖动	鼠标指向对象的位置，按住左键不放，将它拖到另外的地方

鼠标的指针通常是以箭头的形状出现在屏幕上的，但是随着环境位置的不同，会有各种不同的形状，其含义如表 1-2 所示。

表 1-2　鼠标指针含义

形　状	说　明	形　状	说　明
	表示可以选取或打开目标		表示链接选择
	表示正在储存或打开，需要等待（后台运行）		表示可沿对角线调整

续表

形　状	说　明	形　状	说　明
	表示计算机忙		表示水平调整
	表示可以输入文字		表示垂直调整
	表示所在位置无效		表示帮助选择
	表示可以搬移物件		表示精确定位

实例3

中英文录入

学习任务

输入下面这段文字：

> **改进光缆电缆的施工和维护方法**
>
> 目前，为了适应城市施工的特点，国际上较重视用不挖沟的方式施工光、电缆，采用小地沟或微地沟技术安装光缆，同时对光缆网进行自动监测，保证光缆网络不中断通信维护。与此相适应的是需要开发相应的元器件、工具和设备，并且要在体制上做一些改进与之相适应。ITU 对 NH 开发光缆用浸水传感器、光纤自动测试时的光纤选择器及美国提出的 1s 告警、3 min 内定位的指标及意大利提出的光纤纤芯与光缆护套指标综合监测等方案都十分重视。在现代化的光网络中，这些方式已经起到明显的作用。由此可见，为了保证光缆网络工作的可靠性，在施工和维护中降低成本、节省劳力、节省时间，逐步推广新的施工方法，逐步完善光缆网络的自动监测维护系统和提高光缆网络的不中断维护水平已势在必行。

学习目标

学会在多种输入法下输入常见中英文文字与符号。

操作步骤

1. 中英文录入

单击“开始”→“程序”→“Microsoft Office”→“Microsoft Word”命令打开一个空的 Word 文档。按“Ctrl+Shift”键，调整到自己常用的输入法（如五笔字型输入法或智能 ABC 输入法）。输入法选择和输入法的工具条如图 1-20 和图 1-21 所示。按照输入法的输入码输入“学习任务”中的文字。

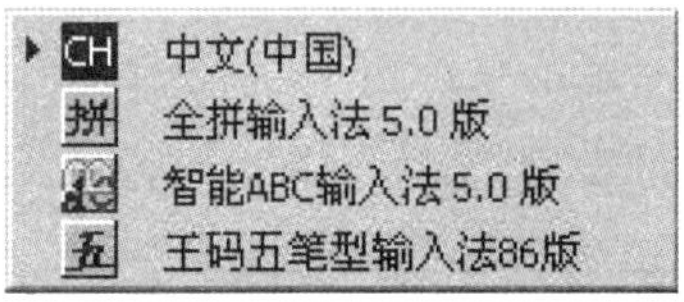

图 1-20　输入法选择

图 1-21　输入法的工具条

（1）中英文切换：用鼠标在任务栏上选择中文和英文输入法，或按“Ctrl+Space”键进行中英文切换。

（2）全/半角切换：用鼠标单击“全/半角切换”按钮切换，或按“Shift+Space”键进行切换。

（3）中英文标点切换：用鼠标单击“中英文标点切换”按钮切换，或按“Ctrl+Z（可自己设定——在控制面板中设置）”键进行切换。

（4）软键盘：单击“软键盘”按钮，用鼠标单击软键盘上的按钮，可实现按键的操作，再次单击它就可以关闭软键盘。

2. 汉字的输入法及其分类

汉字的输入法包括区位输入法、拼音输入法（全拼输入法、双拼输入法、智能 ABC 输入法）和五笔字型输入法。

（1）智能 ABC 的功能设置。

Alt＋F1：区位码输入状态。

Alt＋F2：笔画查字（即字典）工作方式。

Alt＋F3：标准变换输入工作方式。

Alt＋F4：双打变换输入工作方式。

Alt＋F5：英文输入工作方式。

Alt＋F6：全角/半角状态切换。

Alt＋F7：双打键盘布局及笔形、代码提示。

Alt＋F8：符号、字母输入（动态键盘）。

Alt＋F9：设备、状态控制。

Alt＋F10：强制记忆功能。

（2）状态及设备控制。

① 标点转换：允许/不允许中文标点符号转换。

② 纯笔形输入：纯笔形输入方式选择。

③ 调词频：调整词的频率，以适应不同文类的需要。

④ 光标：显示或隐藏光标。

⑤ 打印设置：设置打印字库的点阵、字体、字型和宽度等。

（3）智能 ABC 的标准输入方式。

① 全拼输入；

② 简拼输入；

③ 混拼输入；

④ 笔形输入（见表 1.3）；

⑤ 音形输入。

表 1-3　笔形输入

笔形代码	笔　形	笔形名称	实　例	说　明
1	一	横（提）	三、西	笔画“提”按“横”处理
2	丨	竖	上、是	
3	丿	撇	川、手	
4	㇏丶	点（捺）	主、这	笔画“捺”按“点”处理
5	㇇	折（竖弯勾）	与、骊	顺时针方向弯曲的多折笔画，判断时以尾折为准
6	㇄	弯	七、级	逆时针方向弯曲的多折笔画，判断时以尾折为准
7	十	叉	杀、其	交叉笔画只限于正叉
8	口	方	国、呵	四边整齐的方框

中文数量词输入举例如表 1-4 所示。

表 1-4　中文数量词输入

输　入	输　出
i1986n4ys5r	一九八六年四月十五日
i3b7s2k	三百七十二克
I8q6b2s$	陆佰贰拾元

（4）双拼输入方式。

汉字读音由声母和韵母组成。在双拼输入时，只需按键两次：奇次为声母，偶次为韵母。对于有韵母的零声母音节，需要用零声母键“o”或隔音符号“'”补够两键，但要注意的是在屏幕上显示的仍是该字的规范拼音。

例如，“西安”两个字的输入应为“xi' an”，若输成“xian”则就成了“先”字的拼音；“女”字的输入应为“nv”；“绿色”两个字的输入应为“lvse”；注意：这里是用“v”代替“ü”。

3. 五笔输入法的使用

（1）汉字的构成。

汉字的 3 个层次：笔画、字根、汉字。

汉字的 5 种笔画：横、竖、撇、捺、折。为了方便记忆和应用，根据它们使用频率的高低，依次用 1，2，3，4，5 作为代号，如表 1-5 所示。

表 1-5　汉字的五种笔画

笔画代号	笔画名称	笔画走向	笔画及其变形
1	横	自左向右	一
2	竖	自上而下	丨 刂
3	撇	右上到左下	丿
4	捺	左上到右下	丶
5	折	带转折	乙

五种笔画组成字根时，其间的关系可分为以下四种情况。

① 单：即五种笔画本身。

② 散：组成字根的笔画之间有一定间距，如“三、八、氵、心”等。

③ 连：组成字根的笔画之间是相连接的，可以是单笔与单笔相连，也可以笔笔相连，如“厂、从、尸、弓”等。

④ 交：组成字根的笔画是互相交叉的，如“十、力、又、车”等。

（2）汉字的三种字型。

汉字的三种字型及其代号如表 1-6 所示。

表 1-6　汉字的三种字型及其代号

字型名称	字型代号	字　例
左右型	1	汉、湘、结、封、打、顺、信、佳
上下型	2	字、莫、花、华、雷、霞、家、吉
杂合型	3	困、凶、这、司、乘、本、无、天

（3）五笔字型基本字根及其分布。

认识区位号（共分为 5 个区），如图 1-22 所示。

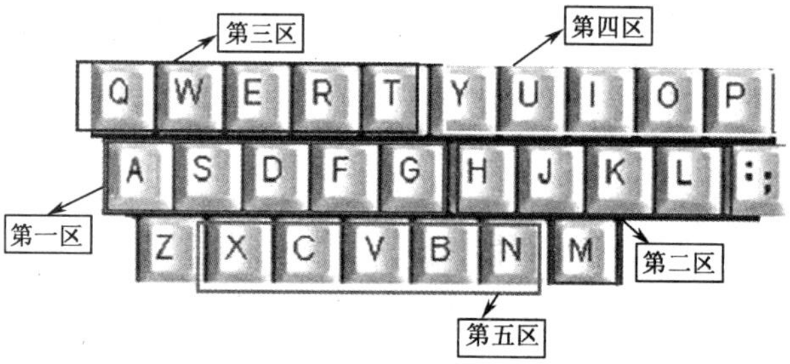

图 1-22　键盘分区图

第一区：横起笔码元键，分别有 A、S、D、F、G 键。

第二区：竖起笔码元键，分别有 H、J、K、L、M 键。

第三区：撇起笔码元键，分别有 Q、W、E、R、T 键。

第四区：捺起笔码元键，分别有 Y、U、I、O、P 键。

第五区：折起笔码元键，分别有 X、C、V、B、N 键。

根据汉字的五种基本笔画“横、竖、撇、捺、折”，为便于记忆和应用，除去“Z”键（Z 键是万能学习键）之外的 25 个字母分成 5 个区，区号为 1～5（见图 1-24）。5 个区的码元分别为横起笔类、竖起笔类、撇起笔类、捺起笔类、折起笔类，每区从内向外共 5 个位，用区位号（两位数字）可表示一个键。如“G”键在 1 区 1 位，代号则为“11”；“F”键在 1 区 2 位，代号为“12”；“M”键在 4 区 5 位，代号为“45”……

由以上可以得知，五笔字型中所说的码元键就是字母键，而且码元所在的键位和字母键的作用完全相同，区位号和字母一一对应。例如：

11 就是 G，G 就是 11，码元键位为第 1 区第 1 位；

12 就是 F，F 就是 12，码元键位为第 1 区第 2 位；

45 就是 M，M 就是 45，码元键位为第 4 区第 5 位。

五笔字型字根键盘的区位分配图如图 1-23 所示。

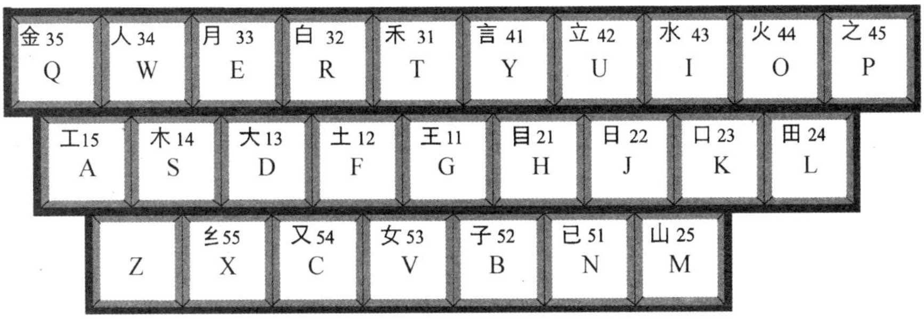

图 1-23 五笔字型字根键盘的区位分配图

五笔字型优选的 130 种字根分放在从 A 到 Y 的 25 个键上，每个键上排放了若干个字根，这就形成了五笔字型字根总表。

基本字根的排列规律如下。

① 与键名字根形态相近。

② 除字根的首笔代号与其所在的“区号”保持一致外，相当一部分字根的第二笔代号还与其“位号”保持一致。

③ 键位代码还表示了组成字根的笔画种类和数目，即：位号与该键位上复合散笔字根的笔画数目保持一致。

④ 有少量字根，考虑到形相近、字源相同、便于联想，它们的分布规律例外。

（4）字根助记词的理解。

① 第一区（横起笔类）字根助记词如下。

11 王旁青头戋（兼）五一

12 土士二干十寸雨

13 大犬三羊古石厂

14 木丁西

15 工戈草头右框七

② 第二区（竖起笔类）字根助记词如下。

21 目具上止卜虎皮

22 日早两竖与虫依

23 口与川，字根稀

24 田甲方框四车力

25 山由贝，下框几

③ 第三区（撇起笔类）字根助记词如下。

31 禾竹一撇双人立，反文条头共三一

32 白手看头三二斤

33 月彡（衫）乃用家衣底

34 人和八，三四里

35 金勺缺点无尾鱼、犬旁留×儿一点夕、氏无七（妻）

④ 第四区（捺起笔类）字根助记词如下。

41 言文方广在四一，高头一捺谁人去

42 立辛两点六门疒

43 水旁兴头小倒立

44 火业头，四点米

45 之字军盖道建底，摘礻（示）衤衣

⑤ 第五区字根（折起笔类）字根助记词如下。

51 已半巳满不出己，左框折尸心和羽

52 子耳了也框向上

53 女刀九臼山朝西

54 又巴马，丢矢矣

55 慈母无心弓和匕，幼无力

（5）五笔字型汉字拆分原则。

汉字的结构分析如下。（四种类型）

① 单：基本字根本身就单独成为一个汉字。

② 散：指构成汉字的基本字根之间可以保持一定的距离，或汉字由非单笔画组成，字根与字根相连。

③ 连：指一个基本字根连一单笔画，当单笔画与基本字根间有明显间距时不认为相连；或者当做所谓的“带点结构”。

④ 交：是指由几个基本字根交叉套叠之后构成的汉字。

归纳要点如下：

① 基本字根独成字（成字字根），在将来的取码中有专门的规定，因而不需要判断字型；

② 属于“散”的汉字才可以分为左右、上下型；

③ 属于“连”与“交”的汉字，一律属于杂合型；

④ 不分左右、上下的汉字，一律属于杂合型。

（6）五笔字型编码末笔字型交叉识别码。

在五笔字型中，笔画分为五种，字型分为三种，那么，末笔字型配合交叉的可能性就是5×3=15种，如表1-7所示。

表 1-7　五笔字型编码末笔字型交叉识别码

笔画/字型代号	左右型 1	上下型 2	杂合型 3
横　1	11（一）G	12（二）F	13（三）D
竖　2	21（丨）H	22（刂）J	23（川）K
撇　3	31（丿）T	32（斤）R	33（彡）E
捺　4	41（丶）Y	42（冫）U	43（氵）I
折　5	51（乙）N	52（）B	53（巛）V

（7）单体结构拆分原则。

① 对于连笔结构，拆成为单笔与基本字根，如“牛”拆成“𠂉、丨”，“生”拆成“丿、王”。

② 对于交叉结构或交连混合结构，概括为如下四句口诀：

能散不连，兼顾直观；能连不交，取大优先。

（8）单个汉字的编码输入。

① 字根总表内汉字的输入。

键名汉字的输入。每一个键位都有一个中文键名（键位中的第一个字根），如图 1-26 所示，输入此键名汉字时，只要把它们所在的键连按 4 次就可以了。如“土”：输入 4 个“FFFF”即可；“已”：输入 4 个“NNNN”即可。

成字字根汉字的输入。键名上有些字根既是一个字根又是一个汉字，这种字根称做成字字根。

成字字根的输入规定：键名代码 + 首笔画代码 + 次笔画代码 + 末笔画代码（不足四码补空格键）。例如：

“西”：西　一　丨　一　　编码为：SGHG

“辛”：辛　丶　一　丨　　编码为：UYGH

“虫”：虫　丨　乛　丶　　编码为：JHNY

② 表外汉字的输入。

四根及四根以上汉字的输入。输入方法：输入第一、二、三笔笔画代码及末尾的根代码即可。例如：

“捺”：扌　大　二　小　　编码为：RDFI

“撇”：扌　丷　冂　攵　　编码为：RUMT

不足四根的汉字输入。输入方法：取各字根编码 + 末笔字形交叉识别码（若仍不足四码，补空格键）。例如：

“美”：丷　王　大　42（识别码）　　编码为：UGDU

“付”：亻　寸　41（识别码）　　编码为：WFY

（9）简码的输入。

一级简码（又称高频字）共 25 个，分布在五笔字型的编码键位上，如图 1-24 所示。

输入高频字的方法是：输入简码所在的键 + 空格键。例如，“有”字的输入为：先按“E”键，再按空格键即可。

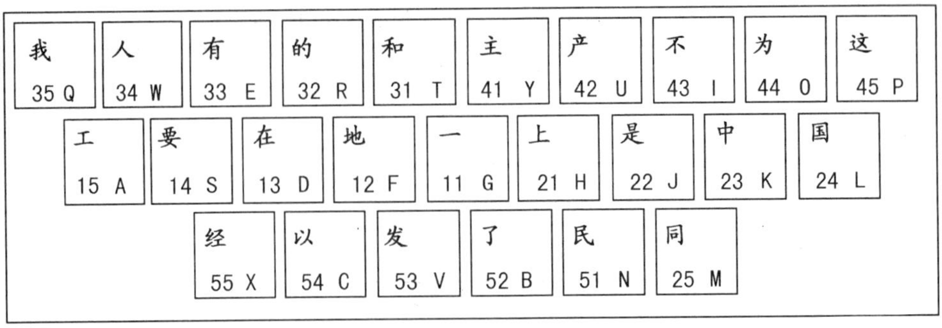

图 1-24　一级简码分布图

二级简码由单字全码中的前两个字根代码组成，共 588 个。二级简码输入方法是取该字第一、第二笔代码加空格键，例如：

“五”：　五　一　　　编码为：GG

“太”：　大　丶　　　编码为：DY

“啊”：　口　阝　　　编码为：KB

三级简码指输入三个字母就能输入的单个汉字。输入方法是取第一、第二、第三笔代码加空格键。例如：

“英”：　艹　冂　大　　编码为：AMD

“校”：　木　六　㐅　　编码为：SUQ

“课”：　讠　日　木　　编码为：YJS

四级全码的输入方法是取第一、第二、第三笔代码加上最末笔代码。例如：

“使”：　亻　一　口　㐅　　编码为：WGKQ

“整”：　一　口　小　正　　编码为：GKIH

（10）词语的输入。

双词语的输入。输入方法：分别取这两个字的前两个字根，共四码。例如：

“计算”：　讠　十　竹　目　　编码为：YFTH

“五笔”：五　一　竹　丿　　编码为：GGTT

三字词的输入。输入方法：前两个字各取其第一个字根，最后一个字取前两个字根，共四码。例如：

“计算机”：　讠　竹　木　几　　编码为：YTSM

“江西省”：　氵　西　小　丿　　编码为：ISIT

四字词的输入。输入方法：四个字各取其第一个字根，共四码。例如：

“千方百计”：　丿　亠　丆　讠　　编码为：TYDY

“电话号码”：　日　讠　口　石　　编码为：JYKD

多字词的输入。输入方法：取前三个字和最后一个字的第一个字根，共四码。例如：

“全国人民代表大会”：　人　口　人　人　　编码为：WLWW

“中华人民共和国”：　口　亻　人　口　　编码为：KWWL

第 2 章　Windows XP 操作系统

- Windows 桌面个性设置
- Windows 窗口与菜单操作
- 文件和文件夹操作
- 应用程序的使用
- 控制面板设置

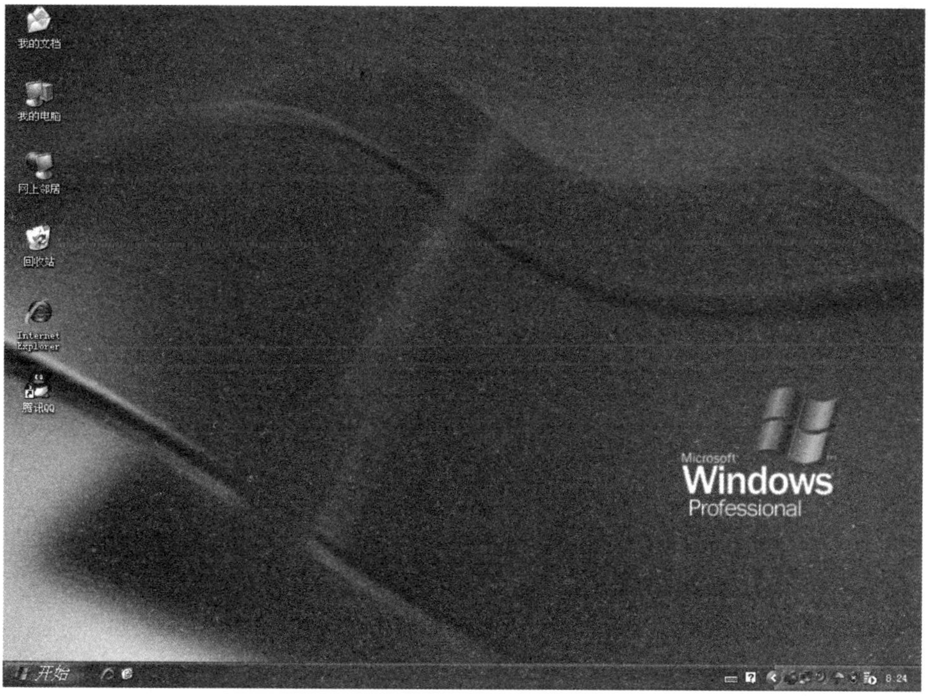

实例 1

Windows 桌面个性设置

学习任务

熟悉 Windows XP 的桌面，设置桌面的“显示”属性，效果图如图 2-1 所示。

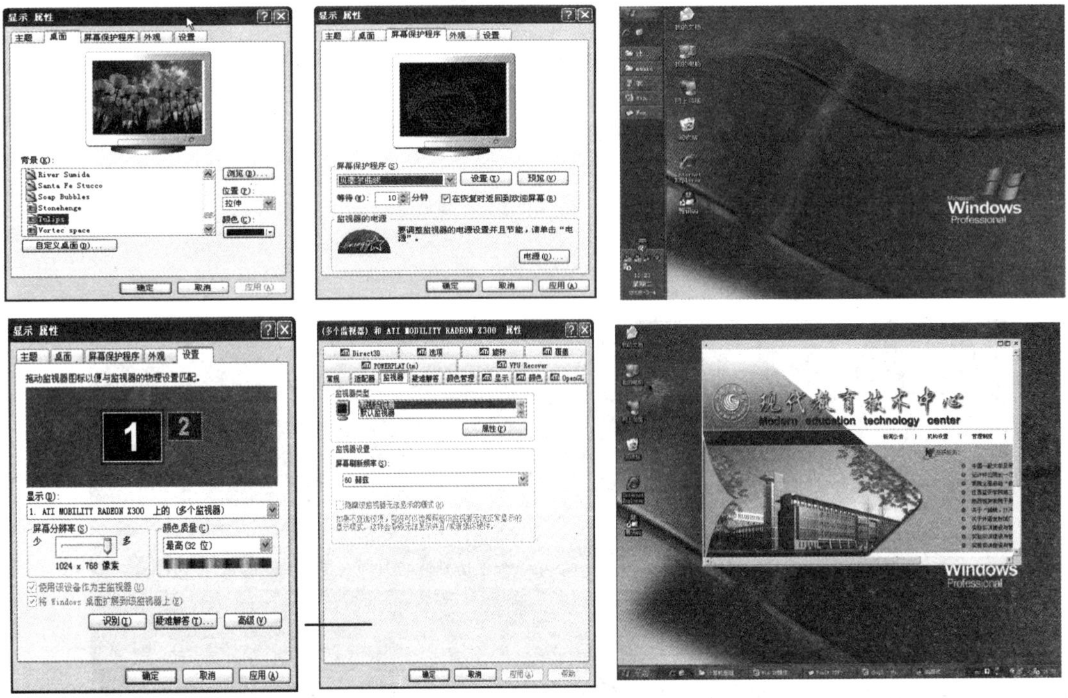

图 2-1　实例 1 效果图

学习目标

1．了解 Windows 桌面的结构；
2．掌握对任务栏的操作；
3．掌握桌面背景图片的修改；
4．掌握活动桌面的设置；
5．掌握屏幕保护程序设置；
6．会设置屏幕分辨率和刷新率。

操作步骤

1．Windows XP 桌面认识

Windows 桌面是指系统给用户显示的总界面，包含了整个屏幕，通常将某一图像作为桌面背景图案，即计算机启动后所显示的界面。Windows XP 桌面结构如图 2-2 所示。

Windows XP 的屏幕桌面可分为三部分：桌面空白处、图标组和任务栏。

1）桌面空白处

桌面上放置任何图标程序的地方。

2）图标组

一些放置在桌面上的图形对象，通常在桌面的左边，代表着某个系统的特定功能或某个应用程序。主要包括以下内容。

（1）“我的电脑”。“我的电脑”主要用来管理计算机的软、硬件设备。通过“我的电脑”可以查看计算机中的文件资源。

（2）“网上邻居”。通过“网上邻居”可以实现网络内计算机的资源共享，只需在桌面上双击“网上邻居”图标，网络连接的所有计算机图标都会出现在窗口上，方法与浏览本地计算机的内容一样。

（3）“回收站”。“回收站”中保存着从硬盘上被删除的文件。用户可以通过“回收站”恢复被删除的文件到原来的目录；也可以选择清空回收站永久性地删除保存在“回收站”中的文件。

（4）“Internet Explorer”。Windows XP 自带的浏览网页的浏览器。只要连接上互联网，就可以通过 IE 浏览器查看网络上的信息资源。

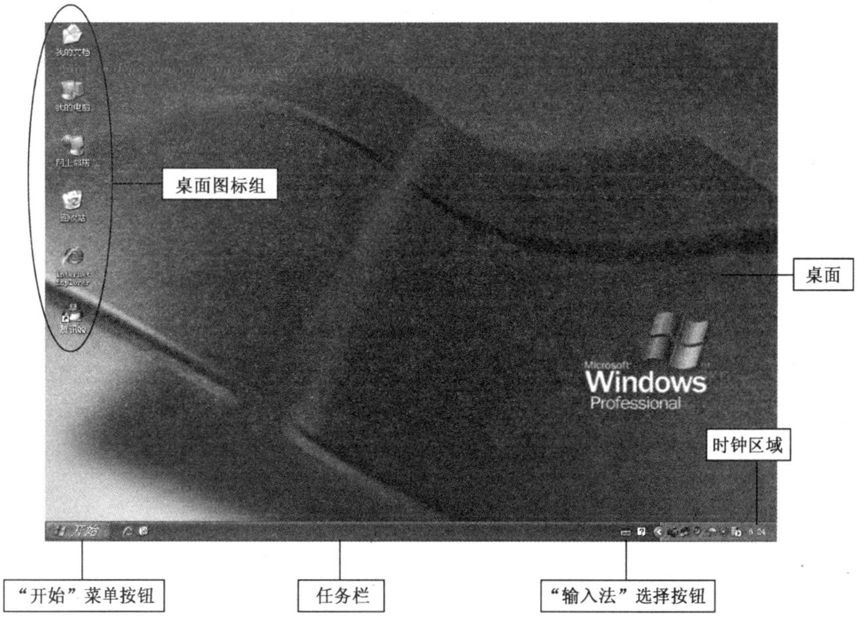

图 2-2　Windows XP 桌面结构

3）任务栏

在打开多个任务或窗口的时候，会在任务栏上显示所有的程序图标，可以分组相似任务栏图标按钮，即同一程序打开的文档会组合成一个任务栏按钮，方便查找文档。Windows 任务栏组成如图 2-3 所示。

任务栏的常用操作包括：隐藏任务栏、移动任务栏、调整任务栏大小等。

图 2-3　Windows 任务栏组成

【例 1】 隐藏任务栏。

（1）用鼠标左键单击“开始”按钮，选择“设置”→“任务栏和「开始」菜单属性”，打开任务栏属性对话框。另一种方法是在任务栏空白处右击，选择“属性”命令，也可以打开任务栏属性对话框。任务栏属性对话框如图 2-4 所示。

（2）选中“自动隐藏任务栏”复选框，单击“确定”按钮，则窗口最大化时任务栏会消失。

说明：

若想重新看到任务栏，可以将鼠标指针指向窗口底端，则任务栏会重新出现。取消自动隐藏时只需把“自动隐藏任务栏”复选框内的勾去除。

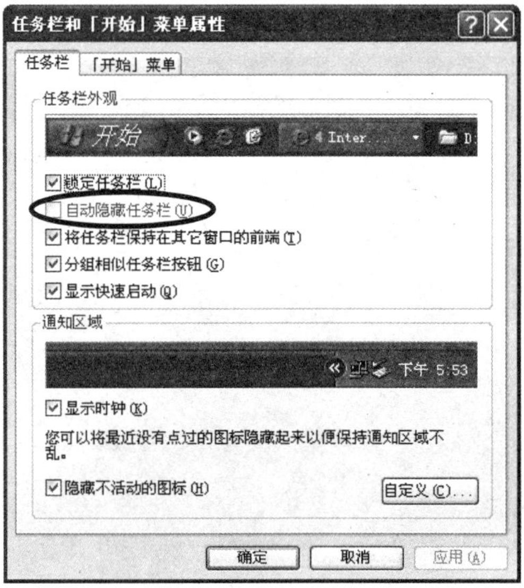

图 2-4　任务栏属性对话框

【例 2】 移动任务栏。

（1）将鼠标指针指向任务栏的空白处。

（2）按下鼠标左键并拖动，当到达桌面某一边沿位置时松开鼠标，则任务栏出现在该位置上，如图 2-5 所示。

图 2-5　调整了任务栏的桌面

【例 3】 调整任务栏大小。

（1）将鼠标指向任务栏的边缘，使它变成双向箭头。

（2）按住鼠标左键不放，向上拖动到适当位置后，松开鼠标，就得到如图 2-6 所示的调整后变大的任务栏。

图 2-6　调整后变大的任务栏

说明：

在 Windows XP 中，要移动或调整任务栏，必须去除“锁定任务栏”，否则不可实现任务栏的移动或调整。

右击任务栏空白处，弹出任务栏快捷菜单，取消选中的“锁定任务栏”项即可，如图 2-7 所示。

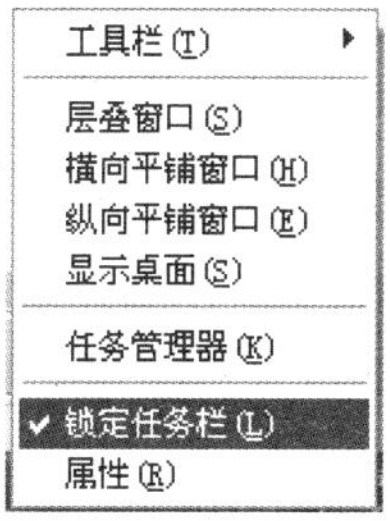

图 2-7　任务栏快捷菜单

2. Windows XP“显示”设置

在 Windows XP 的“显示”设置中，可以设置屏幕的墙纸、屏幕的外观、屏幕保护程序、屏幕刷新率和分辨率、桌面图标样式等。

打开“显示”对话框有两种方法。

方法一：

（1）在桌面空白处单击鼠标右键；

（2）在弹出的快捷菜单中选择“属性”项。

方法二：

（1）单击“开始”按钮，选择“设置”→“控制面板”项；

（2）在控制面板中单击“外观和主题”项；

（3）单击“显示”项打开对话框，如图 2-8 所示。

【例 4】 更改 Windows 桌面背景。

步骤如下。

（1）根据方法一打开“显示 属性”对话框。

（2）选择“桌面”选项卡，在“背景”列表框中选择一种墙纸，该墙纸的预览效果立即显示在列表上面的监视器图形中（见图 2-9）。

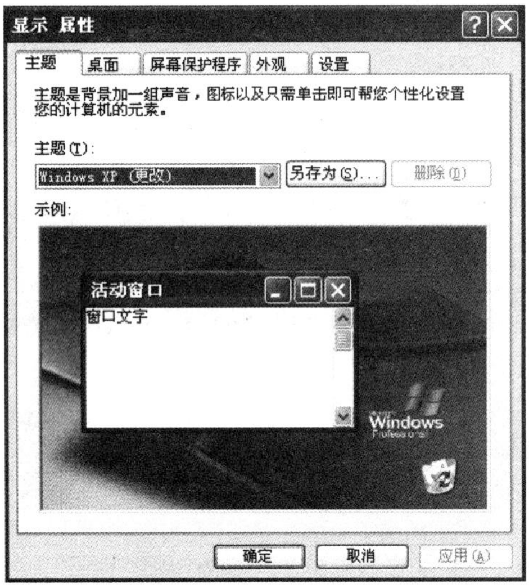

图 2-8　“显示 属性”对话框

图 2-9　“桌面”选项卡

（3）也可以单击“浏览”按钮，在磁盘上选择一幅图片，预览效果也会显示在监视器图形中。

（4）在“位置”下拉列表框中可以选择三种图片排放方式：居中、平铺、拉伸。

（5）单击“确定”按钮就更改了桌面背景。

【例 5】 把实时的 http://modern.jxbsu.com（“江西蓝天学院现代教育技术中心”）网页内容设置为活动桌面。

步骤如下。

（1）在如图 2-9 所示的“桌面”选项卡中单击“自定义桌面”按钮，打开“桌面项目”

对话框，打开“Web”选项卡，如图 2-10 所示。

（2）单击“新建”按钮，打开如图 2-11 所示的“新建桌面项目”对话框，在“位置”文本框中输入“江西蓝天学院现代教育技术中心”的网址 http:// modern.jxbsu.com。

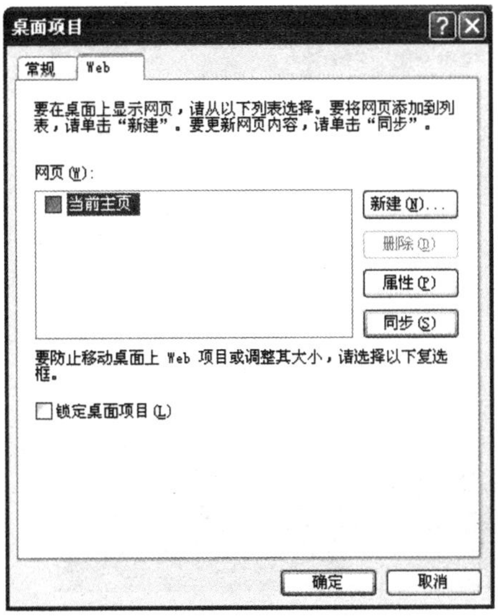

图 2-10　“Web”选项卡

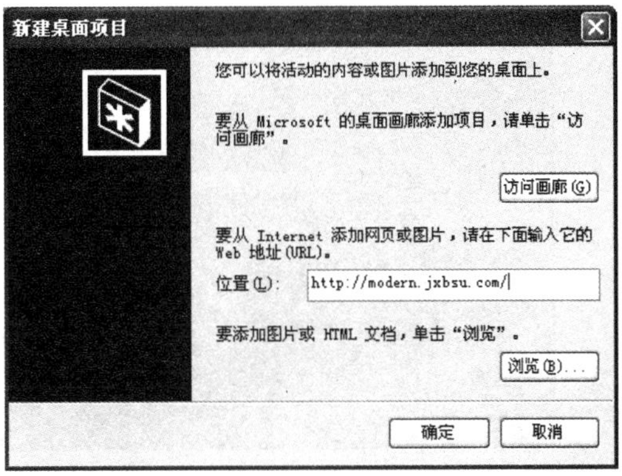

图 2-11　“新建桌面项目”对话框

（3）单击“确定”按钮，出现如图 2-12 所示的“在 Active Desktop（TM）上添加项目”对话框，单击“确定”按钮。然后，系统进行同步工作，同步完成以后，在“桌面项目”的“Web”选项卡中，多了一项内容 http://modern.jxbsu.com，并且它处于选中状态，如图 2-13 所示。

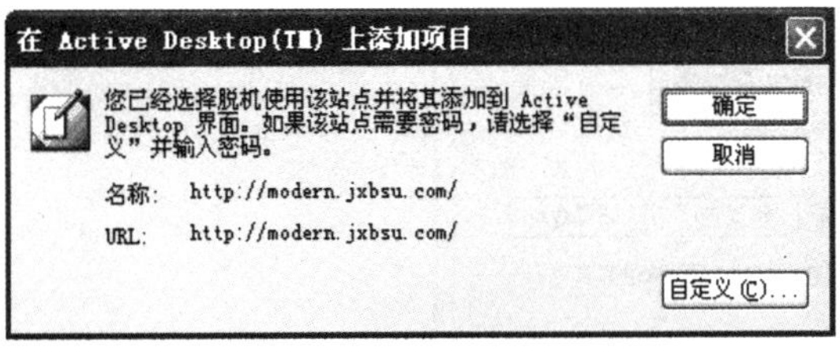

图 2-12　“在 Active Desktop（TM）上添加项目”对话框

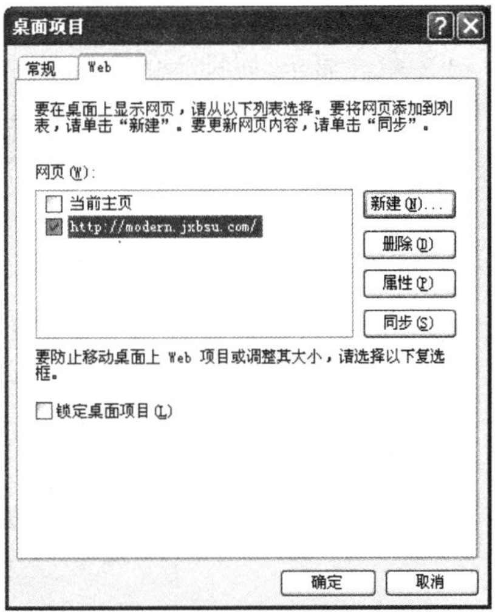

图 2-13　http://modern.jxbsu.com 处于选中状态

（4）单击“确定”按钮以后，回到桌面，可以看到“江西蓝天学院现代教育技术中心”的网页以窗口的形式显示在桌面上，并且网页是活动的，如图 2-14 所示，窗口的大小可以进行调整，还可以在网页中进行通常的 IE 浏览操作。

图 2-14　设置活动桌面后

说明：

只有在计算机连入互联网的情况下，才可以把活动网页设置成桌面背景。

【例 6】 设置屏幕保护程序。

当用户在一定时间内没有操作键盘或鼠标后，屏幕保护程序会自动运行，以保护屏幕荧光粉不被灼伤，同时隐藏计算机屏幕上显示的信息。设置屏幕保护的步骤如下。

（1）在“显示 属性”的对话框中，打开“屏幕保护程序”选项卡，如图 2-15 所示。

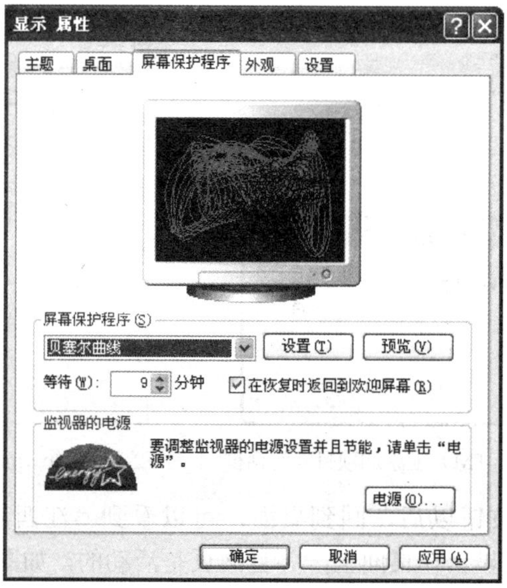

图 2-15　“屏幕保护程序”选项卡

（2）在“屏幕保护程序”下拉列表框中选择一种屏幕保护程序，如贝塞尔曲线。

（3）可以通过“设置”按钮让用户自由地更改对应屏幕保护程序的显示属性。

（4）在“等待”数值选择框中选择或输入等待时间。

（5）使用“预览”按钮可以查看所选屏幕保护程序在监视器上的显示方式。

【例 7】 设置屏幕分辨率和刷新率。

对于一个显示器，衡量其性能的标准主要有分辨率和刷新率。

分辨率：指屏幕上共有多少行扫描线、每行有多少个像素点。例如，分辨率为 1024×768 表示屏幕上有 768 行扫描线，每行有 1024 个像素点。分辨率越高，图像的质量越好。

刷新率：指屏幕刷新的频率。例如，刷新率为 75Hz，则显示器每秒可以进行 75 次刷新。刷新率越高，屏幕看起来晃动的感觉越小。

设置步骤如下。

（1）在“显示 属性”的对话框中打开“设置”选项卡，如图 2-16 所示。

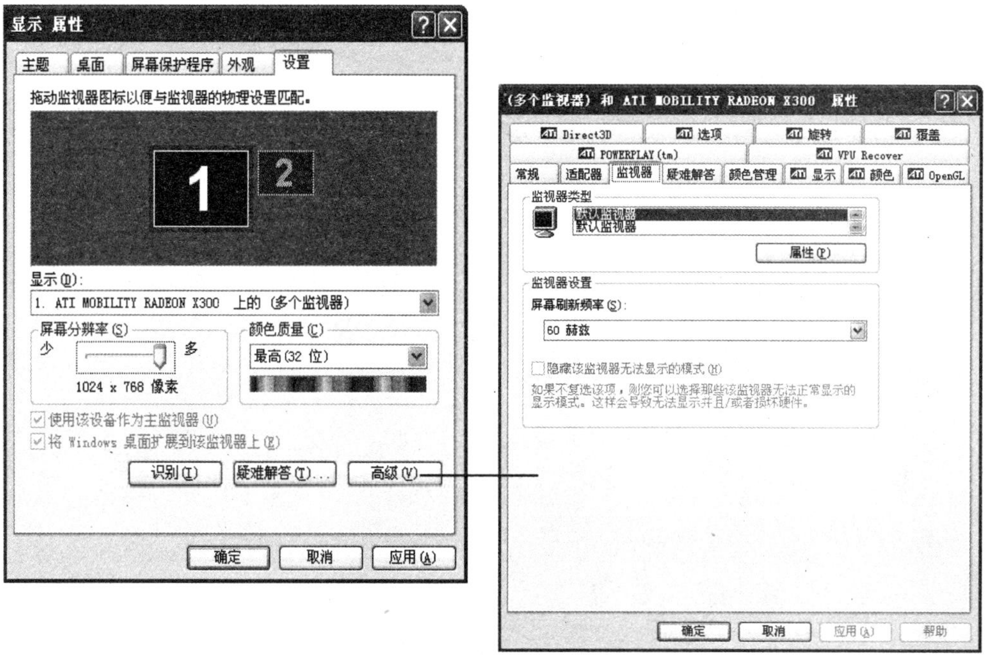

图 2-16　“设置”选项卡

（2）拖动“屏幕分辨率”下的滑动条，可以设置、修改屏幕的分辨率。例如，从 800×600 调整为 1024×768。

（3）单击“设置”选项卡中的“高级”按钮，弹出高级选项对话框。

（4）选择高级选项对话框中的“监视器”选项卡，在“屏幕刷新频率”下拉列表框中选择所要设置的频率。

学习测评

1. 将任务栏隐藏、移动、调整大小。
2. 把桌面上的图标隐藏。
3. 在磁盘上任选一张图片作为 Windows XP 的桌面背景。
4. 设置“三维管道”的屏幕保护程序，等待时间为 1 分钟。
5. 把新浪网设置为活动桌面。

实例 2

Windows 窗口与菜单操作

学习任务

本节将通过对窗口进行各种形式的操作及菜单的各种应用加深对窗口及菜单的认识。本实例所有效果图如图 2-17 所示。

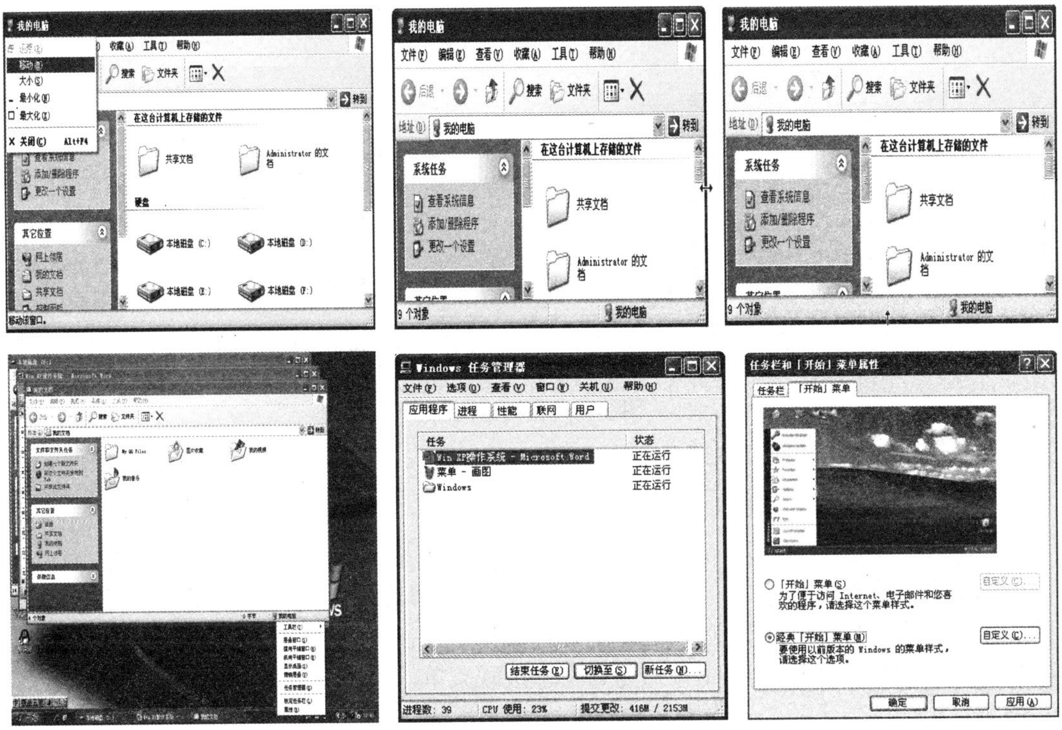

图 2-17　实例 2 效果图

学习目标

1. 掌握窗口的概念；
2. 熟悉窗口的各种操作（移动、调整大小、切换、关闭、排列等）；
3. 掌握菜单栏的概念；
4. 熟悉菜单栏的操作。

操作步骤

1. 窗口和菜单栏认识

窗口是指桌面上的矩形工作区。窗口结构图如图 2-18 所示。在 Windows 中可以同时打开多个不同的窗口，用户可以调整窗口的大小和位置，也可以在不同窗口之间进行切换。

菜单栏分为 4 种："开始"菜单、系统控制菜单、窗口下拉菜单和快捷菜单。

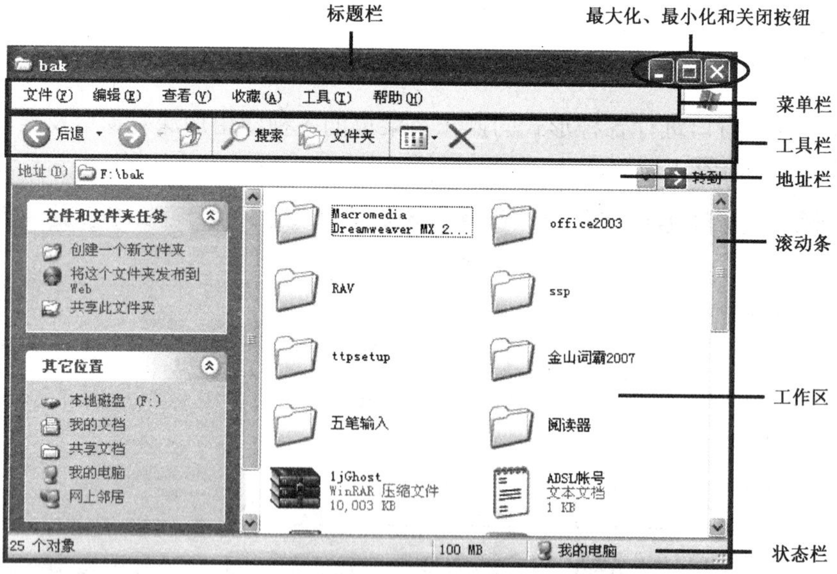

图 2-18　窗口结构图

菜单栏系统约定如下。

(1) 灰色菜单：表示该选项当前不可用。

(2) 后带省略号（……）：表示选择该命令时，在屏幕上会显示一个对话框。

(3) 前有复选标记（√）：表示这是一个开关式的切换命令，在每次选取了它时，它在打开和关闭之间交替改变，有（√）表示打开状态。

(4) 后带三角形（▶）：表示该命令有一个级联菜单，单击三角形则会出现子菜单。

(5) 后加带下画线的字母：表示该命令的快捷方式。

快捷菜单用于执行与鼠标指针所指位置相关的操作。右击不同的对象将弹出不同的快捷菜单，快捷菜单是 Windows XP 中无处不在的一种上下文相关特性。

2. 窗口操作

【例 1】 在桌面上移动"我的电脑"窗口。

方法一：用键盘操作。

(1) 在桌面上双击"我的电脑"图标，打开"我的电脑"窗口。

(2) 将鼠标指向窗口标题栏的空白处，按住鼠标左键拖动。

(3) 移动到指定位置松开鼠标左键。

方法二：用鼠标操作。

（1）打开“我的电脑”窗口。

（2）按住“Alt+Space”组合键，在标题栏下方会弹出一个快捷菜单，如图 2-19 所示。

（3）选取“移动”命令，按回车键确认。

（4）使用方向键移动窗口到合适位置后，按回车键。

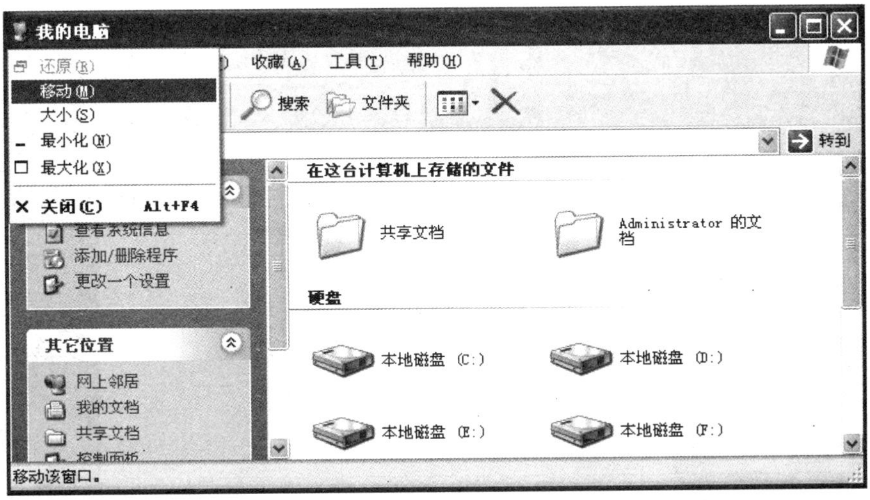

图 2-19　移动窗口菜单

【例 2】 调整“我的电脑”窗口大小。

步骤如下。

（1）打开“我的电脑”窗口。

（2）将鼠标指针定位到窗口的上、下边框时，出现垂直的双向箭头。

（3）将鼠标指针定位到窗口的左、右边框时，出现水平的双向箭头，如图 2-20 所示。

（4）将鼠标指针定位到窗口的四角时，出现斜线双向箭头。

（5）拖动鼠标左键，窗口的大小会随着鼠标的拖动而改变，调整到适当大小后松开左键。

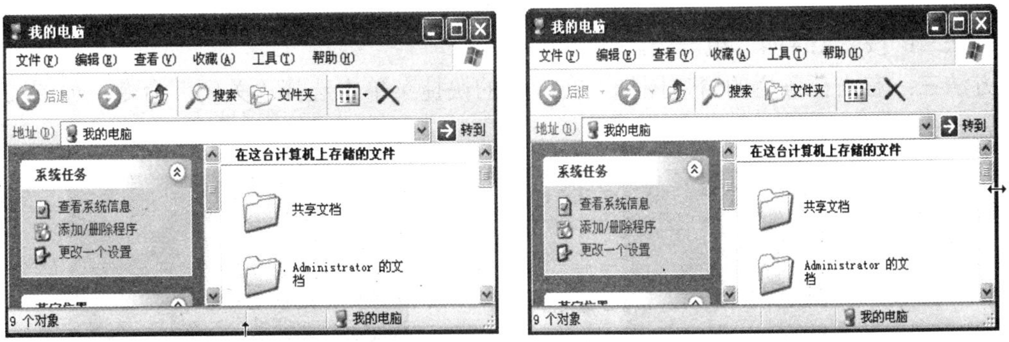

图 2-20　调整窗口大小

【例 3】 多个窗口间的切换与排列。

窗口间切换的方法如下。

方法一：在任务栏上单击要切换的窗口图标按钮。

方法二：按住“Alt+Tab”组合键，当选中了要选择的窗口后就松开。

方法三：按住“Alt+Esc”组合键。

窗口排列的方法如下。

（1）在任务栏空白处单击鼠标右键，弹出快捷菜单。

（2）快捷菜单中提供了 3 种排列窗口的命令：层叠窗口、横向平铺窗口和纵向平铺窗口，如图 2-21 所示。

图 2-21　窗口排列

【例 4】 关闭窗口。

方法一：用鼠标单击窗口右上角的关闭按钮。

方法二：按“Alt+F4”组合键。

方法三：右击任务栏的窗口图标，在弹出的快捷菜单中选择“关闭”命令，如图 2-22 所示。

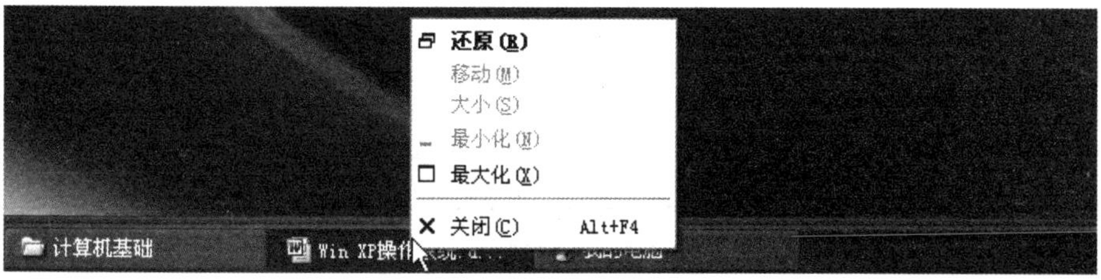

图 2-22　在任务栏中关闭窗口

方法四：按组合键“Ctrl+Alt+Del”，在“应用程序”选项卡中选择要关闭的窗口或任务，单击“结束任务”按钮，如图 2-23 所示。

方法五：双击窗口左上角的控制图标或右击控制图标，在弹出的快捷菜单中选择“关闭”命令，如图 2-24 所示。

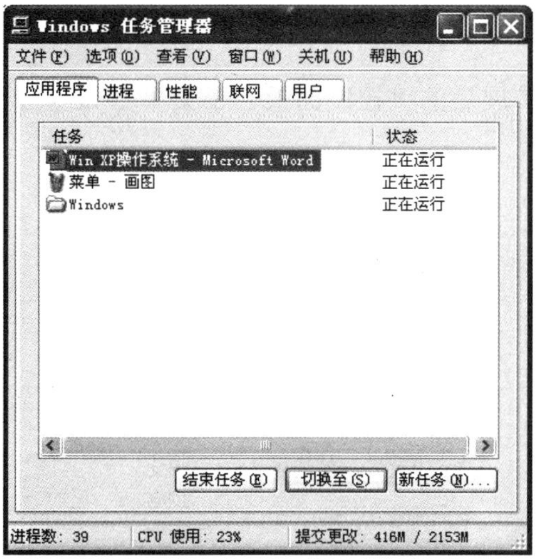

图 2-23 “应用程序”选项卡

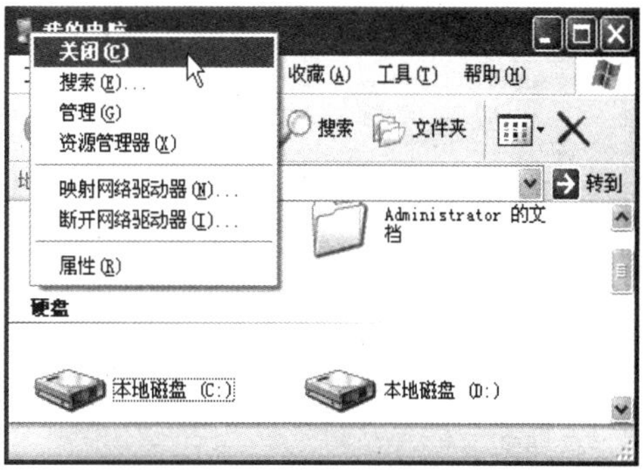

图 2-24 用控制图标关闭窗口

3. “开始”菜单操作

Windows XP 系统装好后，“开始”菜单的界面如图 2-25 所示。

【例 5】 恢复“开始”菜单到经典菜单。

操作步骤如下。

（1）右击“开始”按钮，选择“属性”命令。

（2）然后在“「开始」菜单”选项卡下选中“经典「开始」菜单”单选按钮，如图 2-26 所示。

图 2-25 Windows XP“开始”菜单界面

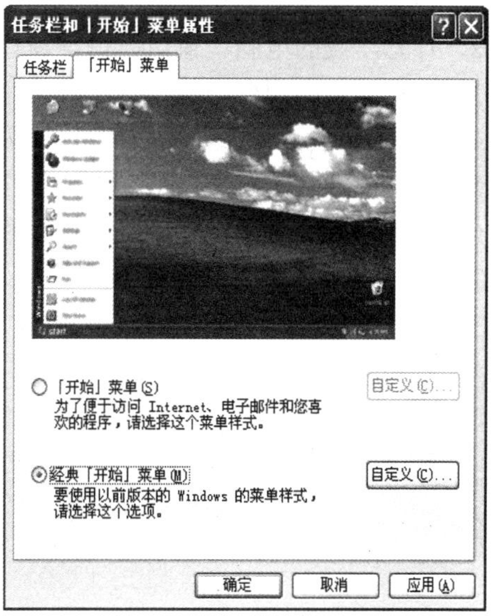

图 2-26 “开始”菜单属性

【例 6】 在“开始”菜单中扩展“控制面板”。

（1）单击“经典「开始」菜单”后的“自定义”按钮。

（2）在“高级「开始」菜单选项”列表框中，选中“扩展控制面板”复选框，单击“确定”按钮，如图 2-27 所示。

打开“开始”→“设置”菜单，可以看到扩展后的“控制面板”子菜单，如图 2-28 所示。

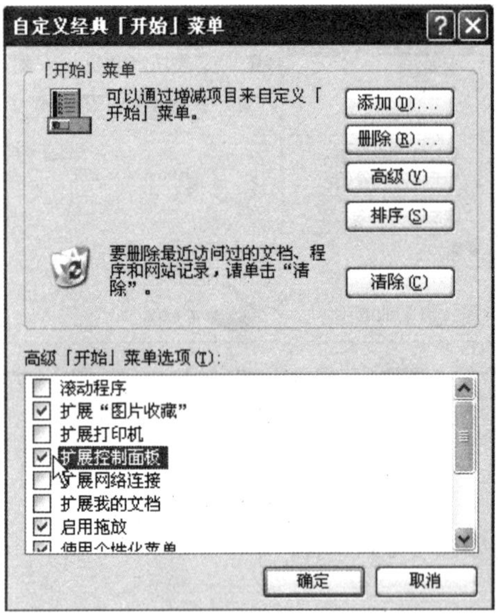

图 2-27　自定义经典“开始”菜单

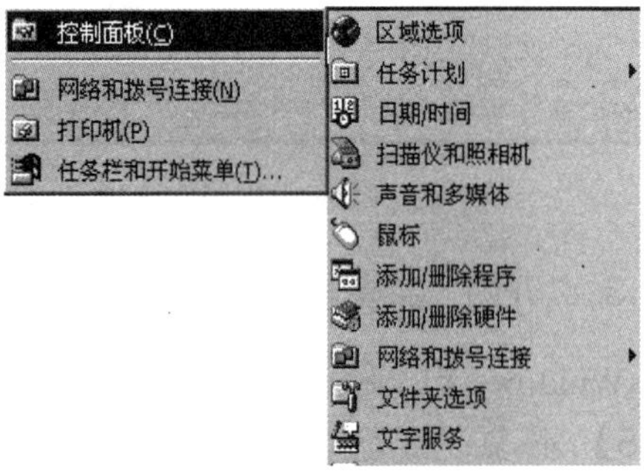

图 2-28　“控制面板”子菜单

学习测评

1. 将桌面上的图标按大小排序。
2. 打开“我的电脑”窗口，调整窗口的大小。
3. 把桌面上的图标隐藏。
4. 打开三个窗口程序，设置窗口排列方式为“横向平铺窗口”。
5. 试用多种方法关闭以上窗口。
6. 在“开始”菜单中显示“运行”和“注销”命令。

实例 3

文件和文件夹操作

学习任务

通过本章的学习，要了解计算机文件和文件夹的概念，会创建树形的文件夹目录及各种文件，掌握文件和文件夹的各种操作。效果图如图 2-29 所示。

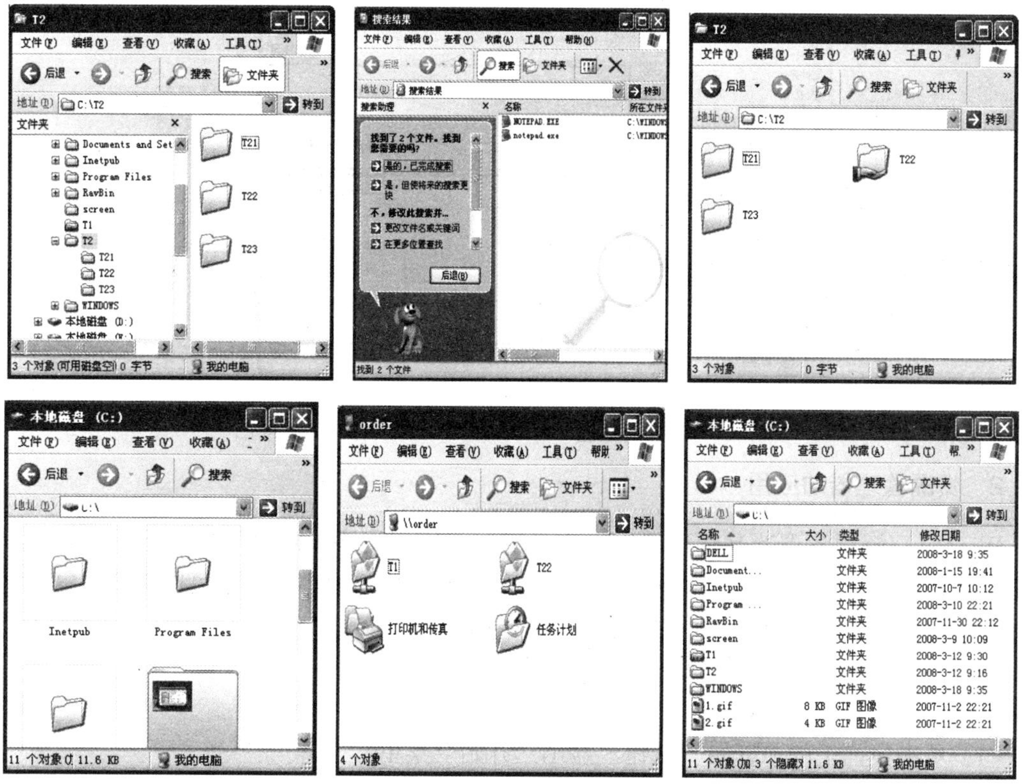

图 2-29　实例 3 效果图

学习目标

1. 掌握文件和文件夹的概念；
2. 会创建树形文件夹；
3. 熟悉各种文件类型；
4. 掌握文件和文件夹的操作（复制、删除、转移等）；

5. 掌握文件的属性查看、修改方法；
6. 掌握网络内的文件共享与访问；
7. 掌握文件的查看方式。

操作步骤

1. 认识文件和文件夹

文件是指各种文档和程序，各种计算机信息都是以文件的形式存储和管理的。存放文档和程序的区域就称为文件夹。在“我的电脑”和“Windows 资源管理器”中都能看到文件和文件夹。文件和文件夹如图 2-30 所示。

图 2-30　文件和文件夹

2. 资源管理器的应用

Windows 资源管理器是管理计算机文件的一个应用程序，使用它可以迅速查看管理磁盘中的文件信息，并可以将文件分类，显示文件夹的结构与内容等，还可以打开、复制、移动、删除或重新组织文件。

资源管理器的启动方法有如下三种。

方法一：

（1）单击桌面上的“开始”按钮，显示“开始”菜单；

（2）选择“程序”命令；

（3）从“附件”子菜单选择“Windows 资源管理器”命令。

方法二：

（1）在桌面上右击“我的电脑”图标；

（2）从快捷菜单中选择“资源管理器”命令。

方法三：

按 Windows 徽标键和 E 键。

在 Windows 资源管理器左窗格中，有些文件夹的左端带有“+”标志，这指示该文件夹下还有子文件夹，单击该“+”标志，可以显示其中的子文件夹，同时“+”变成“−”。右边窗格显示选中文件夹下的内容，可以是子文件夹和文件（见图 2-31）。

图 2-31　Windows 资源管理器窗口

3. 文件的类型

文件的全名由文件名和扩展名组成。一般情况下，文件名与扩展名中间用符号“.”分隔。格式为：文件名.扩展名。

Windows XP 中，文件和文件夹命名规则如下。

（1）在文件和文件夹的名字中，最多可使用 256 个字符。

（2）组成文件名或文件夹名的字符可以是汉字、数字、西文字符、下画线等部分符号，但不能使用下列字符：\ / : * ? ” < > |。

（3）英文字母不区分大小写。

（4）名字中可以使用多分隔符，也可以使用空格。

文件的扩展名指明文件的类型，不同的文件拥有不同的扩展名，扩展名一般不超过 3 个字符，它通过一个小数点与文件名连在一起，如 readme.txt 和 learn.doc，其中“txt”和“doc”就是扩展名。

常见的文件类型（扩展名）有：

BMP	位图文件	DOC	Word 文档
TXT	文本文件	MP3	MP3 音频文件
XLS	Excel 文档	EXE	可执行文件
BAT	批处理文件	ZIP（RAR）	压缩文件
HTM（ASP）	网页文件	WMV（RM）	视频文件

4. 文件和文件操作

【例 1】 文件和文件夹的选定。

（1）连续文件和文件夹的选定：按住“Shift”键，再单击要选定的第一项和最后一项；或者用鼠标在连续文件或文件夹上拉出一个方框选定（见图 2-32）。

（2）多个不连续文件和文件夹的选定：按住“Ctrl”键，再单击要选定的文件或文件夹（见图 2-33）。

（3）选定所有文件：选择“编辑”→“全选”命令或按“Ctrl+A”组合键。

（4）取消选定：用鼠标单击任意空白处。

图 2-32　连续文件和文件夹选定

图 2-33　多个不连续文件和文件夹选定

【例 2】 按图 2-34 所示的树形结构创建文件和文件夹。

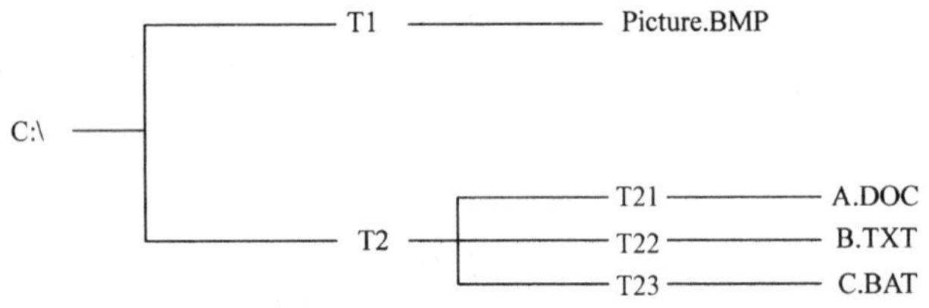

图 2-34　创建文件和文件夹的树形结构

步骤如下。

（1）打开“本地磁盘(C:)”窗口，在主窗口空白处单击鼠标右键，在弹出的快捷方式中选择“新建”→“文件夹”命令。或者选择菜单命令“文件”→“新建”→“文件夹”（见图 2-35）。

（2）在 C 盘根目录下就出现了一个以“新建文件夹”为名称的新文件夹，光标停留在文本框中，文字处于选中状态，输入新文件夹名称“T1”，按回车键确定，这样就在 C 盘根目录下创建了一个以“T1”命名的文件夹。同样，在 C 盘根目录下创建另一个新文件夹“T2”。

图 2-35　新建文件夹

（3）双击“T1”图标打开文件夹，发现刚建立的文件夹中没有任何内容。在“T1”文件夹中创建一个扩展名为 BMP 的位图文件。在菜单栏中选择“文件”→“新建”→“BMP 图像”命令（见图 2-36），这时在“T1”文件夹中出现了一个名为“新建 BMP 图像”的文件，光标停留在文本框中，文字处于选中状态，输入新文件名称“Picture.BMP”（见图 2-37）。

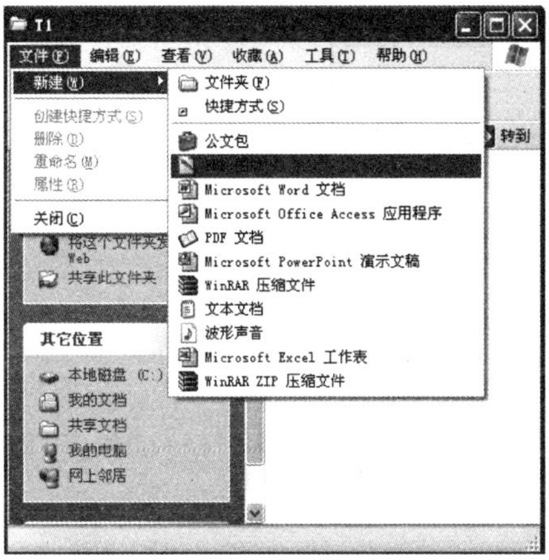

图 2-36　新建 BMP 图像

图 2-37　待命名的 BMP 文件

（4）单击工具栏中的向上按钮“”，返回到“C 盘”根目录。双击“T2”图标打开文件夹，按（1）、（2）步骤在其中创建三个新的文件夹 T21、T22、T23（见图 2-38）。

（5）双击打开“T21”文件夹，在菜单栏中选择“文件”→“新建”→“Microsoft Word 文档”命令，并命名为“A.DOC”（见图 2-39）。

（6）单击工具栏中的向上按钮“”，返回到“T2”目录下。双击打开“T22”文件夹，在菜单栏中选择“文件”→“新建”→“文本文档”命令，并命名为“B.TXT”（见图 2-40）。

（7）单击工具栏中的向上按钮“”，返回到“T2”目录下。双击打开“T23”文件夹，根据步骤（6）新建一个文本文档，命名为“C.BAT”，系统会提示“如果改变文件扩展名，可能会导致文件不可用。确实要更改吗？”单击“是”按钮更改（见图 2-41）。

图 2-38　创建 3 个子文件夹

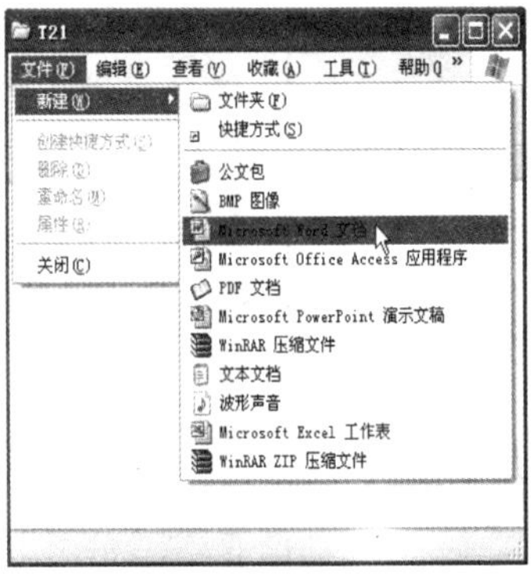

图 2-39　新建 Word 文档

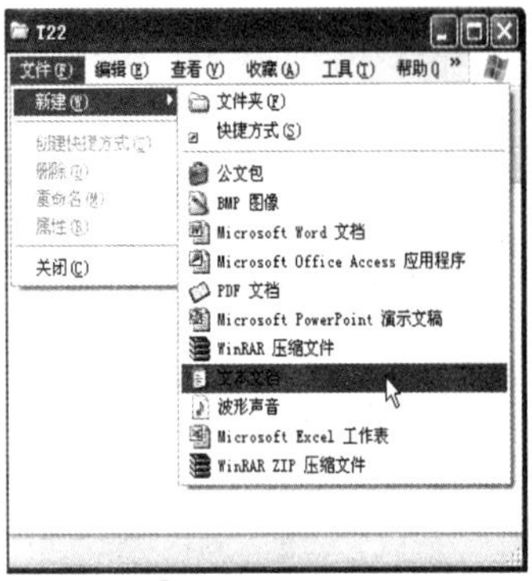

图 2-40　新建文本文档

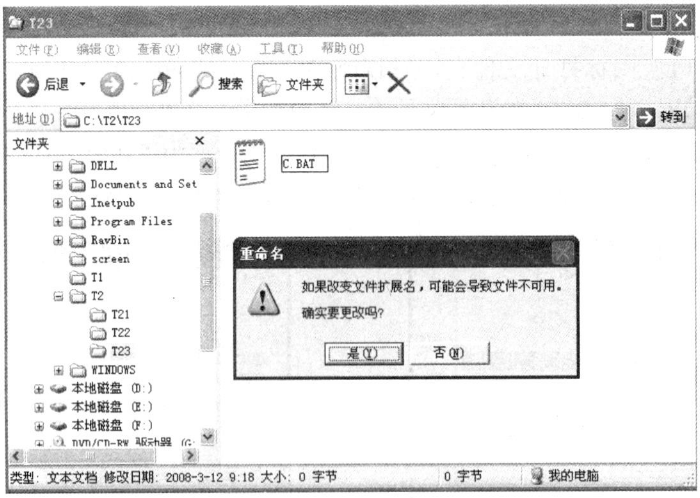

图 2-41　创建 BAT 批处理文件

【例 3】 把 Picture.BMP 文件复制到“T21”文件夹中，把“B.TXT”文件移动到“T23”文件夹中，并把复制后的文件改名为“B1.DAT”，删除文件“C.BAT”。

步骤如下。

（1）打开“T1”文件夹，选择“Picture.BMP”文件，单击鼠标右键，在弹出的快捷菜单中选择“复制”命令（见图 2-42）；或者选中文件后按“Ctrl+C”快捷组合键。

（2）单击工具栏中的向上按钮“![向上]”，返回到 C 盘根目录下。打开“T2”→“T21”文件夹，在空白位置单击鼠标右键，选择“粘贴”命令（见图 2-43）；或者按“Ctrl+V”快捷组合键。

（3）返回上级目录，打开“T22”文件夹，选择文件“B.TXT”，单击鼠标右键，在弹出的快捷菜单中选择“剪切”命令（见图 2-44）；或者选中文件后按“Ctrl+X”快捷组合键。

（4）再次返回上级目录，打开“T23”文件夹，按步骤（2）粘贴到“T23”目录中。

（5）选择粘贴过来的文件“B.TXT”，单击鼠标右键，在快捷菜单中选择“重命名”命令（见图 2-45）；或者按“F2”键，再输入新的文件名称“B1.DAT”。

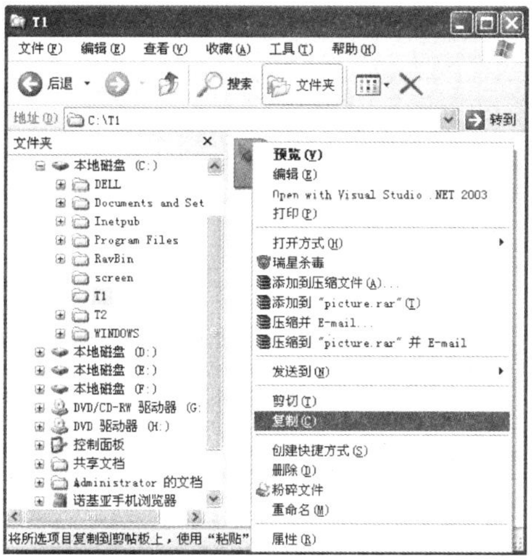

图 2-42　文件的"复制"命令

图 2-43　文件的"粘贴"命令

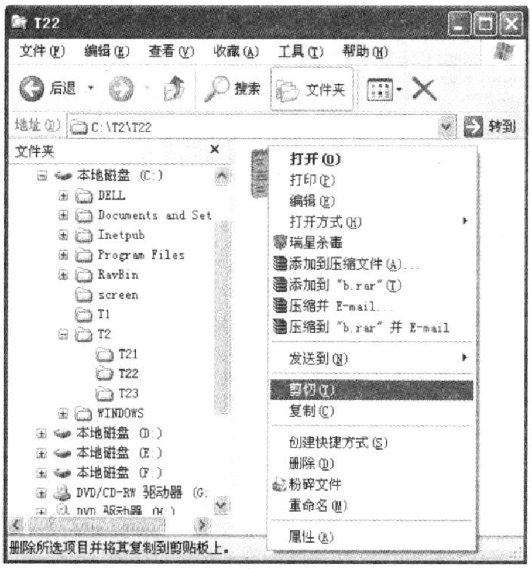

图 2-44　文件的"剪切"

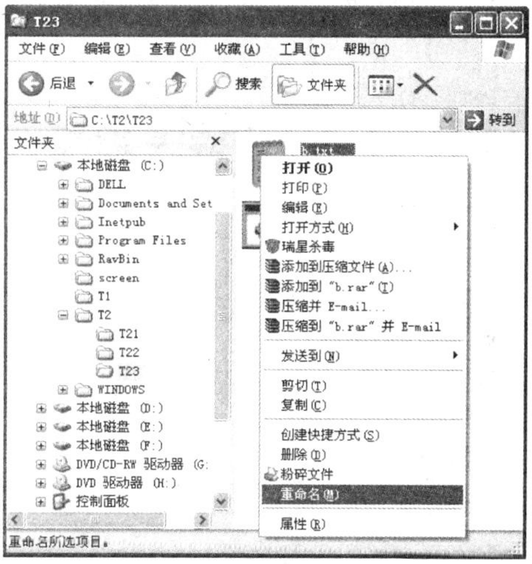

图 2-45　文件的"重命名"

（6）选取文件"C.BAT"，单击鼠标右键，在弹出的快捷菜单中，选择"删除"命令（见图 2-46）；或者直接按下键盘上的"Del"键。

（7）在随后弹出的对话框中单击"是"按钮可删除，单击"否"按钮则放弃（见图 2-47）。

说明：

被删除的对象实际上并没有从系统中删除，而是保留在回收站里。如果要把被删除的文件直接删除，不放入回收站中，可以按住"Shift"键删除。如果被删除的对象在回收站中，可以通过回收站恢复被删除的文件或文件夹，方法如下：

（1）双击桌面上的回收站图标，打开回收站窗口；

（2）在窗口中选择要恢复的内容；

（3）单击鼠标右键，在弹出的快捷菜单中选择"还原"命令；或者选择"文件"→"还原"命令，即可把被删除的对象恢复到原来的位置，如图 2-48 所示。

图 2-46　右键删除命令

图 2-47　“确认文件删除”对话框

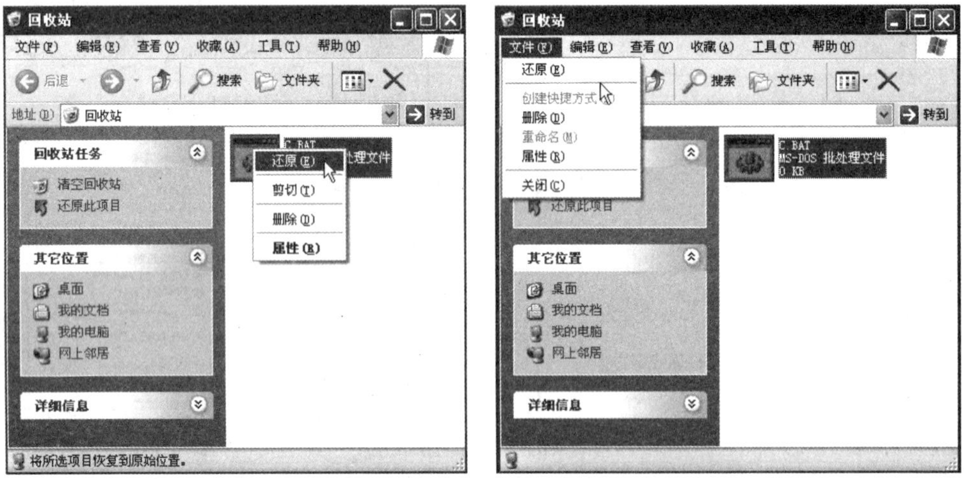

图 2-48　还原对象

注意：

若已使用过“文件”菜单中的“清空回收站”命令，便无法恢复回收站中以前保留的内容了。因此在使用这一命令时务必要谨慎。

【例 4】 文件和文件夹的查找。

在计算机中，文件和文件夹都存储在磁盘或光盘中，如 A 盘、C 盘、G 盘等。要快速查找到用户所需要的某个文件或文件夹，可使用“开始”菜单中的“搜索”命令进行查找，也可以在“我的电脑”和“资源管理器”中完成查找操作。

操作步骤如下。

（1）选择“开始”→“搜索”→“文件或文件夹”命令；或者在“资源管理器”、“我的电脑”中选择工具栏中的“搜索”命令（见图 2-49）。

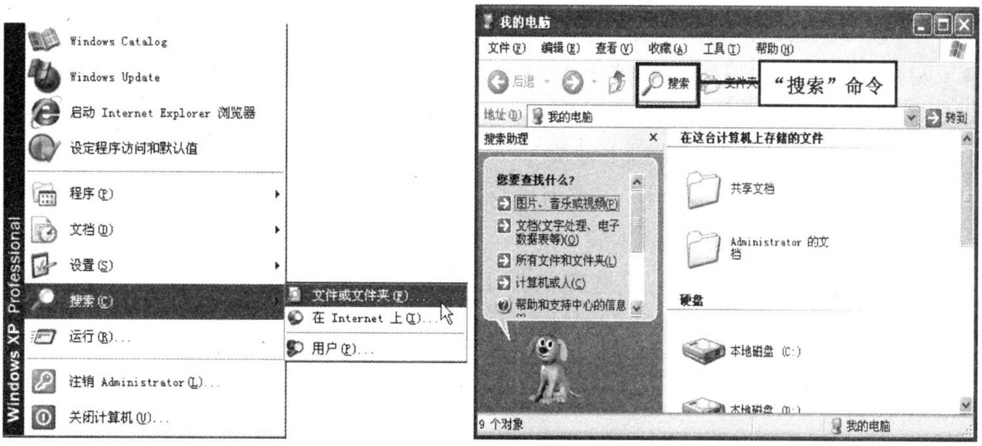

图 2-49 打开“搜索”命令

（2）在“搜索助理”框中，选择查找的内容为“所有文件和文件夹”，如图 2-50 所示。

（3）在“全部或部分文件名”文本框中输入所要查找的计算机文件名，如查找文件“Notepad.exe”。在“在这里寻找”下拉列表框中，选择要查找文件的范围。可选择本地所有硬盘或单个硬盘分区，还可以选择网络驱动器。在下方可以设置一些搜索高级选项，如设置搜索文件的修改时间、搜索文件的大小、区分文件名称大小写等，如图 2-51 所示。

（4）单击“搜索”按钮查找文件。

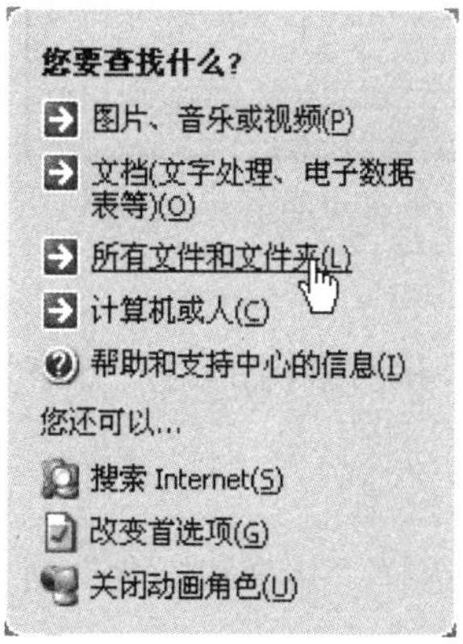

图 2-50 选择查找对象

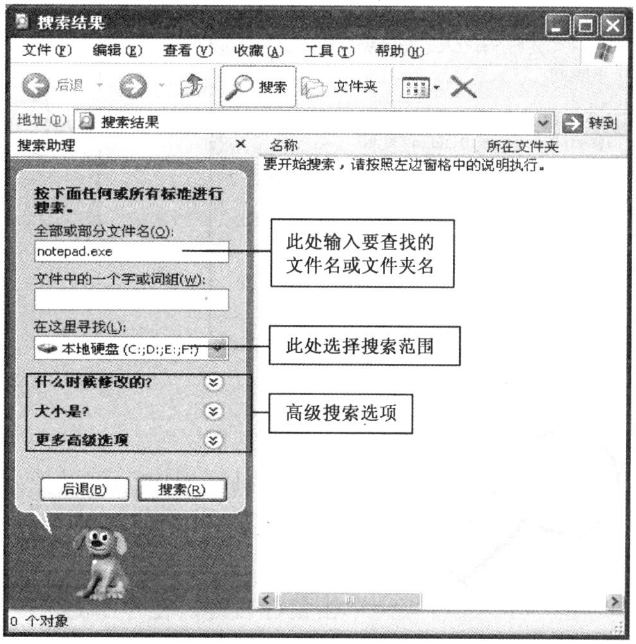

图 2-51 “搜索结果”对话框

【例 5】 修改文件或文件夹的属性。

所有的文件和文件夹都有共同的属性，这些属性包括以下几个。

- 只读：此类文件只能读取，不能修改、删除或重写。
- 存档：此类文件可以读取，也能修改、删除或重写。
- 隐藏：此类文件在普通方式下不显示。

设置和修改文件或文件夹属性的方法是：

（1）选择要修改属性的文件或文件夹。

（2）选择“文件”→“属性”（或用鼠标右击该文件，选择快捷菜单中的“属性”命令），打开“属性”对话框，如图 2-52 所示。

（3）在要设置的属性项前的复选框内打上对钩，如在“隐藏”属性框内打上对钩，则设置该文件或文件夹属性为隐藏。一般情况下，存档属性是默认选择的。

（4）单击“确定”按钮，完成属性修改。

说明：

要查看设置为“隐藏”属性的文件或文件夹，可选择“工具”→“文件夹选项”菜单中的“查看”命令，选中“显示所有文件和文件夹”单选按钮，则隐藏文件就可以查看到。要使用户查看不到隐藏文件，则可以选中“不显示隐藏的文件和文件夹”单选按钮，如图 2-53 所示，还可设置是否隐藏已知文件类型的扩展名。

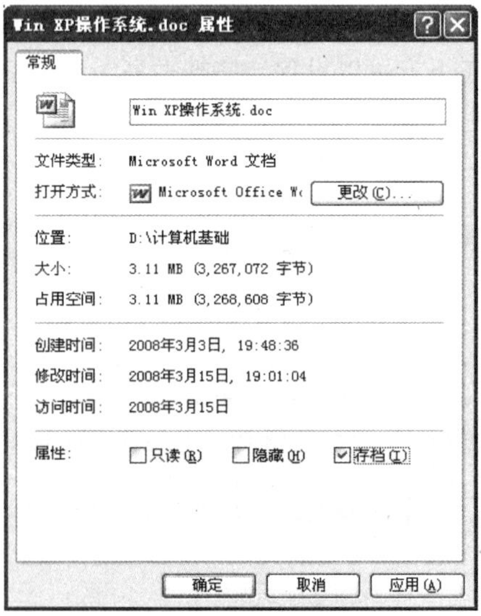

图 2-52 文件或文件夹属性

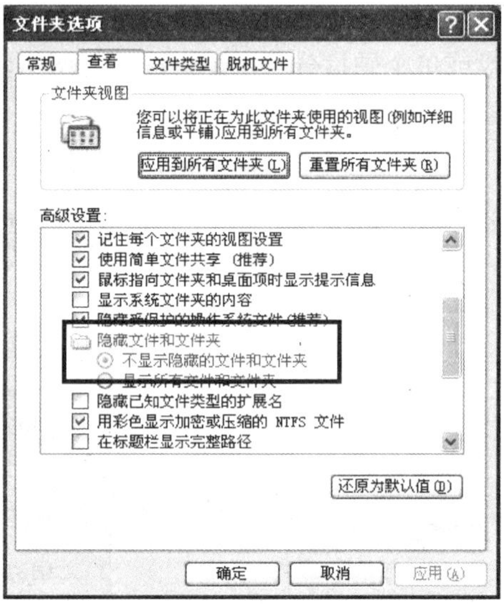

图 2-53 “文件夹选项”对话框

【例 6】 网络内文件夹的共享设置与访问。

（1）设置文件夹共享：在计算机应用中，可以把好的东西和网络内的用户分享。例如，共享 C 盘“T1”文件夹下的内容。

实验步骤如下。

① 在“T1”文件夹上单击鼠标右键，在弹出的快捷菜单中选择“共享和安全”命令，弹出“T1 属性”对话框。

② 打开“共享”选项卡，在“网络共享和安全”框中选中“在网络上共享这个文件夹”复选框，在下方文本框中输入共享名称。

③ 如果允许访问的用户更改共享的文件，可选中“允许网络用户更改我的文件”复选

框，如图 2-54 所示。

效果图如图 2-55 所示，设置了共享的文件夹图标是一个用手托住的文件夹的形式。

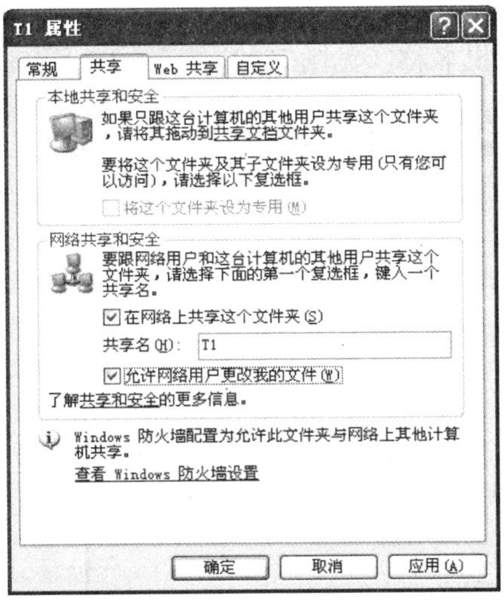

图 2-54　共享属性设置

图 2-55　设置共享后的文件

（2）访问网络内设置共享的文件夹。

① 要访问网络内的共享文件夹，可以通过网上邻居访问。双击桌面上的“网上邻居”图标，可以看到网络内的共享文件夹。

② 也可以通过计算机名和 IP 地址访问。在“开始”→“运行”框中输入：\\192.168.1.106 或者输入：\\order（见图 2-56）。访问后的内容如图 2-57 所示。

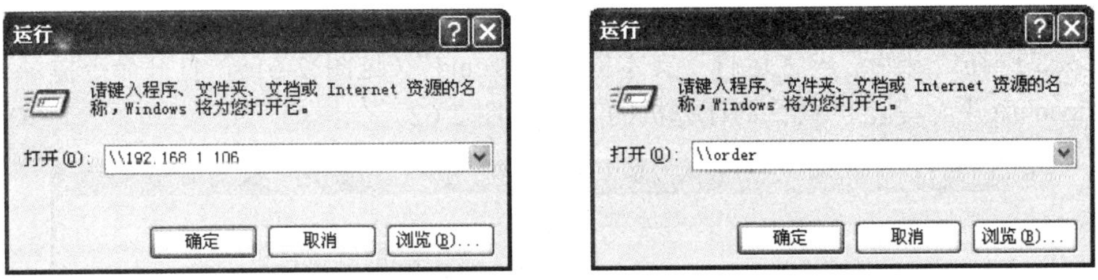

图 2-56　访问共享文件夹的方法

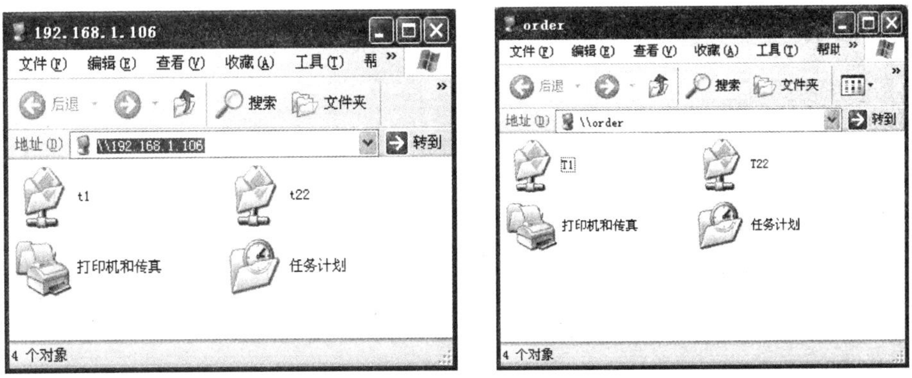

图 2-57　访问后的内容

（3）查看计算机的计算机名和 IP 地址。

① 查看计算机名。在桌面上右击“我的电脑”图标，在弹出的快捷菜单中选择“属性”命令，打开“系统属性”对话框，打开“计算机名”选项卡。在这可以查看到完整的计算机名称（见图 2-58）。单击“更改”按钮可修改计算机名称（见图 2-59）。

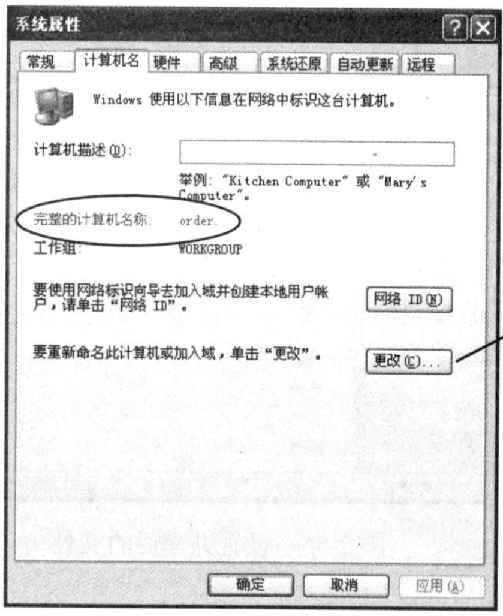

图 2-58　查看计算机名

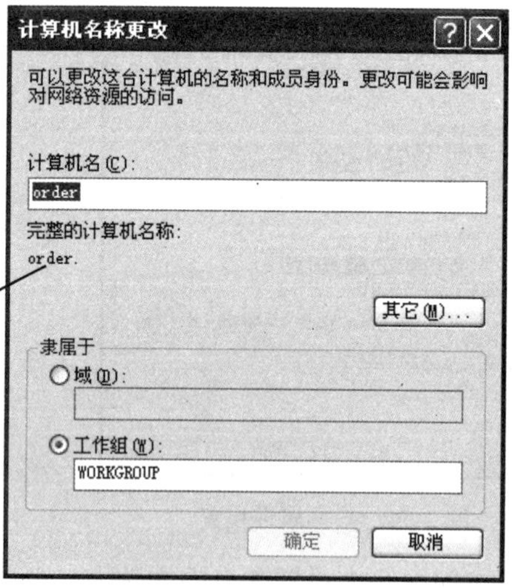

图 2-59　修改计算机名

② 查看计算机 IP 地址。

方法一：右击“网上邻居”图标，在弹出的快捷菜单中选择“属性”命令，打开“网络连接”窗口，右击“本地连接”图标，选择“属性”命令，打开“本地连接 属性”对话框，在“此连接使用下列项目”中双击“Internet 协议”项，查看计算机 IP（见图 2-60）。

方法二：在“开始”→“运行”文本框输入“cmd”（见图 2-61），打开命令提示符，再输入“ipconfig”命令，可查看到计算机的 IP（见图 2-62）。

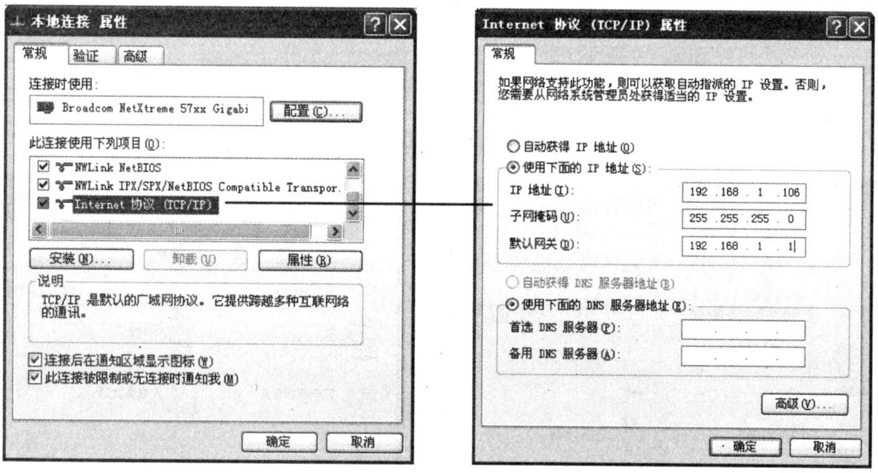

图 2-60　查看 IP 属性

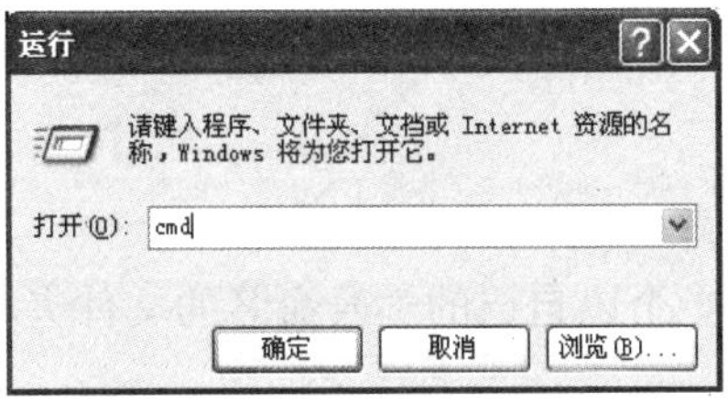

图 2-61　运行框

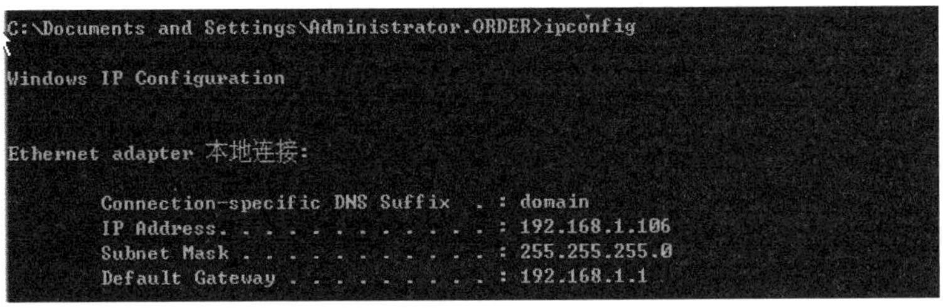

图 2-62　DOS 命令查看 IP

【例 7】 窗口内文件的显示方式和文件列表的排列方式。

在计算机窗口文件有 5 种显示方式。用户可以在“查看”菜单中设置显示方式；或者选择工具栏的查看按钮；或者在窗口空白处单击右键，选择“查看”命令（见图 2-63）。

（1）“缩略图”视图，将文件夹所包含的图像显示在文件夹图标上，因而可以快速识别该文件夹的内容。在默认情况下，Windows 在一个文件夹背景中最多显示 4 个图像。

（2）“图标”视图，用图标显示文件和文件夹。文件名显示在图标之下，但是不显示分类信息。在这种视图下，可以分组显示文件和文件夹。

（3）“平铺”视图，以图标显示文件和文件夹。这种图标比“图标”视图要大，并且将所选的分类信息显示在文件或文件夹名下面。

（4）“列表”视图，以文件或文件夹名列表的形式显示文件夹内容，其内容前面为小图标。当文件夹中包含很多文件，并且想在列表中快速查找一个文件时，这种视图非常有用。在这种视图中可以分类文件和文件夹，但是无法按组排列文件。

（5）“详细信息”视图，列出已打开的文件夹的内容并提供有关文件的详细信息，包括名称、类型、大小和更改日期等，可以按组排列文件。

文件列表的排序方式。用户可以在“查看”→“排列图标”菜单中设置排序方式；或者在窗口空白处单击右键，选择“排列图标”命令（见图 2-64），可以按名称、类型、大小、修改时间排序。

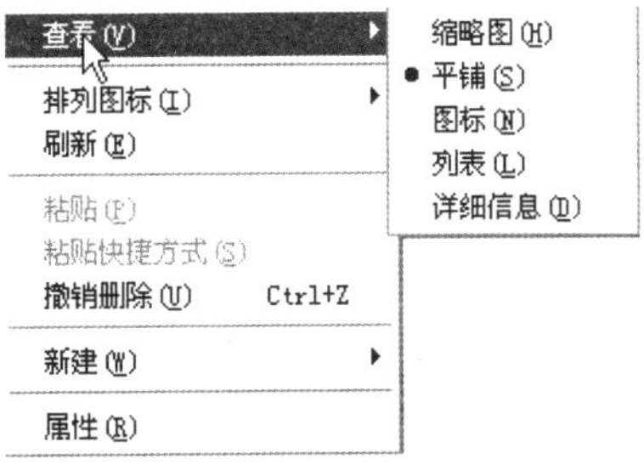

图 2-63　显示文件方式

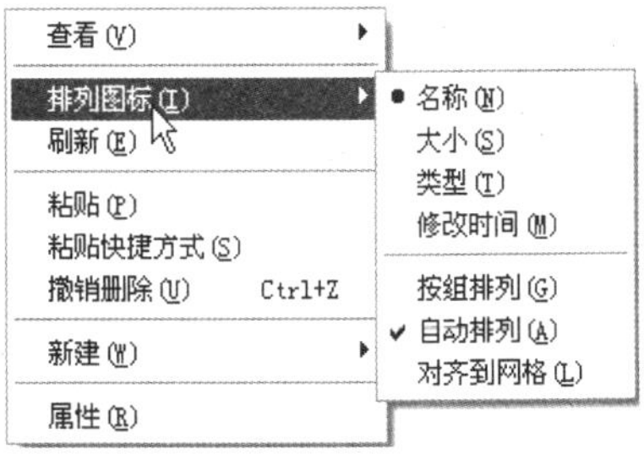

图 2-64　文件列表排序方式

学习测评

1．在C盘根目录下建立一个以自己的学号命名的文件夹，再在该文件夹下建立3个子文件夹“S1”、“S2”和“S3”。

2．在“S1”和“S2”文件夹中分别建立文件“abc.bmp”和“123.txt”，文件内容任意。

3．在“我的电脑”中查找文件“access.hlp”，并将其复制到“S3”文件夹下，将复制后的文件属性设置为“只读”。

4．把“abc.bmp”文件复制到“S2”文件夹中，并把文件“123.txt”删除，再从回收站中恢复“123.txt”。

5．使用写字板，建立文件“ks1.bmp”，在其中录入文字“计算机等级考试”，并插入对象、BMP图像、画圆和矩形各1个，然后存入“S3”文件夹中。

6．设置C盘的文件查看方式为“详细资料”方式。

实例 4

应用程序的使用

学习任务

通过本实例，要求掌握 Windows 应用程序的使用（包括附件中的常用程序），熟悉 Windows 应用程序快捷图标的创建，效果图如图 2-65 所示。

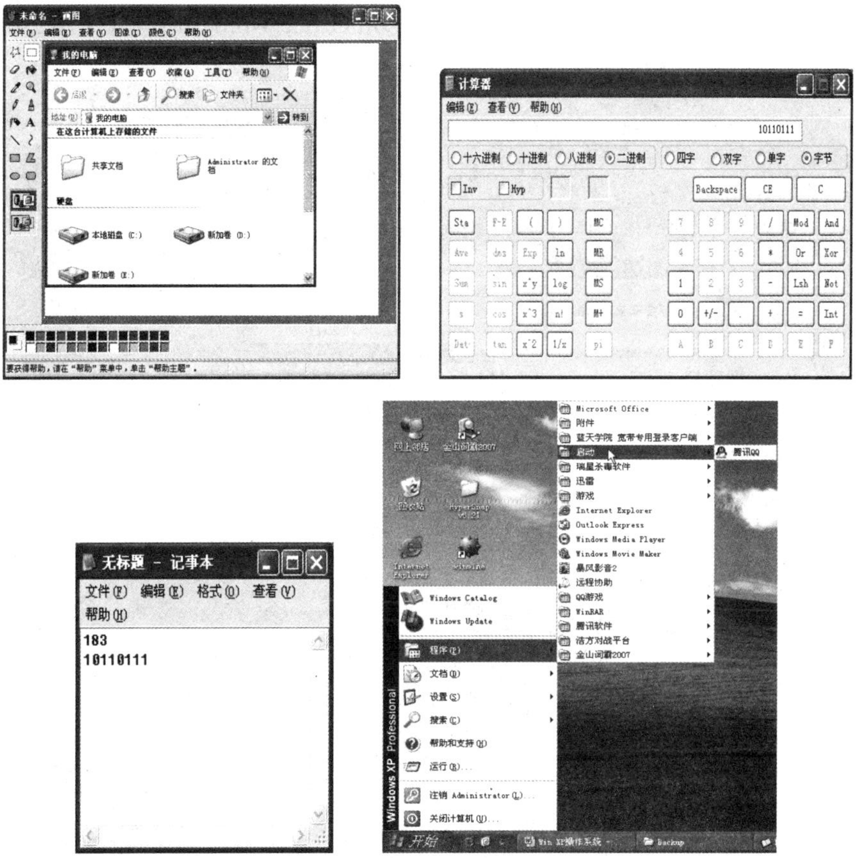

图 2-65　实例 4 效果图

学习目标

1．掌握应用程序的启动方法；
2．掌握附件程序中的程序的使用；

3. 掌握桌面快捷程序图标的建立；
4. 掌握在“开始”菜单中创建程序快捷方式的方法；
5. 掌握更改应用程序图标的方法。

操作步骤

1. 应用程序的启动

Windows 应用程序是指为了完成某项或某几项特定任务而被开发运行于操作系统之上的计算机程序，应用程序运行在用户模式下，它可以和用户进行交互，具有可视的用户界面。例如，我们日常生活中经常会用到字处理软件 Word 或图像处理软件 PhotoShop 等。

大部分应用程序都可以从“开始”→“程序”菜单中启动，也可以使用其他的方法启动。

方法一：从“开始”菜单中启动。如启动“Microsoft Word”程序的方法为：单击“开始”→“程序”→“Microsoft Office”→“Microsoft Office Word”命令（见图 2-66）。

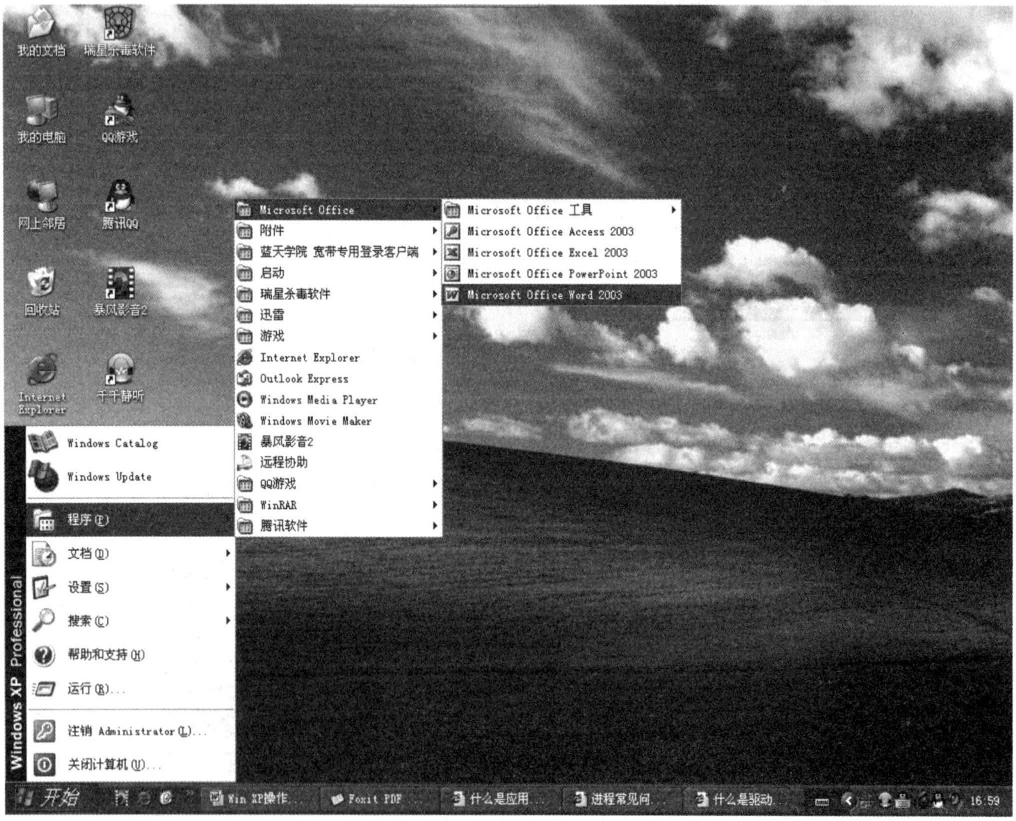

图 2-66 从“开始”菜单启动应用程序

方法二：找到要启动的程序文件，双击该文件的图标打开。

方法三：从“开始”→“运行”对话框中启动。

例如，在运行框中输入“notepad.exe”可以打开“记事本”程序；输入“mspaint.exe”可以打开“画图”程序；输入“write.exe”可以打开“写字板”程序；输入“calc.exe”可以打开“计算器”程序；输入“Winword.exe”可以打开 Word 程序；输入“control.exe”可以打开“控制面板”。因此，只需在对话框中输入要打开的应用程序的名称，再单击“确定”按钮，即可打开该应用程序，如打开“计算器”程序（见图 2-67）。

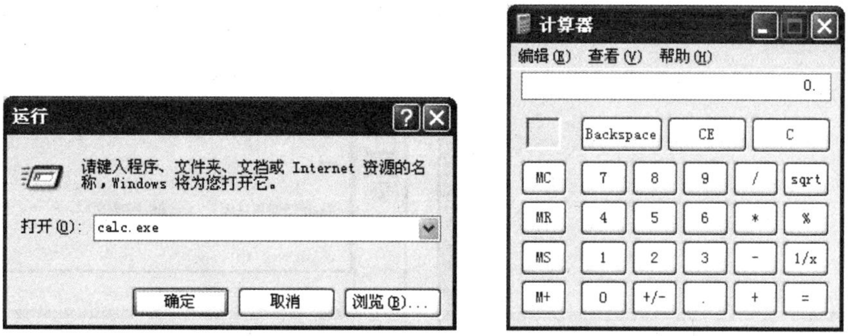

图 2-67 用运行命令打开“计算器”程序

2.“附件”程序介绍

在 Widows 的“开始”→“程序”→“附件”菜单中有一些常用的应用程序，如图 2-68 所示。

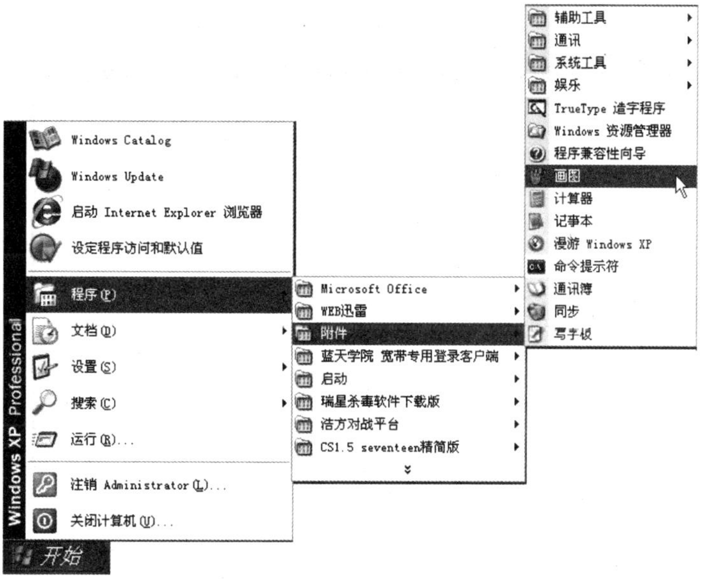

图 2-68 “附件”程序

【例 1】 用“附件”中的“画图”程序截取“我的电脑”窗口图像，保存为文件“My_computer.bmp”到 C 盘根目录下。

操作步骤如下。

（1）打开“我的电脑”窗口，调整到适当的大小，并让它处于最前端。

（2）按“Alt+Print Screen”组合键。

（3）选择“开始”→“程序”→“附件”→“画图”命令，启动画图程序。

（4）在“画图”窗口的“编辑”菜单中选择“粘贴”命令。可以看到“我的电脑”窗口作为一张图片被粘贴到画图区中了（见图 2-69）。

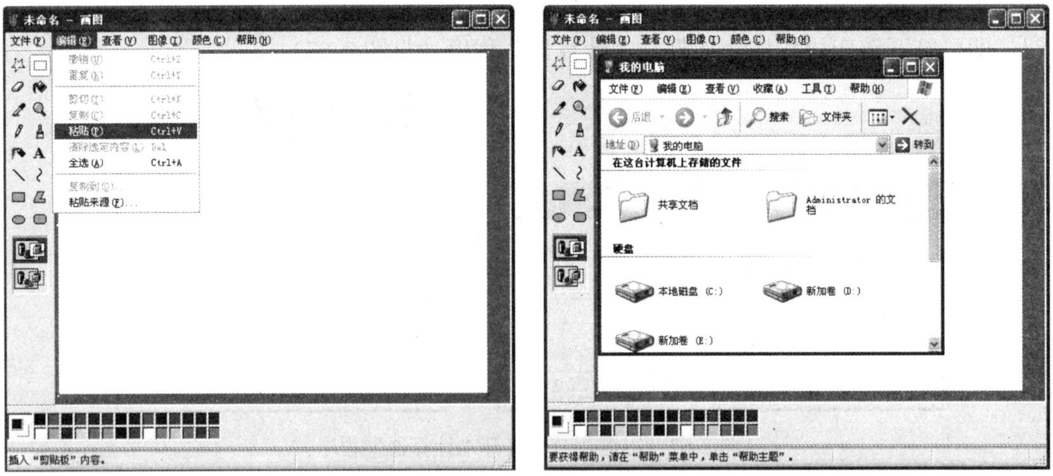

图 2-69　粘贴图像到“画图”程序

（5）选择“文件”→“保存”命令，在“保存在”下拉列表框中选择保存路径为 C 盘，在“文件名”文本框中输入保存文件名“My_computer”，“保存类型”选择位图文件“*.bmp”（见图 2-70），单击“保存”按钮保存文件。

图 2-70　保存图像

说明：

如果直接按“Print Screen”键，则会截取整个屏幕画面。如果按“Alt+Print Screen”组合键，则会截取当前的活动窗口画面。

【例 2】 在“附件”程序中打开“记事本”程序，在记事本中第一行位置输入一个十进制的数字，使用“计算器”程序把十进制数转换成二进制数，并把结果复制到“记事本”的第二行，保存文件为“Test.txt”至 C 盘根目录中。

（1）单击“开始”→“程序”→“附件”→“记事本”命令，打开“记事本”程序。

（2）在“记事本”窗口中输入一个十进制的数字，如输入数字 183（见图 2-71）。

（3）单击“开始”→“程序”→“附件”→“计算器”，打开“计算器”程序，选择“查看”→“科学型”命令（见图 2-72）。

图 2-71　“记事本”程序

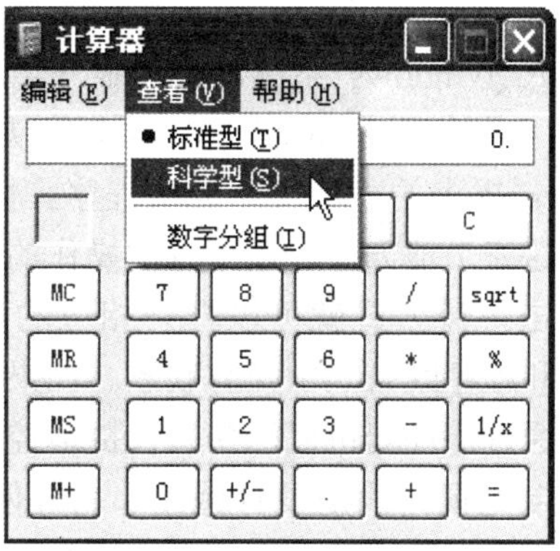

图 2-72　科学型计算器

（4）在“计算器”窗口中选中“十进制”单选按钮，用鼠标单击文本框并输入“183”；选中“二进制”单选按钮，会发现原来的十进制数已经转换成了二进制数值（见图 2-73）。

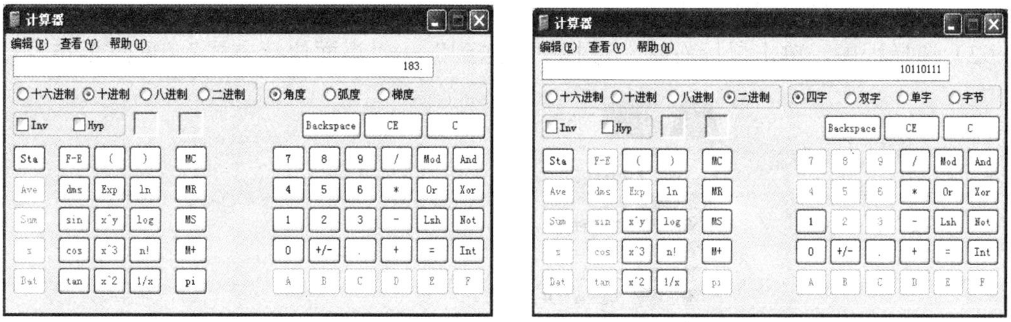

图 2-73　“计算器”中的进制转换

（5）选择“编辑”→“复制”命令（见图 2-74），把二进制数复制到剪切板中，回到步骤（1）中打开的“记事本”程序，在第二行的位置单击鼠标右键，选择“粘贴”命令，把结果粘贴到记事本第二行。

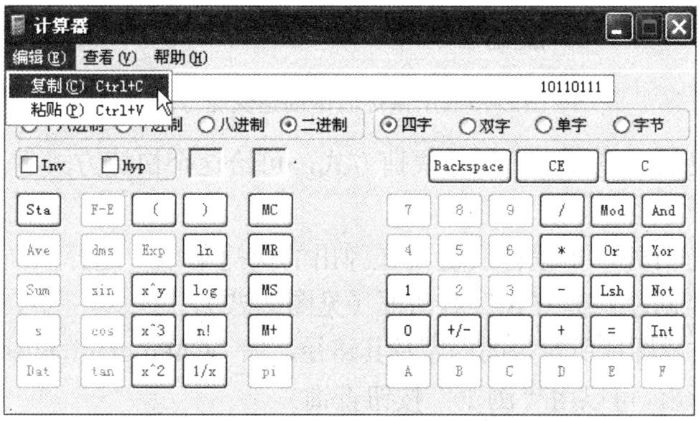

图 2-74　复制“计算器”中的结果

（6）在“记事本”程序中选择“文件”→“保存”命令，把文件保存在 C 盘根目录下，命名为“Test.txt”。

3. 程序快捷方式图标

进入 Windows 系统，第一眼便会看到桌面上排列着一个个小图标，其中有些图标的左下角有一个非常小的箭头，这个箭头就表明该图标是一个快捷方式图标。快捷方式是 Windows 提供的一种快速启动程序。快捷方式一般存放在桌面、开始菜单和任务栏的快速启动栏这三个地方，以达到方便操作的目的。

双击快捷方式就可以打开相应的程序、文件或文件夹，但是快捷方式并不等同于程序，它和程序既有区别又有联系。如果把程序比做一台电视机的话，快捷方式就像是一只遥控器。通过遥控器可以轻松、快捷地控制电视的开关、频道的选择等。没有遥控器我们照样可以控制电视，只是没有遥控那么方便了，所以删除一个程序快捷方式并不影响程序的使用，而程序删除了，仅有一个快捷方式是毫无用处的。

【例 3】 在桌面上建立一个程序的快捷方式。

建立程序快捷方式到桌面上有很多种方法，这里介绍两种方法。

方法一：

（1）首先进入要设置快捷方式的程序路径；

（2）选择程序，单击鼠标右键，选择“发送到”→“桌面快捷方式”（见图 2-75）；

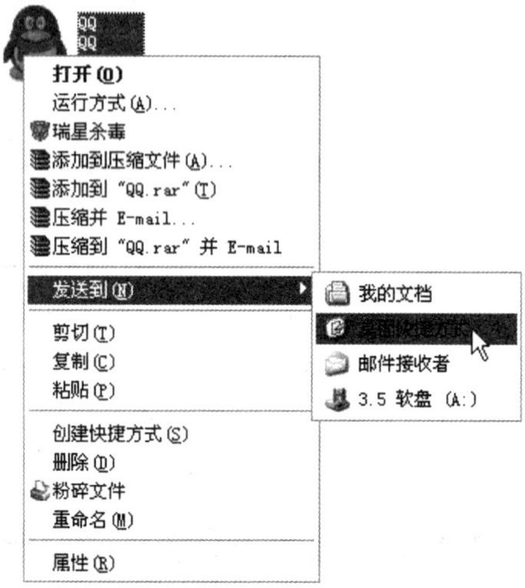

图 2-75　用鼠标右键创建快捷方式

（3）会发现在桌面创建了一个程序快捷方式，可给这个快捷方式重新命名。

方法二：

（1）在桌面上空白处单击鼠标右键，在弹出的快捷菜单中选择“新建”→“快捷方式”（见图 2-76），打开“创建快捷方式”对话框（见图 2-77）。

（2）输入快捷方式图标所对应的程序及其路径，如“C:\Program Files\Tencent\QQ\QQ.exe”（若不知道程序的路径，可以用“浏览”按钮查询）。

图 2-76　新建快捷方式

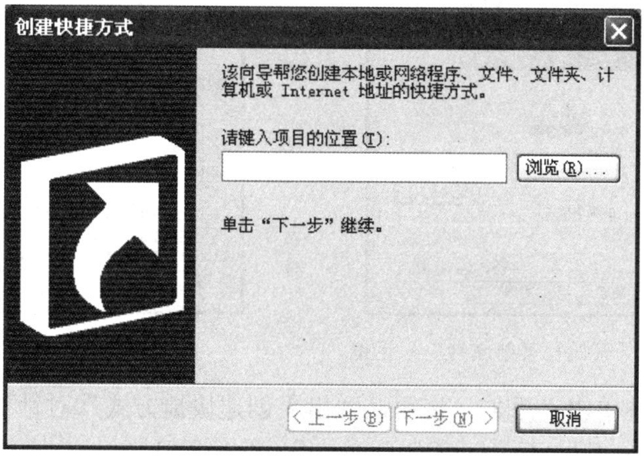

图 2-77　“创建快捷方式”对话框

（3）单击“下一步”按钮，输入快捷方式名称（见图 2-78）。

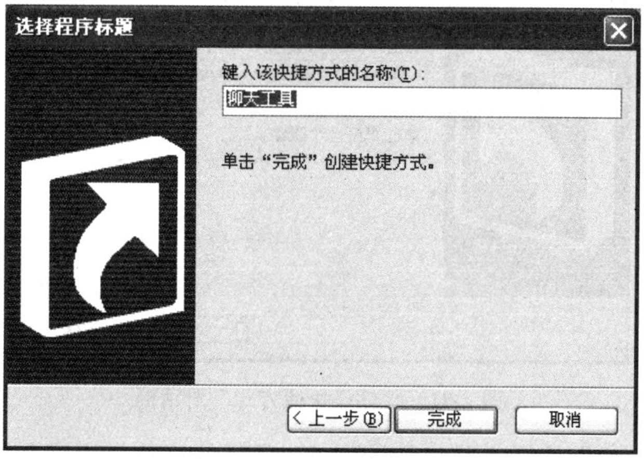

图 2-78　输入快捷方式名称

（4）单击“完成”按钮，即创建了一个新的快捷方式图标到桌面上。

【例 4】 把腾讯 QQ 应用程序的快捷方式创建到“开始”→“程序”→“启动”项中，使得一进入 Windows 就启动 QQ 程序。

（1）在任务栏空白处单击右键，选择“属性”命令，打开“任务栏和「开始」菜单属性”对话框，如图 2-79 所示。

（2）打开“「开始」菜单”选项卡，单击“自定义”按钮（见图 2-79），打开“自定义经典「开始」菜单”对话框（见图 2-80）。

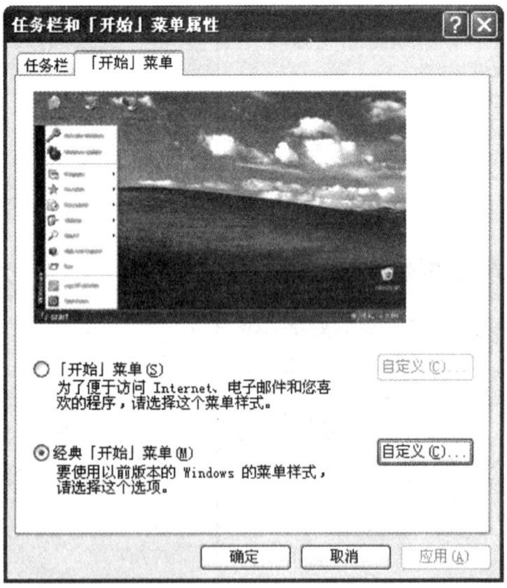

图 2-79　“任务栏和「开始」菜单属性”对话框

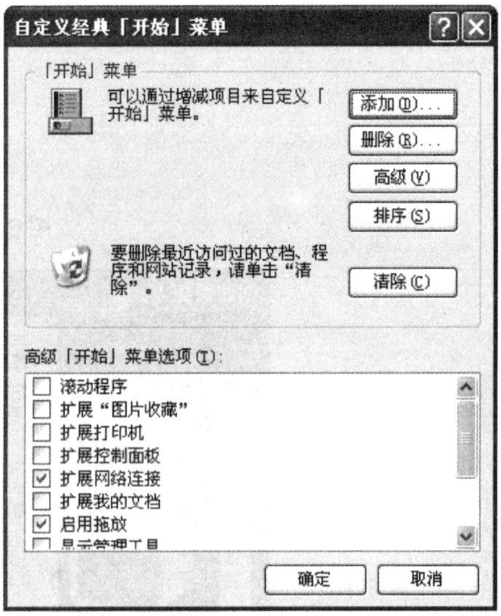

图 2-80　自定义开始菜单

（3）在对话框中单击“添加”按钮，弹出“创建快捷方式”对话框，输入应用程序的完整路径“C:\Program Files\Tencent\QQ\QQ.exe”（见图 2-81）。

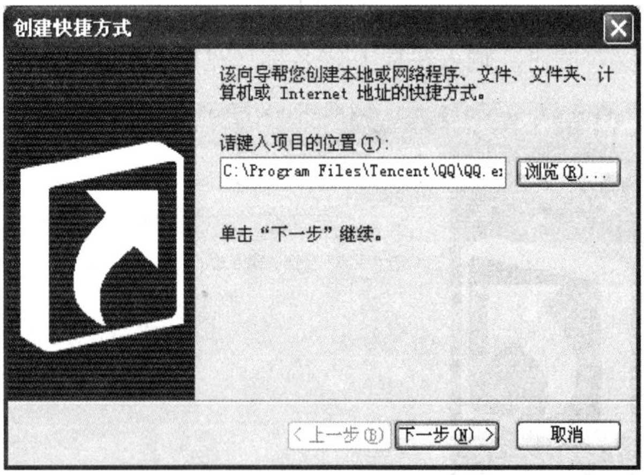

图 2-81　“创建快捷方式”对话框

（4）单击“下一步”按钮，弹出如图 2-82 所示的“选择程序文件夹”对话框，选择“启动”项即可。

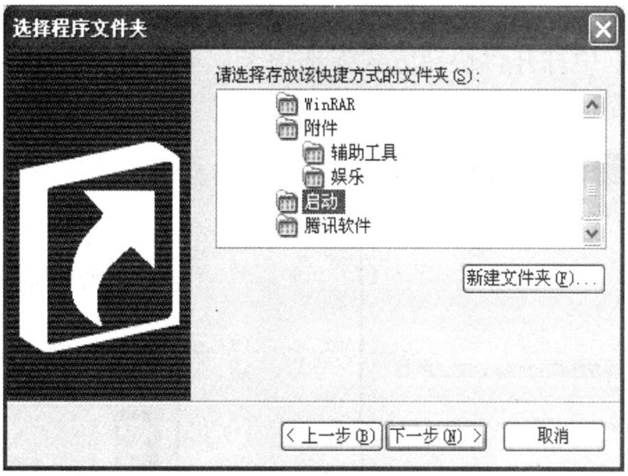

图 2-82 “选择程序文件”对话框

（5）单击“下一步”按钮，输入快捷方式名称。

（6）单击“完成”按钮，则创建快捷方式到“启动”项中（见图 2-83）。

图 2-83 在“启动”项中添加程序快捷方式

【例 5】 更改桌面快捷方式的图标样式。

（1）在桌面上选择一个快捷方式，单击鼠标右键，选择“属性”命令，打开快捷方式的属性对话框，如“千千静听”的快捷方式（见图 2-84）。

（2）在属性对话框中打开“快捷方式”选项卡，单击对话框中的“更改图标”按钮，弹出“更改图标”对话框（见图 2-85）。

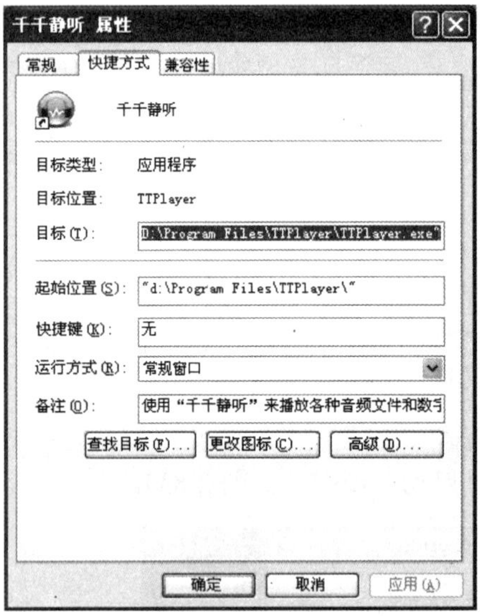

图 2-84　快捷方式的属性对话框

图 2-85　“更改图标”对话框

（3）在“从以下列表选择一个图标”框中选择一个新图标作为快捷方式图标；也可以单击“浏览”按钮在磁盘中选择一个图标文件。

学习测评

1．打开“画图”程序，任意在其中做一幅画，以“P1”为文件名存入“我的文档”。在桌面创建一个文件“A.txt”。

2．把“P1”的快捷方式创建到桌面上。

3．用不同的方法在桌面上创建“画图”、“计算器”、“Excel”3 个应用程序的快捷方式。

4．在“程序”菜单中创建文件“C:\windows\explorer.exe”的快捷方式。

5．把“腾讯 QQ”的快捷方式创建到任务栏的快速启动栏中。

6．在桌面创建一个快捷方式，该快捷方式的运行命令为“write.exe”，快捷方式的名称为你自己的姓名。

7．用计算器计算出逻辑与运算 1001001∧0101110 的值，将结果存入到“A.txt”文件。

实例 5

控制面板设置

学习任务

通过本实例要求掌握 Windows 控制面板的设置，如设置鼠标的指针形状、添加/删除应用程序、系统用户账号设置、设置鼠标键。实例效果图如图 2-86 所示。

图 2-86　实例 5 效果图

学习目标

1. 了解控制面板的组成和作用。

2. 掌握通过控制面板改变系统的基本设置的方法。
3. 掌握通过控制面板设置时间的方法。
4. 掌握通过控制面板设置鼠标指针的方法。
5. 会通过控制面板添加/删除应用程序。
6. 掌握通过面板设置用户账号的方法。
7. 掌握设置鼠标键的方法。

操作步骤

1. Windows 控制面板的认识

Windows XP 控制面板，无论是在界面上还在分类选项上，都比之前的操作系统中的控制面板有了很大的改善。如图 2-87 所示，它是一个包含了大量工具的文件夹。用户可以用其中的工具来调整和设置 Windows 的外观和行为方式。

要打开“控制面板”窗口，选中“开始”→“设置”→“控制面板”命令即可。

Windows XP 控制面板是分类显示项目的，如果没有看到某个要设置的项目，可单击如图 2-87 所示左上角的“切换到经典视图”。要打开某个项目，双击图标即可。

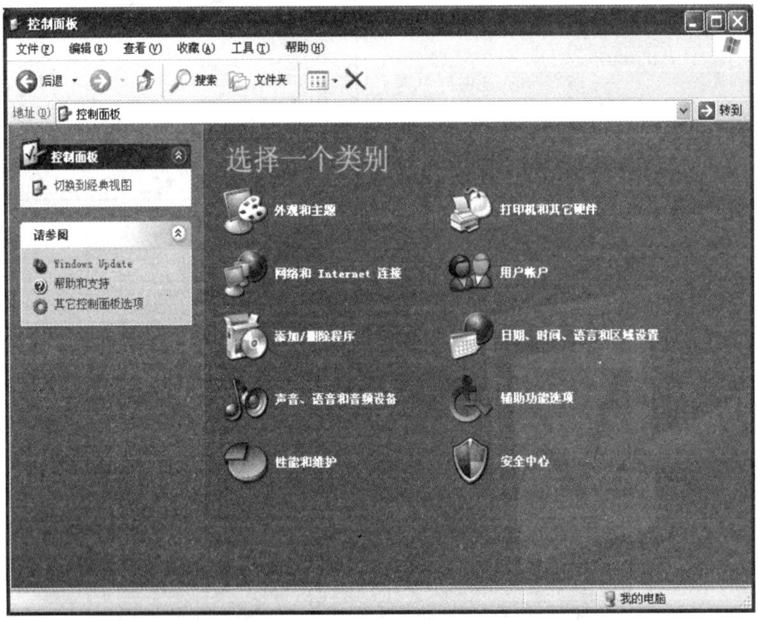

图 2-87　Windows XP 控制面板

2. 控制面板设置

【例 1】 在控制面板中更改系统日期和时间。

（1）在经典“控制面板”窗口中双击“日期/时间”图标，打开“日期/时间 属性”对话框，如图 2-88 所示。

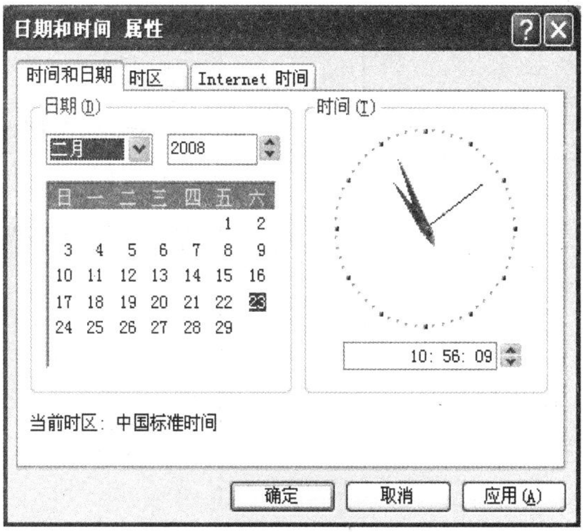

图 2-88　日期/时间设置

（2）使用“年份”微调按钮调整年份为所需要的年份，如“2007”年。

（3）单击“月份”下拉三角按钮，在月份列表框中选择月份，如“十月”。

（4）选择日历上的日期，如“10”。

（5）若要更改时间，先用鼠标选择时间框中的小时，然后直接输入数字。调整分钟和秒的方法与调整小时的方法一样。

（6）在“时区”选项卡中，还可以选择不同的时区设置。

【例 2】 更改鼠标的指针形状。

（1）在经典“控制面板”窗口中双击“鼠标”图标，打开“鼠标 属性”对话框，如图 2-89 所示。

（2）在“鼠标键”选项卡中可以切换鼠标左右键（根据左右手习惯），也可以设置鼠标双击速度。

（3）如果要更改鼠标指针形状，打开“指针”选项卡（见图 2-90），可以在“方案”的下拉列表框中选择一种 Windows 系统方案改变光标的形状。也可以通过“自定义”栏，单击“浏览”按钮更改鼠标形状。

（4）单击“确定”按钮，完成设置。

【例 3】 鼠标键的设置（用小键盘来控制鼠标）。

（1）在经典“控制面板”窗口中双击“辅助功能选项”图标，打开“辅助功能选项”对话框，打开“鼠标”选项卡，如图 2-91 所示。

（2）选中“使用鼠标键”复选框，然后单击“设置”按钮，弹出“鼠标键的设置”对话框，如图 2-92 所示。

（3）用鼠标把“最高速度”调成最高，把“加速”调成最快。

（4）单击“确定”按钮返回“辅助功能选项”对话框，然后再单击“确定”按钮，这样就可以使用小键盘来操控鼠标了。

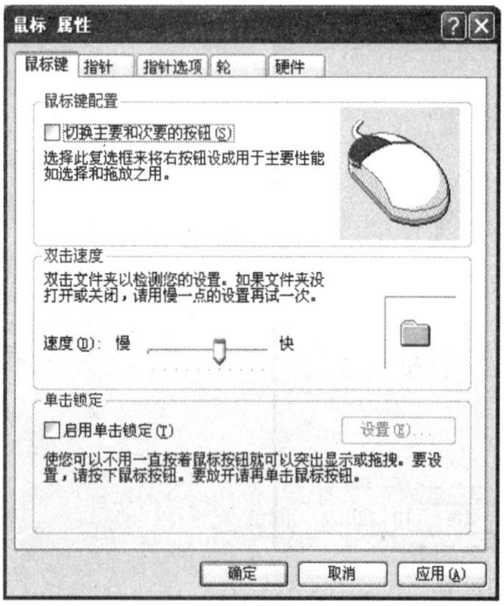

图 2-89　“鼠标 属性”对话框

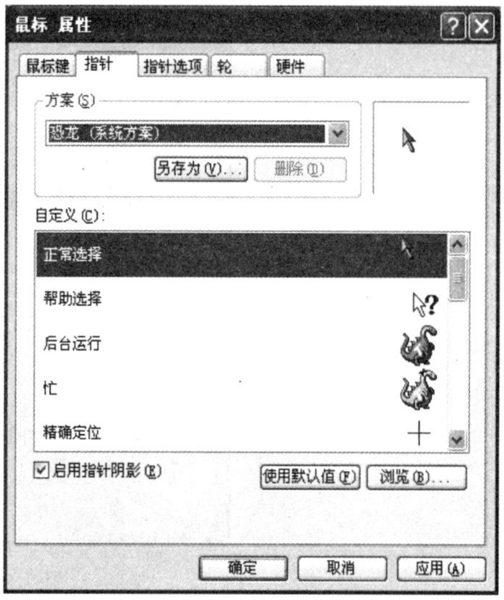

图 2-90　鼠标指针设置

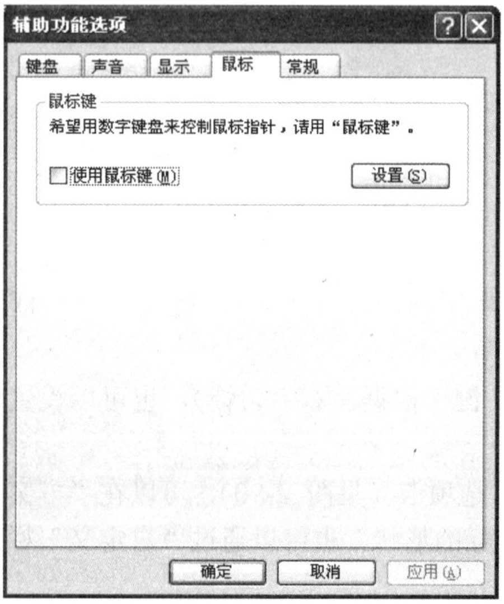

图 2-91　“辅助功能选项”对话框

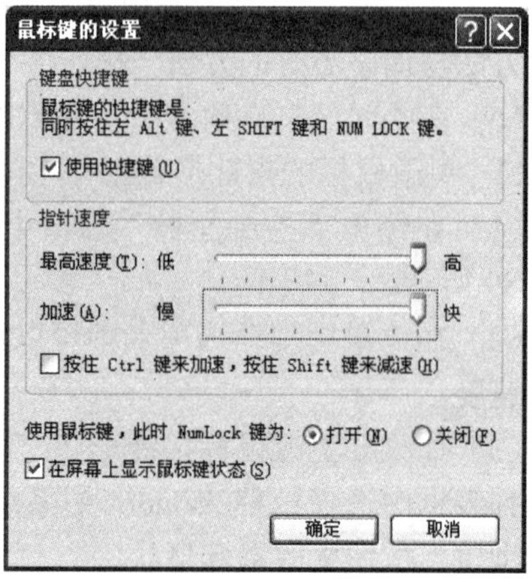

图 2-92　“鼠标键的设置”对话框

说明：

设置好鼠标键后，小键盘的数字键“8”、“2”、“4”、“6”分别表示了向上、向下、向左、向右移动光标；数字键“7”、“1”、“9”、“3”分别表示了向左上、左下、右上、右下移动光标；小键盘上的“/”键表示把数字键“5”切换成左键；小键盘上的“*”键表示把数字键“5”切换成右键。

【例 4】 添加/删除应用程序。

Windows XP 提供了一个添加和删除应用程序的工具，它可以帮助管理计算机上的程序和组件。使用它可以从光盘、软盘或网络中添加程序，或者通过 Internet 对 Windows 进行升级或添加新功能。

在控制面板中，双击“添加/删除程序”图标，就会弹出如图 2-93 所示的对话框，默认选项卡是“更改或删除程序”。

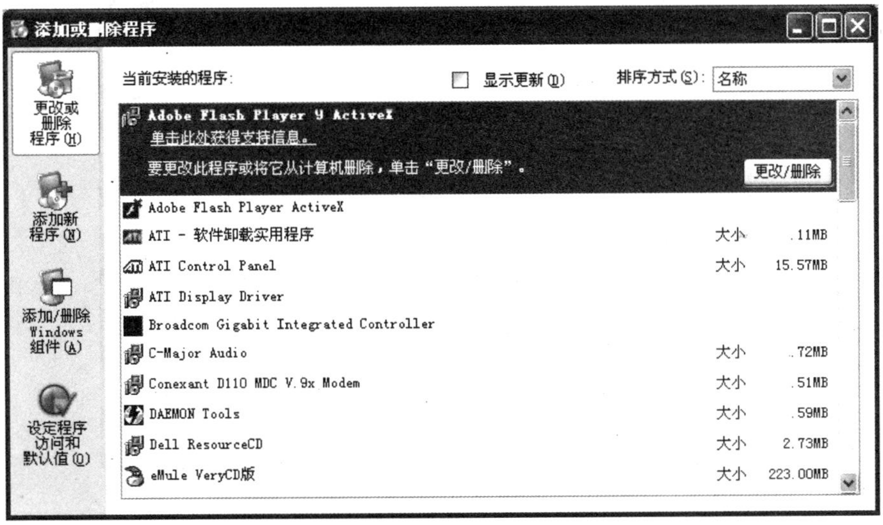

图 2-93　“添加或删除程序”对话框

（1）更改应用程序。

通过更改程序，可以对已安装的应用程序进行修复、升级，或者增加新的程序选项等。

① 在“添加或删除程序”对话框中，打开“更改或删除程序”选项卡，即默认窗口。

② 在程序列表框中选择要更改的应用程序，单击“更改”按钮。

③ 选择要更改的内容选项，然后依次按照提示进行即可。

（2）删除应用程序。

在“添加或删除程序”对话框中，打开“更改或删除程序”选项卡，在程序列表中选择要删除的应用程序，然后单击“删除”按钮，Windows 便开始自动删除该应用程序。

（3）添加/删除 Windows 组件。

Windows XP 提供了丰富的组件。在安装 Windows XP 的过程中，因为用户的需要和其他限制条件，往往没有把组件一次性安装完全。在使用过程中，用户可以根据需求来安装某些组件。同样，当某些组件不再需要时，也可以删除这些组件。

① 打开“添加/删除 Windows 组件”选项卡，弹出“Windows 组件向导”对话框，如图 2-94 所示。

② 在组件列表框中，选中要安装的组件的复选框，或者清除要删除的组件的复选框。如果要添加或删除一个组件的一部分程序，则先选定该组件，然后单击“详细信息”按钮，选择要添加部分的组件复选框或清除要删除部分的组件复选框即可。

③ 单击“确定”按钮，开始安装或删除相应的 Windows XP 组件。

说明：

在安装 Windows 组件时，会提示要求插入 Windows 安装光盘。

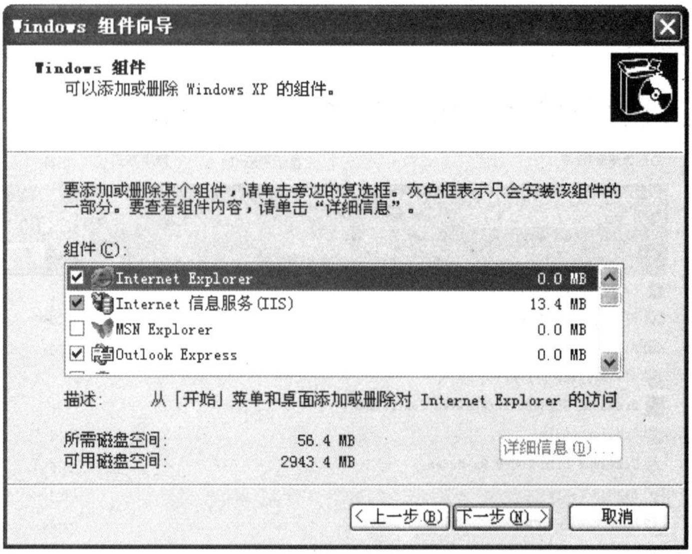

图 2-94　“Windows 组件向导”对话框

【例 5】 用户账号设置。

（1）创建新用户账户。创建一个用户名为“Student”的账户，权限为“受限”用户。

① 在经典“控制面板”窗口中双击“用户账户”图标，屏幕出现一个管理用户的窗口，如图 2-95 所示。可以看到当前本机中已有的用户。

图 2-95　“用户账户”窗口

② 选择“创建一个新账户”，弹出如图 2-96 所示的对话框，输入账户名称“Student”。

③ 单击“下一步”按钮，选择账户类型为“受限”。

④ 单击“创建账户”按钮，完成新账户的创建。

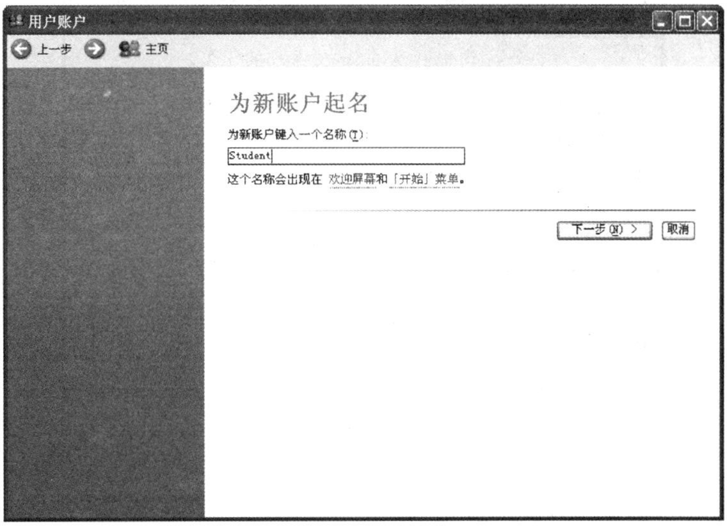

图 2-96　输入新账户名称

（2）更改账户。

① 在图 2-95 所示的窗口中选择“更改账户”，出现“挑选一个要更改的账户”窗口（见图 2-97），选择一个要更改的账户，如选择“Student”账户，出现“你想更改账户的什么”窗口（见图 2-98）。

图 2-97　挑选更改账户对话框

② 选择“更改名称”项，输入新账户名称（见图 2-99）。

③ 选择“创建密码”项，输入两遍新密码（见图 2-100）。

图 2-98　选择更改账户的什么

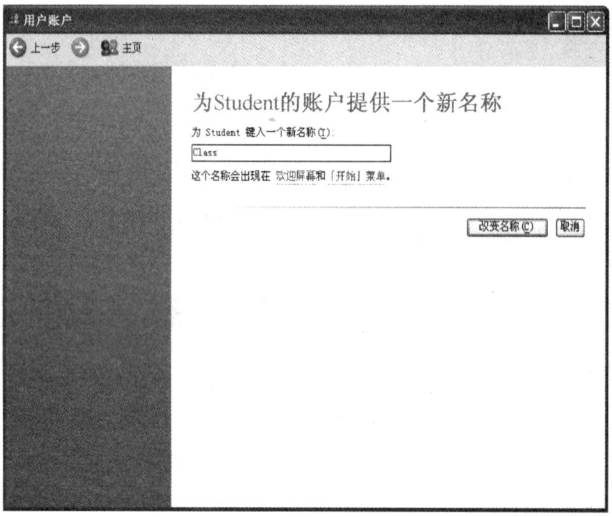

图 2-99　更改名称

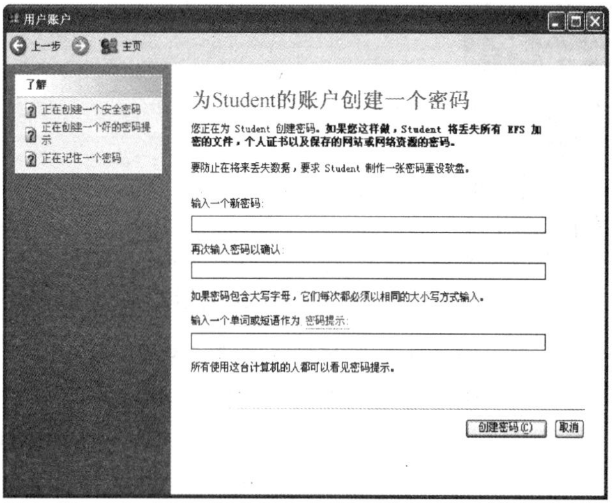

图 2-100　创建密码

④ 选择“更改图片”项，为账户挑选一个新图像（见图 2-101），也可以单击“浏览图片”，在磁盘上选择一幅图片作为账户图片。

⑤ 选择“更改账户类型”项，更改账户类型（见图 2-102）。

⑥ 选择“删除账户”项，删除所选账户。

图 2-101　选择图像

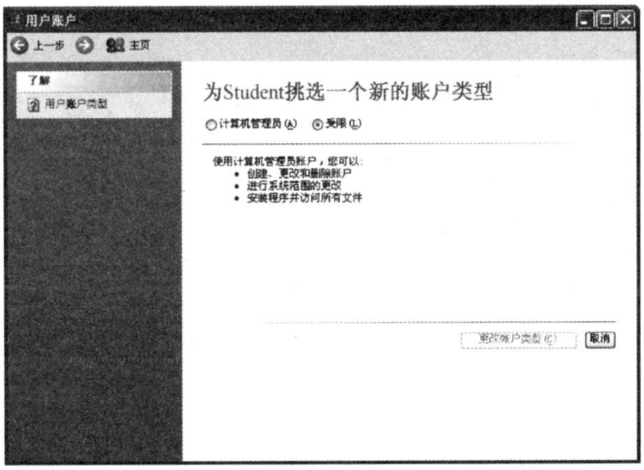

图 2-102　更改账户类型

学习测评

1. 改变系统日期和时间为：2006 年 7 月 10 日，12:00:00。
2. 练习操作鼠标键。
3. 改变鼠标指针的显示形状为“恐龙”方案。
4. 创建一个新账户 Moncia，设置账户密码：123456。

第 3 章　字处理软件 Word 2003

- 自荐信的制作
- 课程表的制作
- 请柬的制作
- 生成书本目录
- 学生成绩报告单的制作

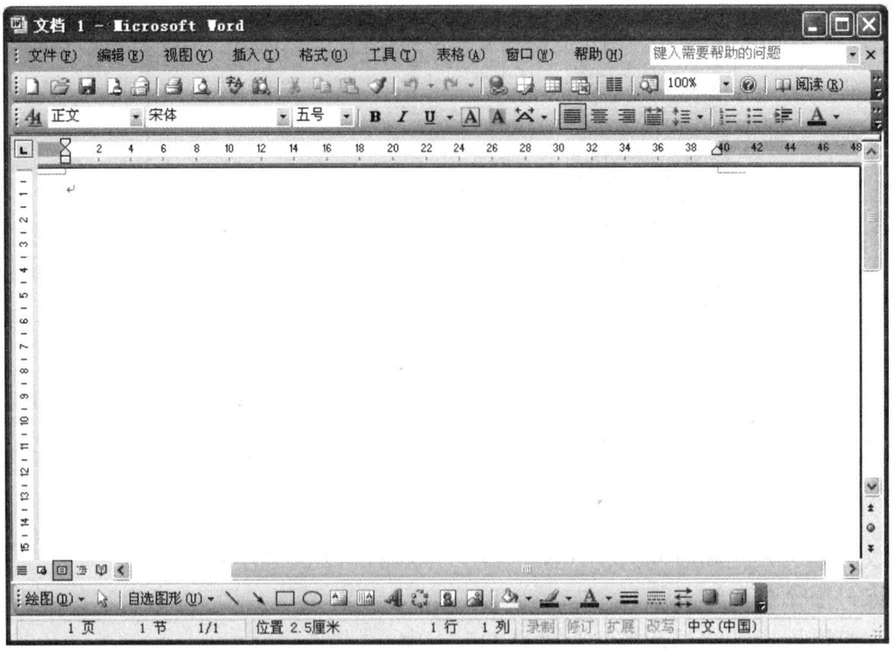

实例 1

自荐信的制作

学习任务

如图 3-1 所示即为用 Word 2003 制作的一份自荐信。通过本案例来介绍 Word 2003 的基本功能。

自　荐　信

尊敬的领导：

　　您们好！

　　感谢您在百忙之中审阅我的求职申请。

　　入校以来，我坚持刻苦学习，通过四年的积累，拥有了作为一名跨世纪大学生应该掌握的理论基础知识和专业知识。在担任班级干部期间，注重锻炼自己的组织领导和协调合作的能力，积极热情地开展工作，在同学中享有一定的威望。

　　同时，我也利用课余时间加强对自己实践能力的培养，积极参加各种社团活动，全方位充实自己。四年中，我一直在 ELIC 工作，通过和他们的语言交流，拓宽了自己的文化视野，提高了自己的英语运用能力。我在东北师大附中实习期间，落落大方的教态，明晰清楚的讲解，认真负责的态度获得了指导老师和学生们的一致好评。

　　天行健，君子当自强不息。我深信我会一步一个脚印走得更好！但我也明白自己的平凡，知道自己在各方面还需要进一步提高。或许在贵校的求职者中我并不是最优秀的，但我相信自己的综合实力，更相信您的慧眼。

　　大学之道，止于至善。恳切盼望您详考、慎虑，使我与贵单位共同发展，求至善、创辉煌！

　　我的过去正是为贵单位的发展准备、积蓄；我的未来正是为贵单位奋斗、拼搏、奉献。

　　此致

敬礼

自荐人：XXX

2007 年 3 月 10 日

图 3-1　自荐信

学习目标

1. 掌握 Word 2003 的启动方法;
2. 了解 Word 2003 的窗口界面的基本组成;
3. 掌握文档内容的选取、复制、移动、删除及恢复方法;
4. 掌握查找与替换的方法，并能正确设置带格式的字符的替换。

操作步骤

1. Word 2003 环境介绍

Word 2003 作为一款用途广泛的办公软件，越来越受到人们的青睐。利用 Word 不仅能制作出令人耳目一新的文档，而且能够给人们的学习和工作带来极大的便利。当今信息技术应用极为广泛，掌握计算机技术自然成了必需的生存手段，而使用 Word 则是基础之中的基础。万丈高楼平地起，掌握新技术还是从最基本的事情做起，下面就来学习如何使用 Word 2003。

从“开始”菜单中选择“Microsoft Office Word 2003”命令，执行“开始”→“程序”→“Microsoft Office”→“Microsoft Office Word 2003”命令，即可启动 Word 2003。启动 Word 2003 后的操作界面是如图 3-2 所示的一个空白文档。

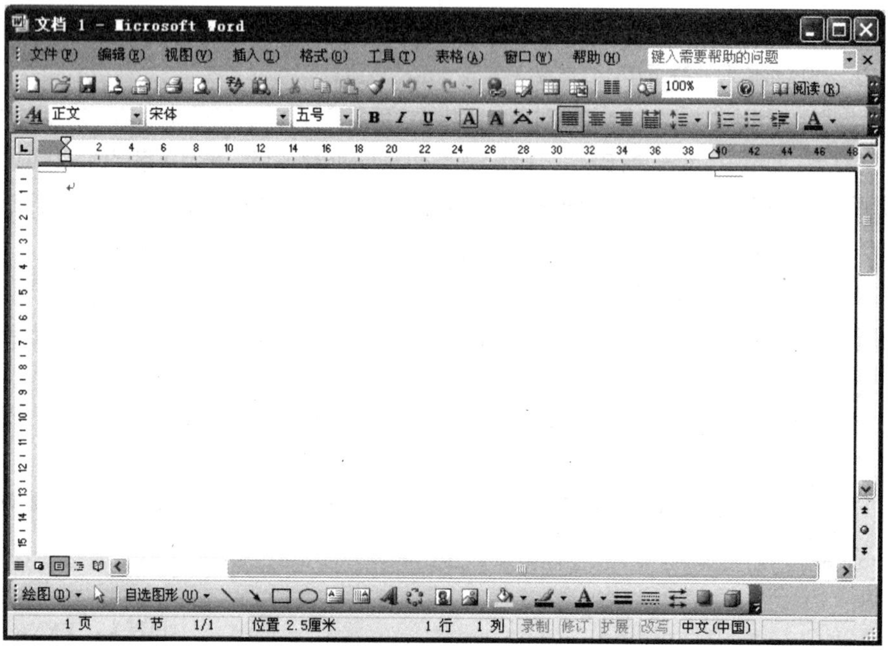

图 3-2　Word 2003 界面

1）工具栏简介

在 Word 的默认界面上，通常有菜单栏、常用工具栏和格式工具栏，如图 3-3 所示。

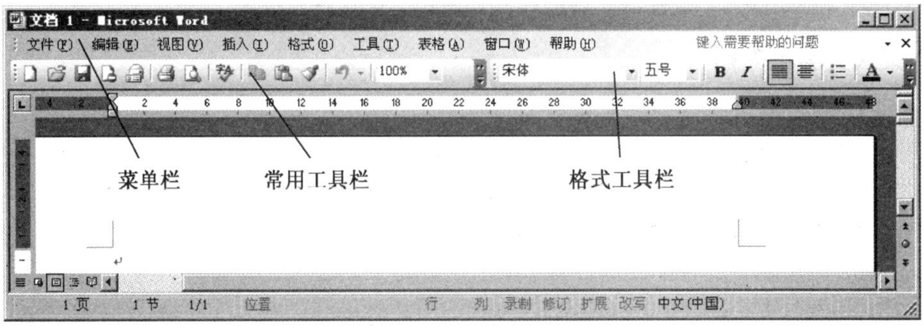

图 3-3　菜单栏、常用工具栏和格式工具栏

2）工具栏的调整

在默认界面中，常用工具栏和格式工具栏并排在一行，使得工具栏中的许多按钮不能显示出来。对于初学者而言，这是一个头痛的问题，会使得使用者无所适从。对于这个问题，可以这样解决。

在“工具”菜单下单击“自定义”命令，打开“自定义”对话框，如图 3-4 所示。

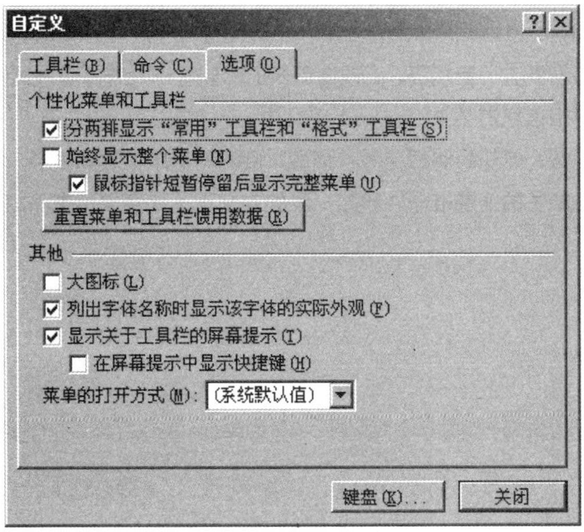

图 3-4　“自定义”对话框

在“选项”选项卡中选中“分两排显示常用工具栏和格式工具栏”复选框。单击“关闭”按钮，使得常用工具栏和格式工具栏上下排列成两行。

3）视图方式简介

Word 中有 4 种常用的文档视图，分别是页面视图、普通视图、大纲视图和 Web 版式视图。页面视图是 Word 使用的默认视图。

不同的视图方式对文档的编排是有影响的。

使用页面视图和 Web 版式视图可以查看文档打印和发布到 Web 上时的效果。但页面视图会使用更多的系统内存，有时会影响系统运行速度。

普通视图显示速度相对较快，因而非常适合应用在文字的录入阶段。

大纲视图显示了文档的大纲，以便把握文档的整体结构。

为了便于初学者学习，建议将视图方式转换为页面视图方式。

2. 录入文字和符号

下面开始来制作自荐信了。首先录入图 3-1 中的文字。

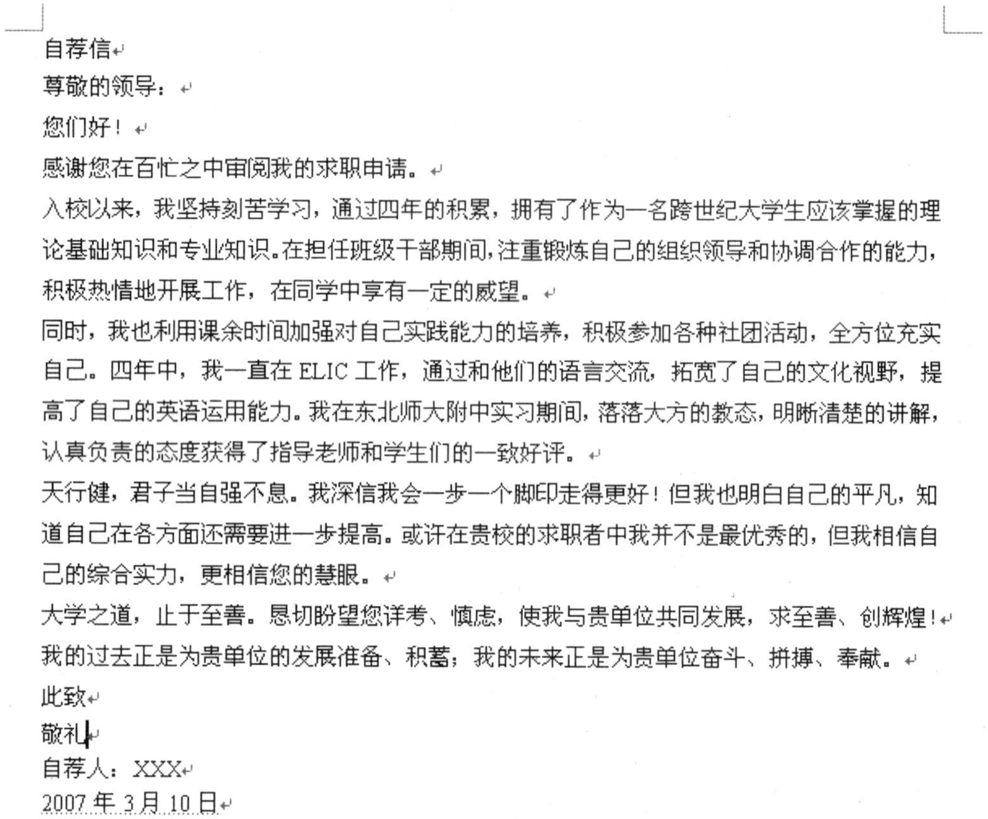
自荐信

尊敬的领导：

您们好！

感谢您在百忙之中审阅我的求职申请。

入校以来，我坚持刻苦学习，通过四年的积累，拥有了作为一名跨世纪大学生应该掌握的理论基础知识和专业知识。在担任班级干部期间，注重锻炼自己的组织领导和协调合作的能力，积极热情地开展工作，在同学中享有一定的威望。

同时，我也利用课余时间加强对自己实践能力的培养，积极参加各种社团活动，全方位充实自己。四年中，我一直在 ELIC 工作，通过和他们的语言交流，拓宽了自己的文化视野，提高了自己的英语运用能力。我在东北师大附中实习期间，落落大方的教态，明晰清楚的讲解，认真负责的态度获得了指导老师和学生们的一致好评。

天行健，君子当自强不息。我深信我会一步一个脚印走得更好！但我也明白自己的平凡，知道自己在各方面还需要进一步提高。或许在贵校的求职者中我并不是最优秀的，但我相信自己的综合实力，更相信您的慧眼。

大学之道，止于至善。恳切盼望您详考、慎虑，使我与贵单位共同发展，求至善、创辉煌！

我的过去正是为贵单位的发展准备、积蓄；我的未来正是为贵单位奋斗、拼搏、奉献。

此致

敬礼

自荐人：XXX

2007 年 3 月 10 日

说明：

录入文字时，文字录入满一行，Word 会自动将文字移动到下一行，无须按“Enter”键。“Enter”键是段落的标识符，即要分段就要按“Enter”键。

3. 对“自荐信”进行编排

对全文的字体格式和段落格式要求如下。

（1）标题黑体、小二号、居中显示、字符间距加宽 6 磅。

字体格式和段落格式分别是对字符文字和段落文字的修饰，使其更加美观。选中标题，然后单击“格式”→“字体”，弹出“字体”对话框。

在对话框中打开“字体”选项卡，在“中文字体”下拉列表框中选取“黑体”，在“字号”下拉列表框中选取“小二号”，如图 3-5 所示。在对话框中打开“字符间距”选项卡，在“间距”下拉列表框中选取“加宽”，在后面磅值数字文本框中输入 6 磅，如图 3-6 所示。

选中标题，单击“格式”工具栏中的“居中”按钮，即可把标题居中对齐。

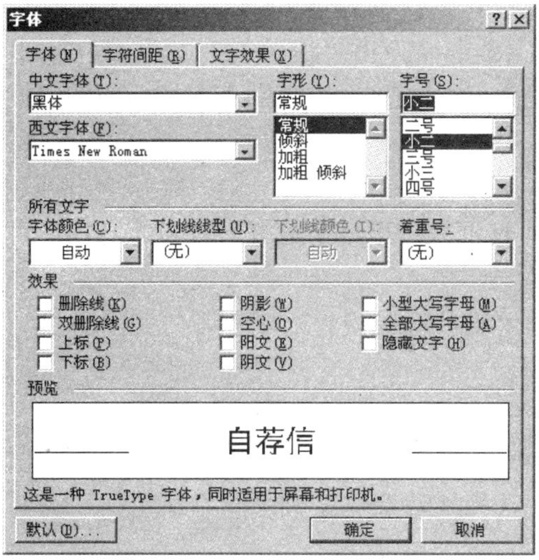

图 3-5　“字体”选项卡

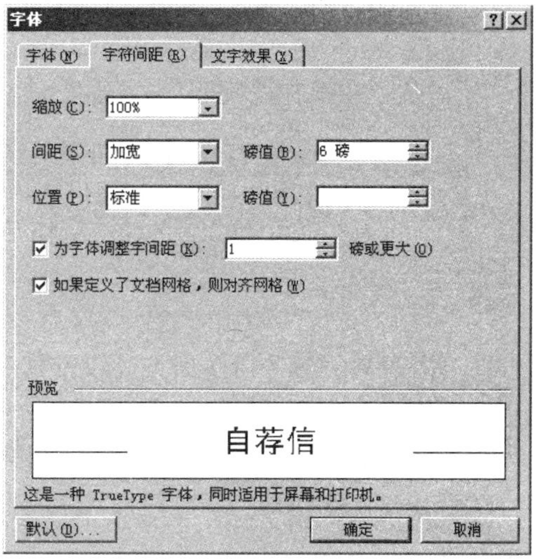

图 3-6　“字符间距”选项卡

（2）正文第一段“尊敬的领导”设置为楷体、小四号；段前距为 1 行。

还可以通过“格式”菜单来设置字体格式。选中“尊敬的领导”，然后在格式工具栏的“字体”组合框中选择“楷体_GB2312”，在“字号”组合框中选择“小四号”，如图 3-7 所示。单击“格式”菜单中的“段落”命令，弹出“段落”对话框，在“间距”栏下，“段前”数字文本框中输入“1 行”，如图 3-8 所示。

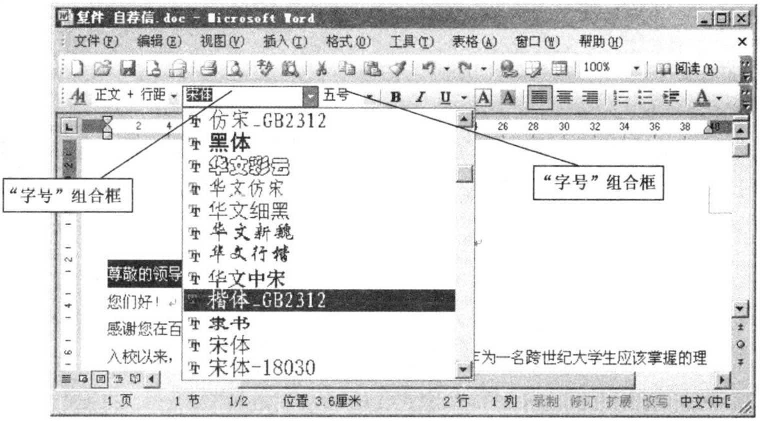

图 3-7　“字体”格式工具栏

（3）第 2～9 段（从“您们好！”到“此致”）首行缩进 2 字符。

选中正文第 2～9 段，单击“格式”菜单中的“段落”命令，弹出“段落”对话框，在弹出的“段落”对话框中，在“缩进”栏下的“特殊格式”下拉列表框中选择“首行缩进”，在后面“度量值”文本框中输入“2 字符”。

（4）第 11～12 段，字型加粗，右缩进 2 字符，右对齐。

选中正文第 11～12 段文字，单击格式工具栏中的“加粗”按钮 **B**、“右对齐”按钮 ≡。单击“格式”菜单中的“段落”命令，弹出“段落”对话框，在弹出的“段落”对话框中的“缩进”栏下的“右”文本框中输入“2 字符”。

（5）正文行距都为 1.2 倍。

选中正文，单击“格式”菜单中的“段落”命令，弹出“段落”对话框，在弹出的“段落”对话框中，在“间距”栏的“行距”下拉列表框中选择“多倍行距”，后面的“设置值”文本框中输入“1.2”。

（6）给文中的“贵单位”加上着重号。

文中有多个“贵单位”，通过“字体格式”对话框来一个一个设置着重号太麻烦。可以通过“替换”去实现。

单击“编辑”菜单中的“替换”命令，弹出“查找和替换”对话框，打开“替换”选项卡，单击“高级”按钮（切换为“常规”按钮）。

在“查找内容”文本框中输入“贵单位”，在“替换为”文本框中也输入“贵单位”，把光标放在“替换为”框中后，单击“格式”命令，弹出“替换字体”对话框，在弹出的“替换字体”对话框中的“着重号”下拉列表框中选择“着重号”，如图 3-9 所示。

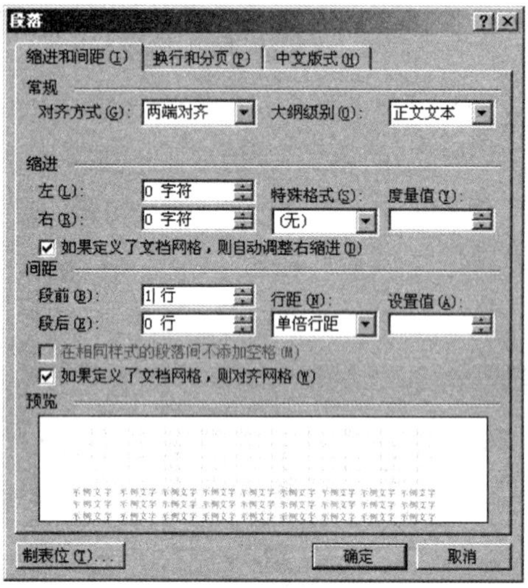

图 3-8　“段落”对话框

图 3-9　“替换字体”对话框

说明：

对于一个字符或多个字符的选定，将光标移到待选字符的前面或后面，按住鼠标左键拖过待选字符即可。对于一行、一段或是全文的选定，可以通过“选择区”来实现，单击“选择区”选中鼠标所在的行，双击“选择区”选中所在的段，三击“选择区”选中全文。

4．保存文档

单击“文件”菜单中的“保存”命令，弹出“另存为”对话框，如图 3-10 所示。在“保存位置”下拉列表框指定保存的路径，在“文件名”文本框中输入新文件名，再单击“保存”按钮，即保存完成。

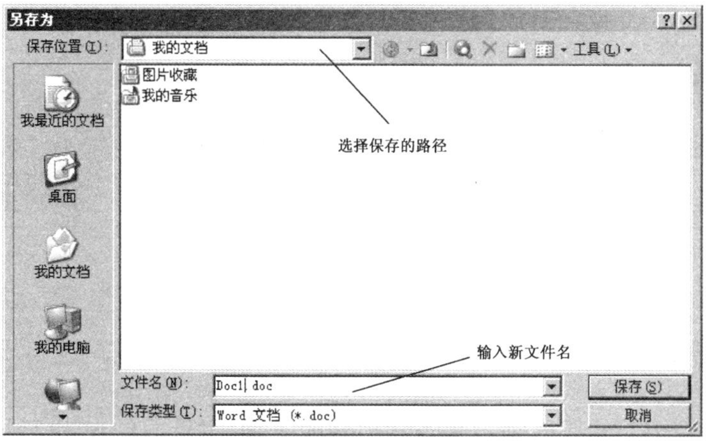

图 3-10　“另存为”对话框

学习测评

使用 Word 制作一份通知，效果如下。

浙江省科学技术厅关于印发《中国浙江网上技术市场专业技术市场管理办法》的通知

各市、县(市、区)科技局：

按照厅党组提出的网上技术市场要“坚持下去，完善起来，推广开来”的工作思路，促进中国浙江网上技术市场的深入发展，我厅将大力推进专业技术市场的建设。为规范和加强中国浙江网上技术市场专业技术市场各项工作，特制定了《中国浙江网上技术市场专业技术市场管理办法》(下称《管理办法》)。现将《管理办法》印发给你们，希望各市、县(市、区)科技局根据《管理办法》，积极开展专业技术市场培育、发展工作。

附件：中国浙江网上技术市场专业技术市场管理办法

2006 年 9 月 25 日

实例 2

课程表的制作

学习任务

表格应用范围广，实用性强，是经常用到的一种式样。从 Word 制作表格的过程来看，创建表格和对表格的编辑是前后两个不可分割的重要过程。要想制作出一个美观、实用的表格，需要熟练掌握各种表格的创建方法和编辑方法。下面来制作一份如图 3-11 所示的课程表。

课 程 表

星期／节次		一	二	三	四	五	六
1—2节	课程						
	教师						
	教室						
	备注						
3—4节	课程						
	教师						
	教室						
	备注						
5—6节	课程						
	教师						
	教室						
	备注						
7—8节	课程						
	教师						
	教室						
	备注						
9—10节	课程						
	教师						
	教室						
	备注						

图 3-11　课程表

学习目标

1．掌握在 Word 2003 中插入表格的方法；
2．掌握表格的常见编辑操作；
3．熟悉绘制表格工具的使用方法。

操作步骤

1．创建规则的空表格

创建表格之前，要对所创建的表格从整体结构上有一个初步的构思，做到胸有成竹。例如，表格的大小、行列的数量、表格的放置方向等。

另外，在插入表格位置的上方预留一个空行，可以方便地在表格的上方添加表格标题。

（1）直接创建简单表格。

通常，单击常用工具栏上的“插入表格”按钮，就会出现一个下拉框图。按下鼠标左键，拖动鼠标光标在方框中移动，鼠标经过的方框会被选定，变成蓝色，如图 3-12 所示为 3 行 4 列的规则表格。鼠标移动达到用户要求后，光标停留在选定行和列的最右下角的方框内，松开鼠标左键确定。这时页面上插入符的位置就会出现行列数符合定义的表格。

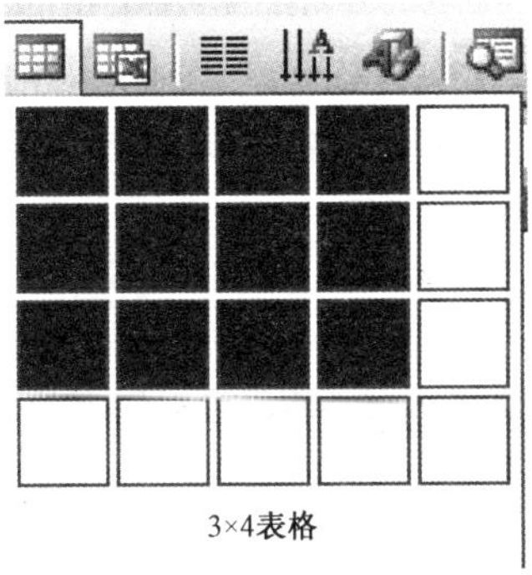

图 3-12　“插入表格”下拉框

（2）通过“插入表格”对话框创建规则表格。

① 选中“表格”→“插入”→“表格”命令，弹出“插入表格”对话框，如图 3-13 所示。

② 在“插入表格”对话框中的“列数”文本框中输入要指定的列数，这里输入“7”，在“行数”文本框中输入要指定的行数，这里输入“5”，这样，在文档中就插入了 5 行 7 列的规则表格。

说明：

表格的列数只能在 1～63 之间定义，而行数只能在 1～32 767 之间定义。

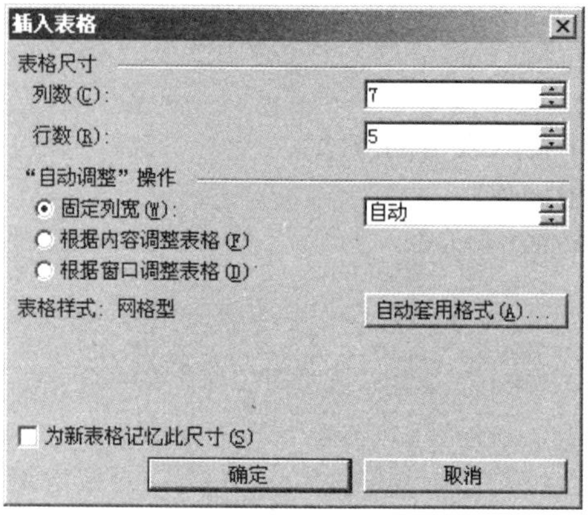

图 3-13　“插入表格”对话框

2. 表格格式设置

（1）表格的选定。

表格的选定包括整个表格的选定、行的选定、列的选定及单元格的选定。

移动光标，使其出现在表格内的任意位置，然后选择“表格”→“选择”→“表格”命令，即可选定整张表格。当然，如果在表格内的某个位置出现了光标，选择“表格”→“选择”→“行”、“列”或“单元格”，就会选定该光标所在的行、列和单元格。

① 选定整张表格（包括所有文字）。单击表格左上角的移动控点，即可选定整张表格。

② 选定行。移动鼠标到某行开头的左边，光标变为指向右上方的空心箭头时，单击鼠标即可选定一行，如图 3-14 所示。移动鼠标到某行开头的左边，光标变为指向右上方的空心箭头时，按下鼠标并向下拖动可选定多行。

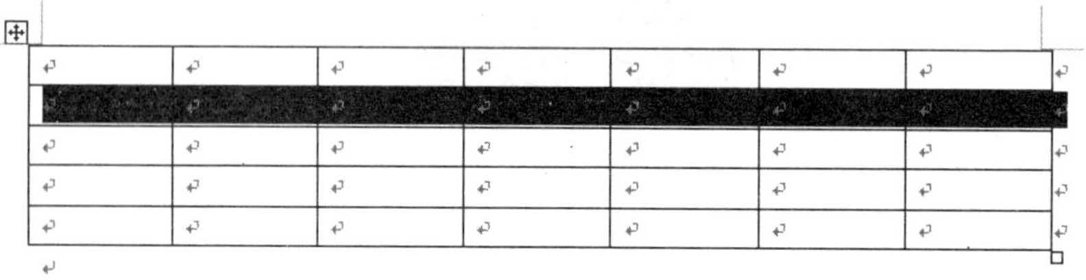

图 3-14　选定行

③ 选定列。移动鼠标到表格上边框处，当光标变为向下的黑色粗箭头时单击鼠标左键，可以选定一列，如图 3-15 所示。如果要选定多列，移动光标到表格上边框处，当光标变为加粗的向下的箭头时，按下鼠标左键并拖动可选定多列

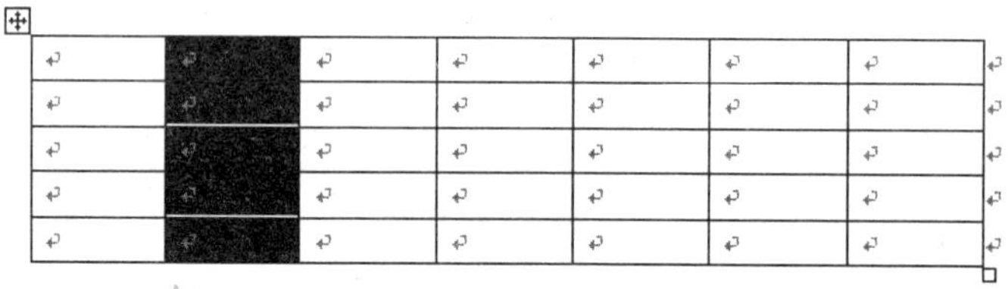

图 3-15　选定列

④ 选定单元格。在单元格内的左边缘处，光标变为向右上角的黑色粗箭头时单击左键即可选定单元格，并同时选定其中的所有文字，如图 3-16 所示。将光标移动到指定单元格区域的起始位置，单元格中出现指向右上方的黑色粗箭头时，按下鼠标左键并拖动即可选定一组相邻的单元格。

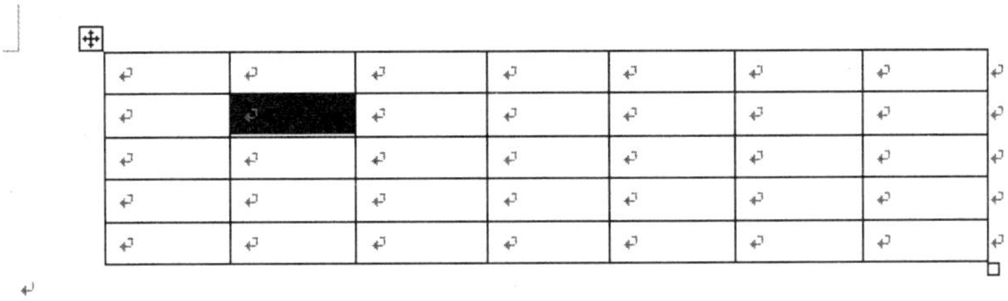

图 3-16　选定单元格

（2）在表格中增/删行、列。

① 添加行。使用表格的时候，经常出现的情况是表格中的行不够，需要在指定的位置添加行。添加行的方法很简单：将光标移动到需要添加行的上一行的行尾，直接按“Enter”键即可，Word 会在光标所在行的下面添加一个新行。

② 添加列。有时候也需要添加列。添加列的方法也很多，与添加行的方法类似，工具所在的位置也一样。不同的是，添加列的时候，如果添加过度，表格会到页面以外去。因此添加列之前需要考虑页面的宽度是否足够。

③ 删除行或列。选定某行或某列，选择“剪切”命令，该行或该列就被删除了。

特别注意，选定某行或某列后，按“Delete”键，选定行或列没有被删除掉，而是变成空行或空列了。其实“Delete”命令只是“清除”命令，只能清除表格中的内容。

（3）设置表格的行高和列宽。

① 指定行高。选定第一行，选择“表格”→“表格属性”命令，弹出“表格属性”对话框，在弹出的“表格属性”对话框中打开“行”选项卡，选中“指定高度”复选框，输入 2.45 厘米，单击“确定”按钮，如图 3-17 所示。同样，指定第二、五行行高为 1.1 厘米，第三、四行行高为 0.9 厘米。

② 指定列宽。选定第一列，选择“表格”→“表格属性”命令，弹出“表格属性”对话框，在弹出的“表格属性”对话框中，打开“列”选项卡，指定宽度为 2.65 厘米，单击“确定”按钮，如图 3-18 所示。同样，指定其他各列列宽为 2 厘米。

（4）插入斜线表头。

选定第一个单元格，选择“表格”→“绘制斜线表头”命令，弹出“插入斜线表头”对话框，在“表头样式”下拉列表框中选择“样式一”（默认），在“行标题”文本框中输入行标题为“星期”，“列标题”中输入列标题为“节次”，如图 3-19 所示。

单击“确定”按钮，表格的样式如图 3-20 所示。

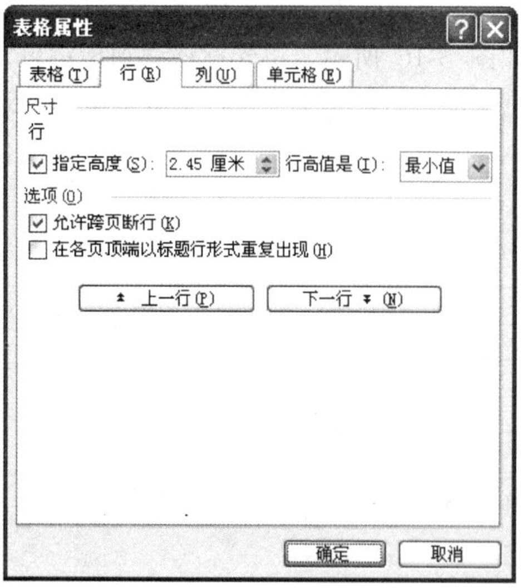

图 3-17　“表格属性”对话框的“行”选项卡

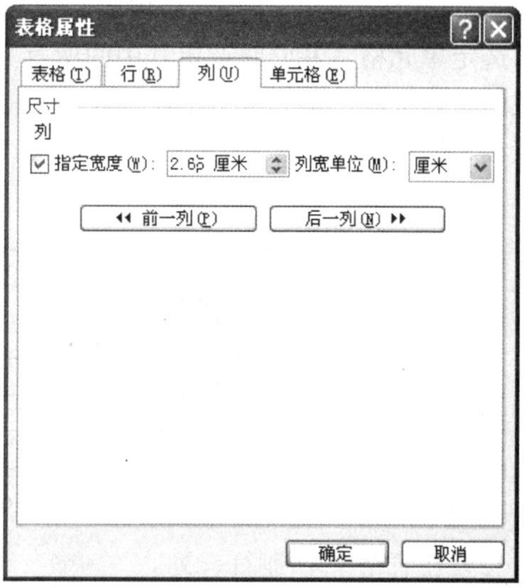

图 3-18　“表格属性”对话框的“列”选项卡

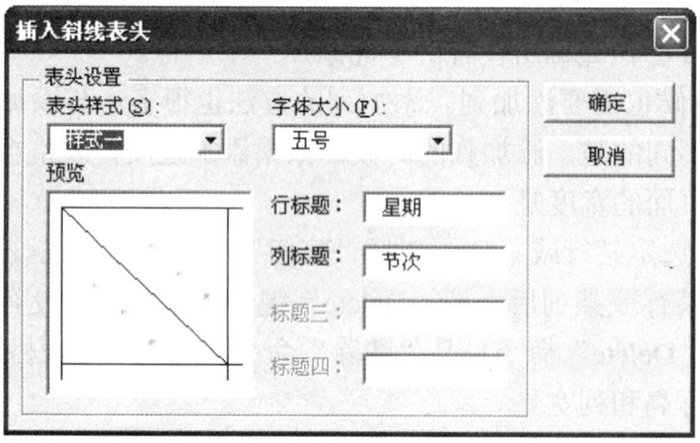

图 3-19　“插入斜线表头”对话框

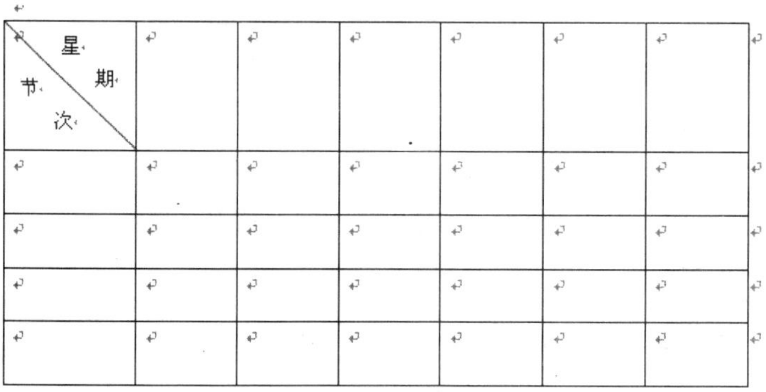

图 3-20　设置好行高、列宽并插入斜线表头的表格

（5）合并、拆分单元格。

① 选择第一列的第二至第五行，选择“表格”→“拆分单元格”命令，弹出“拆分单元格”对话框，指定列数为“2”，行数为“4”，如图 3-21 所示。

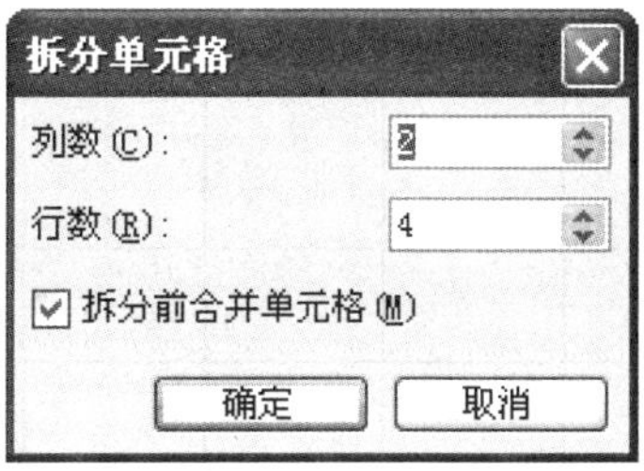

图 3-21　“拆分单元格”对话框

② 调整拆分两列的宽度。将光标移动到第一列的右框线，光标变为⇹时，按下鼠标左键不放，就会出现一条虚线贯穿整个页面。拖动这条虚线，就可以改变指定列的列宽，调整好列宽的表格如图 3-22 所示。

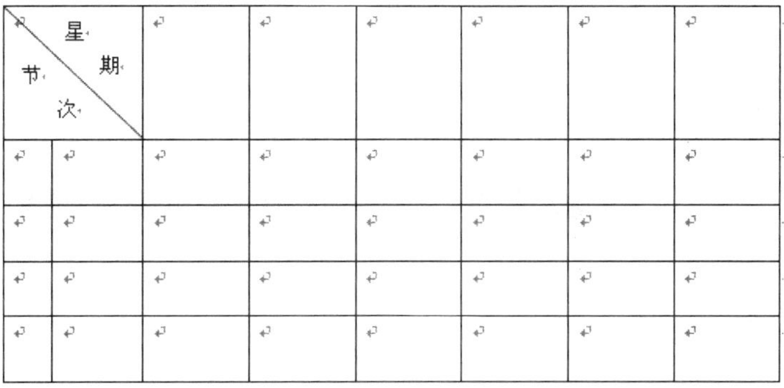

图 3-22　拆分并调整列宽后的表格

另外，在拖动鼠标的同时按下“Alt”键，可以显示出调整行、列的大小。

③ 选中拆分的第一列的单元格，选择“表格”→“合并单元格”命令，4 个单元格合并为一个单元格，如图 3-23 所示。

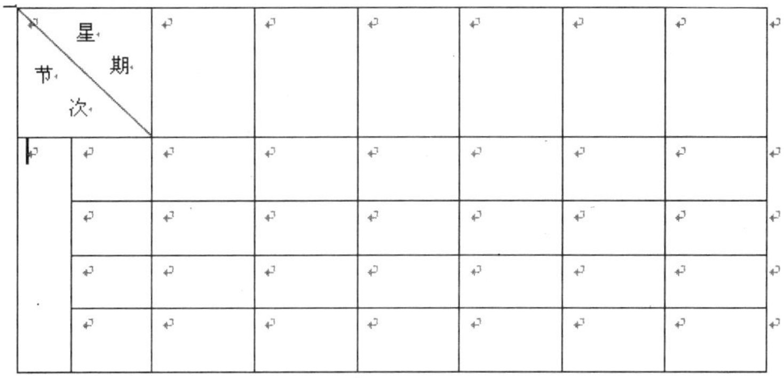

图 3-23　合并后的表格

④ 将第五行的下框线设置为双框线。选择“表格”菜单→“绘制表格”命令，弹出“表格和边框”工具栏。在“线型”下拉列表框中选择双框线，绘制的第五行的下框线如图 3-24 所示。

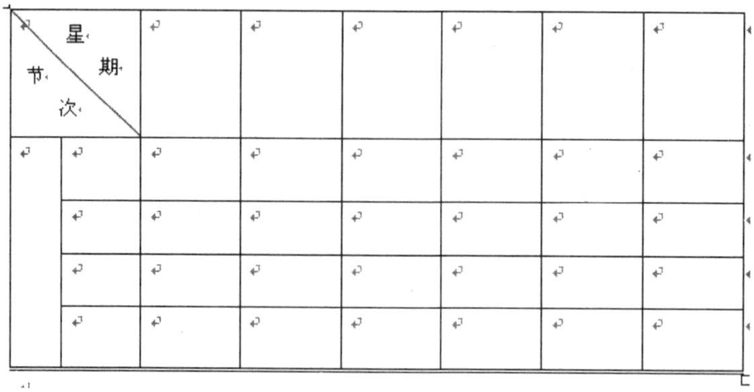

图 3-24　绘制双框线

⑤ 选中第二至五行并复制，在表格下面粘贴 4 次，并输入内容。

⑥ 设置文字对齐方式。选中第一行的第二至七列的单元格，如图 3-25 所示。单击右键，在弹出的快捷菜单中选择“单元格对齐方式”中的命令。

⑦ 给表格添加标题“课程表”，设置为二号、加粗、字符间距加宽 6 磅、居中对齐。

图 3-25　设置单元格对齐方式

学习测评

制作如下所示的个人简历。

个 人 简 历

<table>
<tr><td rowspan="7">基本资料</td><td>姓名</td><td></td><td>性别</td><td></td><td rowspan="5">照片</td></tr>
<tr><td>民族</td><td></td><td>籍贯</td><td></td></tr>
<tr><td>出生年月</td><td></td><td>政治面貌</td><td></td></tr>
<tr><td>学历</td><td></td><td>健康情况</td><td></td></tr>
<tr><td>毕业院校</td><td></td><td>专业</td><td></td></tr>
<tr><td>通信地址</td><td colspan="2"></td><td>邮编</td><td></td></tr>
<tr><td>联系电话</td><td colspan="4"></td></tr>
<tr><td>求职意向</td><td colspan="5"></td></tr>
<tr><td>个人技能</td><td colspan="5"></td></tr>
<tr><td>获奖情况</td><td colspan="5"></td></tr>
<tr><td>社会实践</td><td colspan="5"></td></tr>
<tr><td>兴趣爱好</td><td colspan="5"></td></tr>
</table>

实例 3

请柬的制作

学习任务

制作几份图文并茂的文章，利用 Word 实现图文混排。通常在一篇文章中，除了文字以外，还经常包括一些其他内容，如图片、图形、图像、表格等，应用 Word 的图文编辑功能对这些图文资料及栏目进行精心巧妙的编排，可制作出界面优美、图文并茂的文章。

制作如图 3-26 所示的请柬。

图 3-26　一份请柬

学习目标

1. 使用绘图工具栏绘制图形；
2. 能够正确选取图形和插入图片并进行适当的处理；
3. 正确理解和掌握文本框及图文框的使用方法；
4. 掌握插入艺术字和图文混排的技巧。

操作步骤

1. 确定请柬的纸张尺寸

首选根据需要确定请柬的尺寸，只有先确定尺寸才可以解决请柬布局、文字内容和图形的使用数量等一系列问题。

定义请柬的纸张大小可以按如下步骤操作。

（1）单击“文件”菜单中的“页面设置”命令，弹出如图 3-27 所示的“页面设置”对话框。

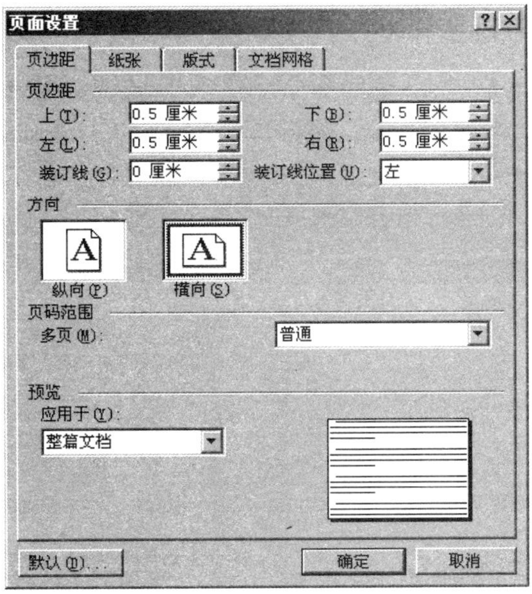

图 3-27　“页面设置”对话框的“页边距”选项卡

（2）在“页面设置”对话框中打开“页边距”选项卡，在“页边距”的“上”、“下”、“左”、“右”文本框均输入 0.5 厘米，将“方向”设置为“横向”。

（3）打开“纸张”选项卡，在“纸张大小”下拉列表框中选择“16 开（18.4×26 厘米）”项，如图 3-28 所示。

（4）单击“确定”按钮完成设置。

2. 给请柬加上艺术边框

平时生活看到的证书、艺术照或请柬，在纸的四周都会有一个矩形的边框。这边框将证书、艺术照和请柬的全部内容包含在里面。下面来添加这个边框。

（1）单击“格式”菜单中的“边框和底纹”命令，弹出“边框和底纹”对话框。

（2）打开“页面边框”选项卡，在“设置”选项中选择“方框”，在“艺术型”下拉列表框中选择需要的图案，然后在“宽度”文本框中输入所需要的宽度，本例中使用的宽度是默认的 31 磅，如图 3-29 所示。

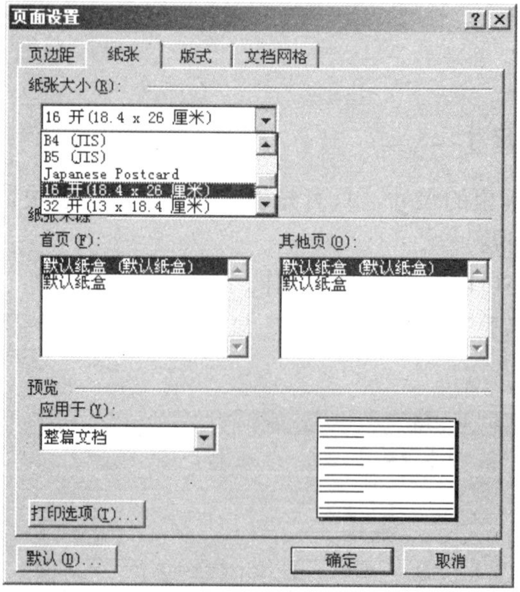

图 3-28　“页面设置”对话框的“纸张”选项卡

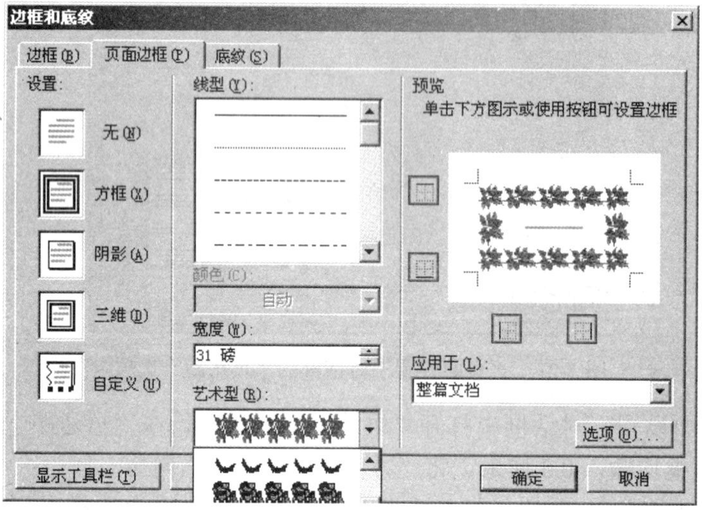

图 3-29　“边框和底纹”对话框

（3）单击“确定”按钮。

这样便添加了如图 3-30 所示的艺术边框。

3. 为请柬添加图片

为请柬添加图片，可以执行如下的操作步骤。

（1）选择“插入”→“图片”→“剪贴画”命令，在 Word 窗口的右边（默认位置）会弹出“剪贴画”任务窗格，在这个任务窗格中，单击“管理剪辑”，在弹出的“收藏夹-Microsoft 剪辑管理器”窗口中找到所需的图片。还可以使用“插入”→“图片”→“来自文件”命令，在计算机里找到所需的图片。

图 3-30　艺术边框

（2）调整图片的大小，并将图片放置在合适的位置。选中图片后单击右键，弹出的快捷菜单如图 3-31 所示，选择“设置图片格式”命令，弹出“设置图片格式”对话框。在“设置图片格式”对话框中，打开“大小”选项卡，调整图片的尺寸，如图 3-32 所示。

图 3-31　“设置图片格式”命令

（3）单击“确定”按钮完成。

（4）在“设置图片格式”对话框中打开“版式”选项卡，在“环绕方式”栏中选择“四周型”，如图 3-33 所示。

（5）单击“确定”按钮完成。

用同样的方法添加一幅蛋糕的图片插入请柬中，并调整好位置，如图 3-34 所示。

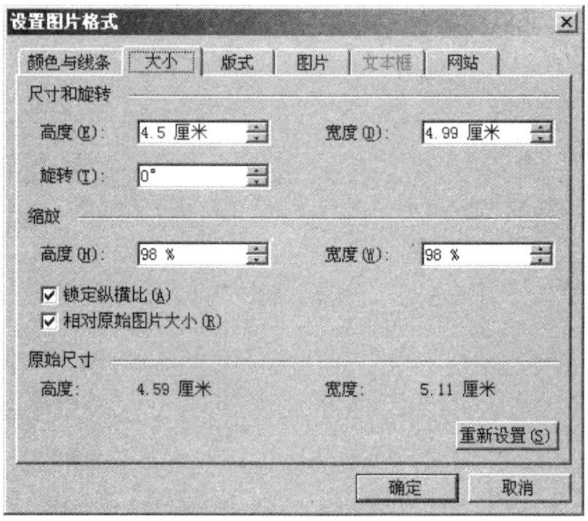

图 3-32　“设置图片格式”对话框的“大小”选项卡

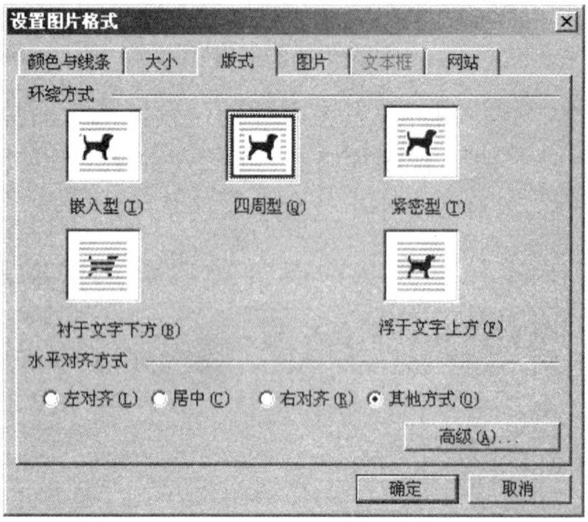

图 3-33　“设置图片格式”对话框的“版式”选项卡

图 3-34　调整好位置

4. 添加艺术字

（1）单击“插入”→“图片”→“艺术字”命令，弹出“艺术字库”对话框，在弹出的“艺术字库”对话框中选择一种样式，如图 3-35 所示。

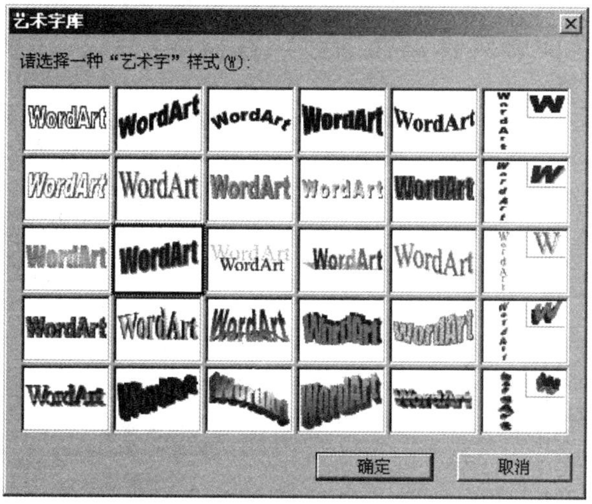

图 3-35　“艺术字库”对话框

（2）单击“确定”按钮，弹出“编辑‘艺术字’文字”对话框，在“文字”文本框中输入“请”字，在“字体”下拉列表框中选择“隶书”，在“字号”下拉列表框中选择“48”，如图 3-36 所示。

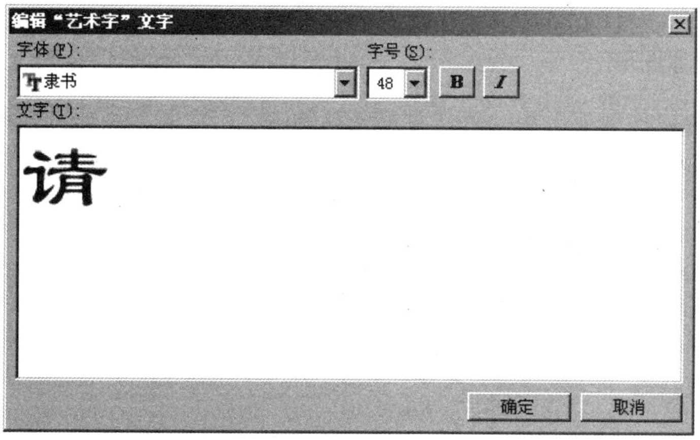

图 3-36　“编辑‘艺术字’文字”对话框

（3）单击“确定”按钮。

（4）纸张上会出现“请”的艺术字，选中“请”艺术字后单击右键，在弹出的快捷菜单中单击“设置图片格式”命令，弹出“设置图片格式”对话框。

（5）在“设置图片格式”对话框中打开“版式”选项卡，在“环绕方式”框中选择“四周型”并调整位置。

（6）单击“视图”→“工具栏”→“绘图”命令，弹出绘图工具栏，默认出现在窗口的下方、状态栏上方。

（7）选中艺术字“请”，单击绘图工具栏中的“三维效果样式”按钮，在“三维样式”中选择“三维样式 2”，如图 3-37 所示。

图 3-37　修饰艺术字

（8）复制设置好的“请”字，然后编辑文字，改为“柬”字，再修改三维样式为“三维样式 1”，并调整位置。

5. 为请柬添加图形

图形的应用可以使请柬更加动感，对于气氛的渲染可以起到很好的作用。

（1）单击绘图工具栏上的“自选图形”→“星与旗帜”→“爆炸形 1”项，如图 3-38 所示。

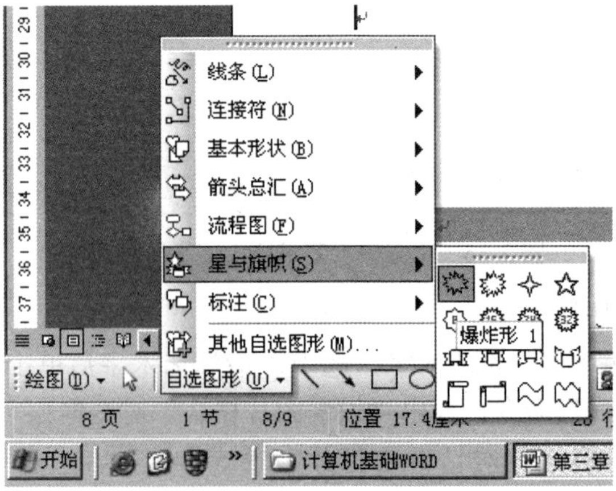

图 3-38　选择图形

（2）将鼠标指针放置在请柬的某处，按住鼠标左键并拖动，即可得到一个“爆炸形”图形。

（3）右击“爆炸形”图形，在弹出的快捷菜单中选择“设置图片格式”命令，即弹出“设置自选图形格式”对话框。调整“爆炸形”图形的大小即可。

（4）单击绘图工具栏上的“线条颜色”旁边的三角形按钮，在弹出的菜单中选择红色，如图 3-39 所示。

（5）选择图形的内部填充颜色。单击绘图工具栏中“填充颜色”旁边的三角形按钮，在弹出的菜单中选择“填充效果”项，如图 3-40 所示。

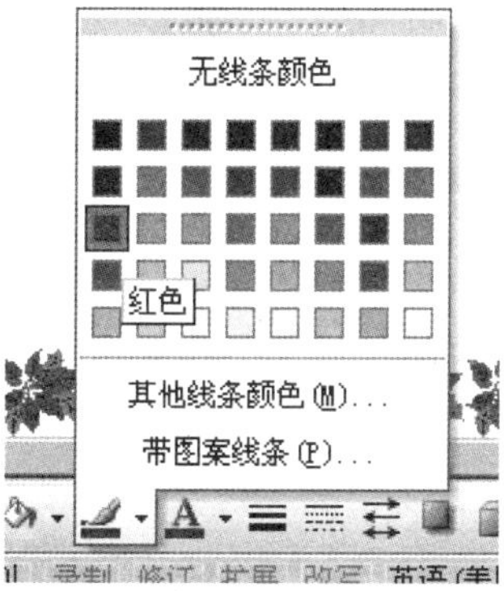

图 3-39　改变图形颜色

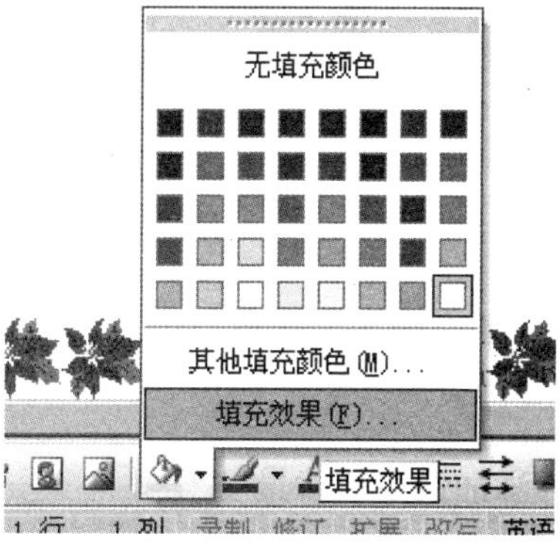

图 3-40　填充效果

（6）弹出“填充效果”对话框，在“填充效果”对话框中打开“过渡”选项卡。在“颜色”框中选中“预设”单选按钮，在旁边的“预设颜色”下拉列表框中选择“心如止水”；在“底纹样式”栏中选中“角部辐射”单选按钮，如图 3-41 所示。

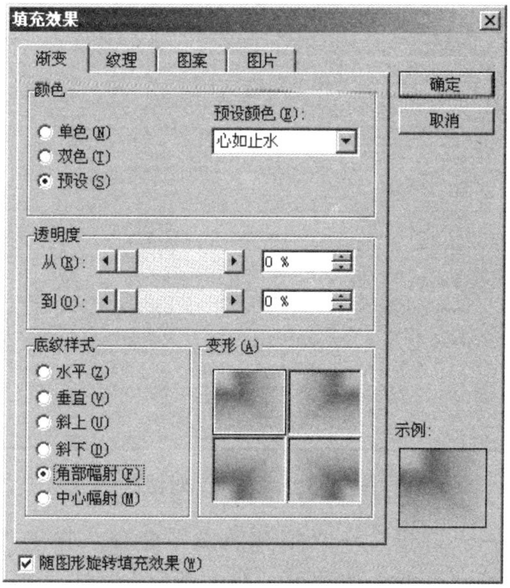

图 3-41　“填充效果”对话框

（7）单击“确定”按钮完成填充，填充效果如图 3-42 所示。

图 3-42　填充后的效果图

（8）在“爆炸形”图形内单击鼠标，将光标放在图形内部，输入“欢迎您……”的字样，然后将文字调整为“小二号”，将字体设置为“华文新魏”，颜色为蓝色。

6. 添加请柬的背景

添加图案可以使请柬更美观，而请柬中的图像和文字是浮于背景之上的。

（1）选择“格式”→“背景”→“水印”命令，弹出“水印”对话框。

（2）选中“水印”对话框中“文字水印”单选按钮，在“文字”框中输入“邀”字，在下面的“字体”框中选择“华文彩云”，在“版式”项中选中“水平”单选按钮，如图 3-43 所示。

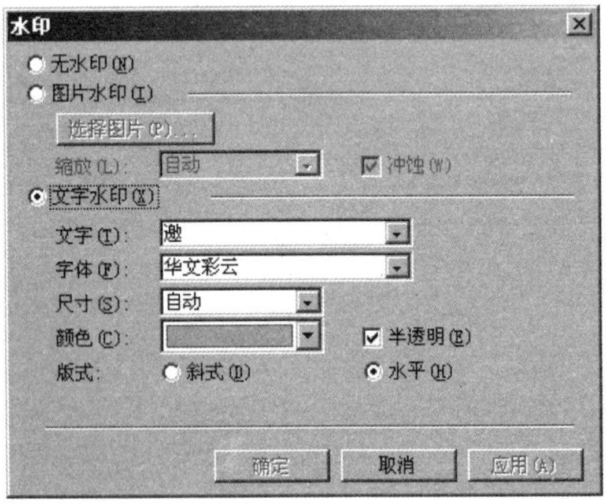

图 3-43　“水印”对话框

（3）选择“格式”→“背景”→“填充效果”命令，弹出“填充效果”对话框。在“填充效果”对话框中打开“渐变”选项卡。在“颜色”栏中选中“预设”单选按钮，在旁边的“预设颜色”下拉列表框中选择“茵茵绿原”；在“底纹样式”栏中选中“角部辐射”单选按钮，如图 3-44 所示。

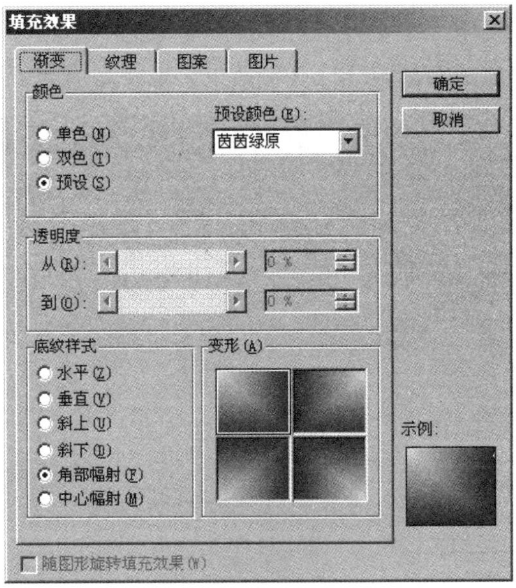

图 3-44　“填充效果”对话框

（4）单击“确定”按钮完成填充，填充效果如图 3-45 所示。

图 3-45　填充后的效果图

7. 书写请柬的文字

在请柬中输入如下格式的文字：

尊敬的-----女士/先生

邀您参加××××××的生日聚会

时间--------------------------

地点--------------------------

以上书写的文字可以采用“华文行楷”字体，字号为“小二”，段落间距为“自动”。最后还需调整一下整体的布局，完成这份请柬。最终完成的请柬如图 3-46 所示。

图 3-46　完成的请柬

学习测评

制作如下所示的电子卡。

实例 4

生成书本目录

学习任务

在编排书籍、杂志、论文、报告等长篇文档时，一般都要列出文章的目录，并且要在文章每页页眉和页脚的位置上用简洁的文字标出文章的题目、页码、日期或图案等，同时需要对陌生的词语、文字、缩写词及文档的来源等加以注释，如作者的简单说明等。利用 Word 插入目录、页眉、页号等功能可以自动地将目录收集起来，并可插入页眉、页号、注解，效果见后面的样文。下面来制作如图 3-47 所示的书籍目录。

第一章：计算机基础……1
　　实例 1：键盘、鼠标的操作……1
　　实例 2：英、中文录入……2
第二章：Windows 基本操作……2
　　实例 1：Windows 桌面个性设置……2
　　实例 2：Windows 窗口与菜单操作……3
　　实例 3：文件与文件夹操作……4
　　实例 4：应用程序……4
第三章：Word 2003……5
　　实例 1：自荐信的制作……5
　　实例 2：课程表的制作……5
　　实例 3：请柬的制作……6
　　实例 4：书本目录的制作……7
　　实例 5：学生成绩通知单的制作……7
第四章：Excel 2003……8
　　实例 1：报名登记表……8
　　实例 2：销售记录……8
　　实例 3：学生成绩表的统计……8
　　实例 4：各门课程分析图表……9
第五章：PPT 2003……9
　　实例 1："学校简介"演示文稿的制作……9
　　实例 2：电子贺卡的制作……10
第六章：网络及多媒体……10
　　实例 1：TCP/IP 设置……10
　　实例 2：IE 浏览器的应用……10
　　实例 3：发送与接收电子邮件……11

图 3-47　书籍目录

学习目标

1. 掌握页眉和页脚的设置方法，能灵活使用页眉/页脚工具栏；
2. 掌握对段落分栏编排的方法；
3. 熟悉“首字下沉”的使用方法；
4. 学会使用智能编号对段落自动添加编号或项目符号。

操作步骤

1. 添加页眉和页脚

（1）插入页眉。选择“视图”→“页眉和页脚”命令，在页面上打开“页眉”编辑区域，这时可以看到页面顶端有一个虚线框，还有“页眉”二字，如图 3-48 所示。

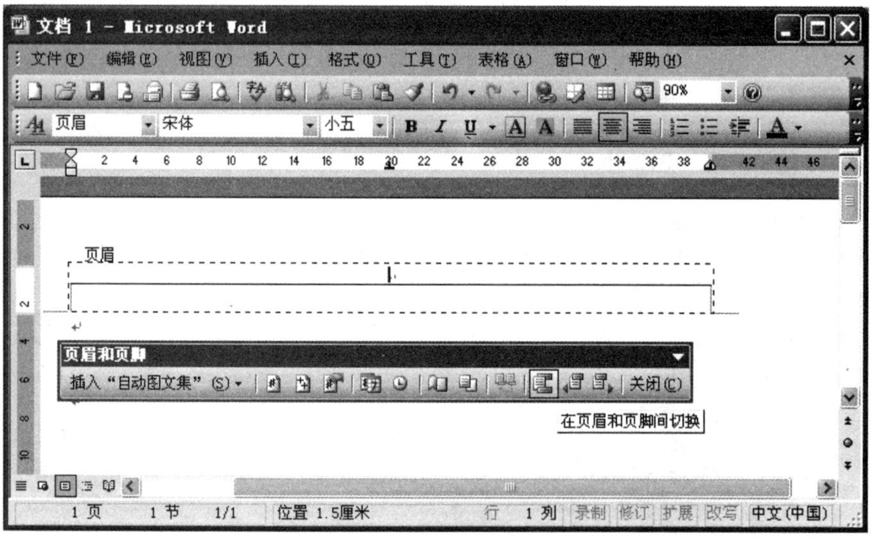

图 3-48 插入页眉

（2）插入页脚。“页眉和页脚”工具栏，如图 3-49 所示，单击“页眉和页脚”工具栏上的“在页眉和页脚切换”按钮，在页面上打开“页脚”编辑区域，如图 3-50 所示。

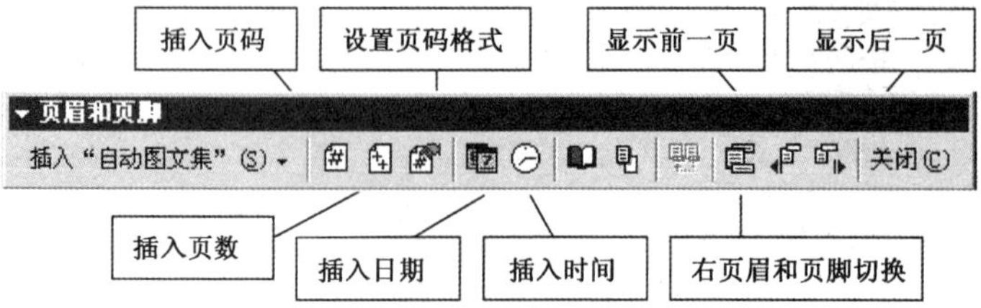

图 3-49 “页眉和页脚”工具栏

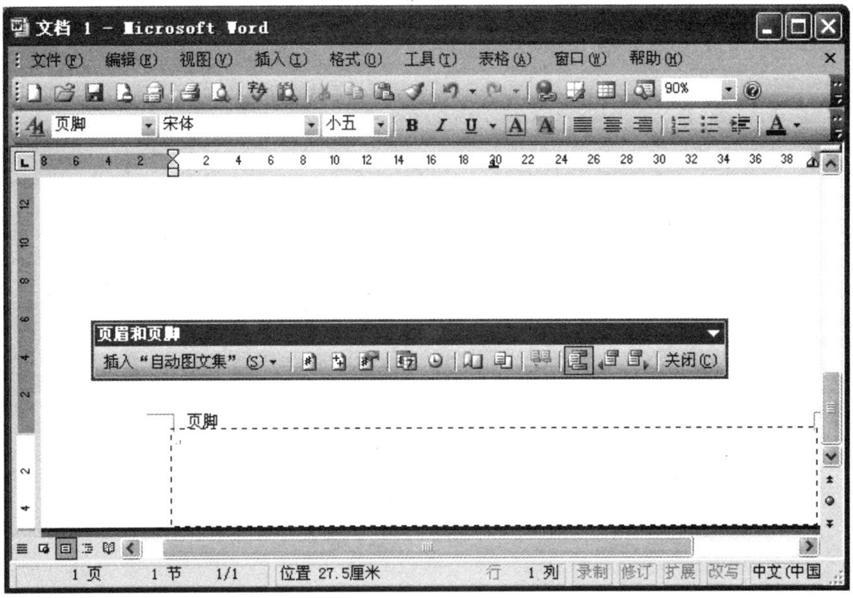

图 3-50　插入页脚

说明：

页眉可由文本或图形组成，出现在一节中每页的顶端。页脚出现在每页的底端。页眉和页脚通常包括页码、章节标题、日期和作者姓名。

（3）插入页码。将光标放置在"页脚"编辑区域，单击"页眉和页脚"工具栏上的"插入页码"按钮即可。插入页码之前，还可以根据个人喜好设置页码的格式。单击"页眉和页脚"工具栏上的"设置页码格式"按钮，弹出"页码格式"对话框，如图 3-51 所示。通过"数字格式"下拉列表框选择相应的格式即可。

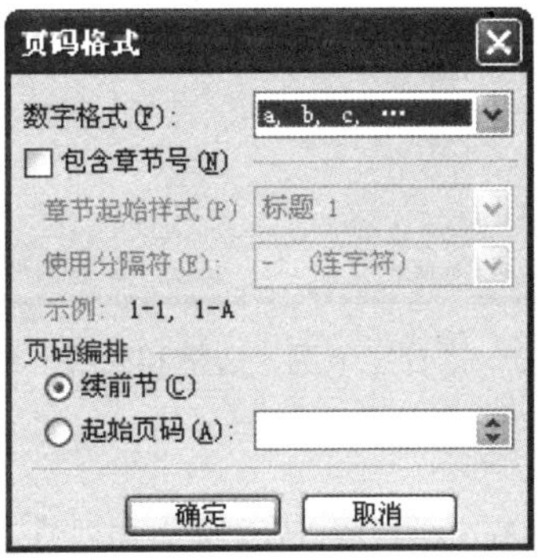

图 3-51　"页码格式"对话框

2．分栏编排

大家在读书、看报纸时会发现有正文是分成两列的，这就是分栏。Word 的分栏工具可以将页面文字分成若干栏。

选定要分栏的文字，选择"格式"→"分栏"命令，弹出"分栏"对话框，如图 3-52

所示。在该对话框中，可以从“预设”栏中选择相应的栏数，也可以在“栏数”文本框中输入数字来确定栏数，再单击“确定”按钮即可。

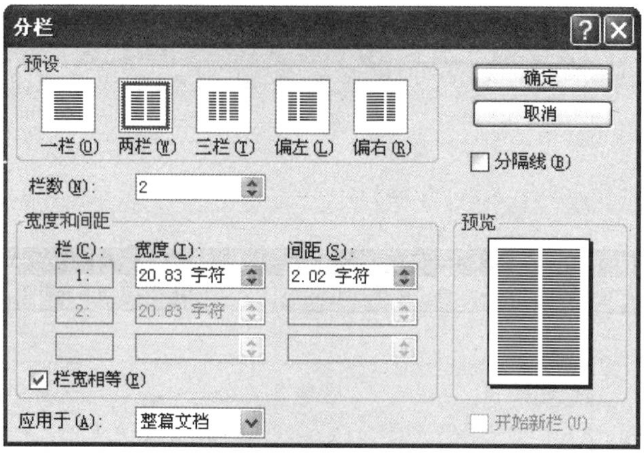

图 3-52　“分栏”对话框

3. 首字下沉、项目符号及边框和底纹

制作如图 3-53 所示效果的文字。

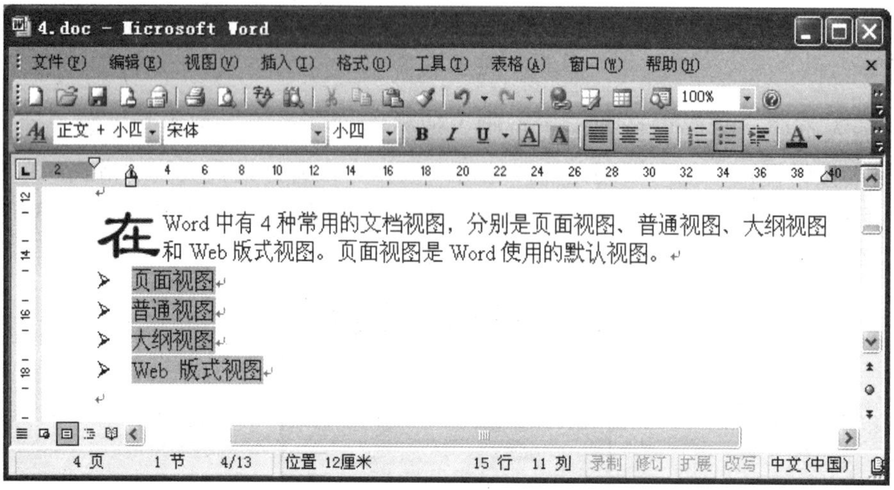

图 3-53　“首字下沉、边框和底纹”效果图

先在文档中录入如下文字：

在 Word 中有 4 种常用的文档视图，分别是页面视图、普通视图、大纲视图和 Web 版式视图。页面视图是 Word 使用的默认视图。
页面视图
普通视图
大纲视图
Web 版式视图

（1）首字下沉。选中第一段文字，选择“格式”→“首字下沉”命令，弹出“首字下沉”对话框，如图 3-54 所示。在“位置”栏选择“下沉”项，在“字体”下拉列表框中选择“隶书”，在“下沉行数”文本框中输入“2”后，单击“确定”命令即可。

（2）项目符号。选择第二至五段文字，选择“格式”→“项目符号和编号”命令，弹出“项目符号和编号”对话框，如图 3-55 所示。在此对话框中，打开“项目符号”选项卡中相应的符号，再单击“确定”按钮即可。

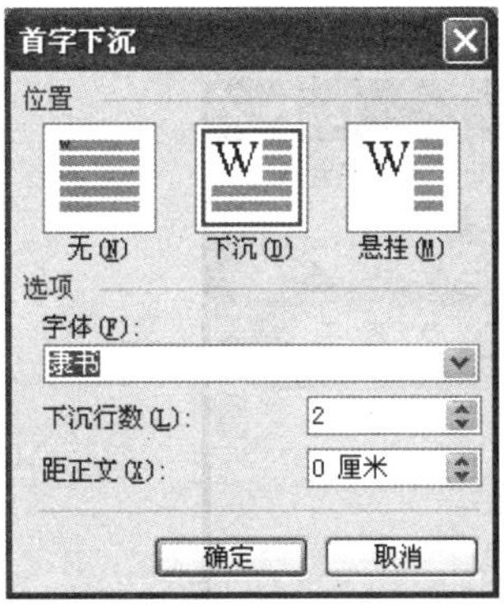

图 3-54　“首字下沉”对话框

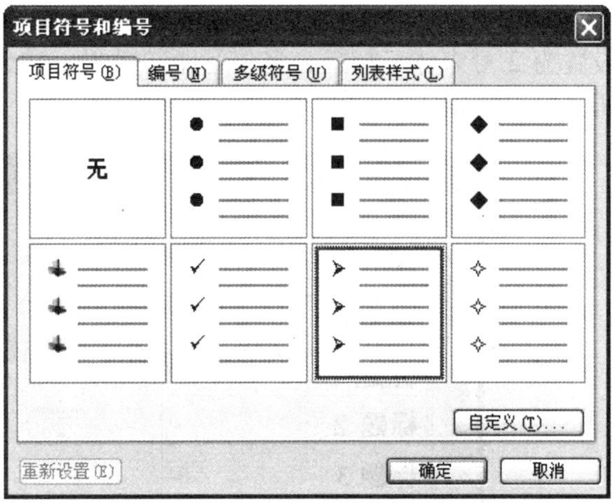

图 3-55　“项目符号和编号”对话框

（3）边框和底纹。选择第二至五段文字，选择“格式”→“边框和底纹”命令，如图 3-56 所示。然后打开“底纹”选项卡，在“图案”栏的“样式”下拉列表框中选择“25%”，在“应用于”下拉列表框中选择“文字”，再单击“确定”按钮即可。

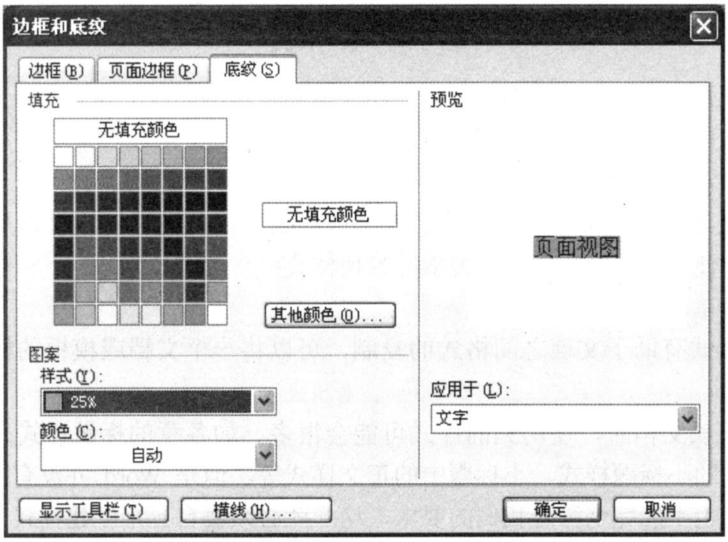

图 3-56　“边框和底纹”对话框

说明：

“应用于”下拉列表框中，“段落”是指所选择的段落加底纹，“文字”是指所选择的文字加底纹。

4. 样式

所谓样式，就是存储在 Word 中对文字或段落进行一系列格式设置后组合格式的总称，是应用于文本的一系列格式特征的集合。在“格式”工具栏上的左端“样式”列表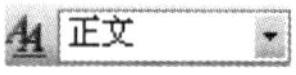中列出了一些基本样式，如图 3-57 所示。例如，使用“标题 1”样式，即可将文档设置为 2 号宋体、加粗、多倍行距等效果。按住“Shift”的同时单击“样式”列表的下拉箭头，可以显示所有的样式。

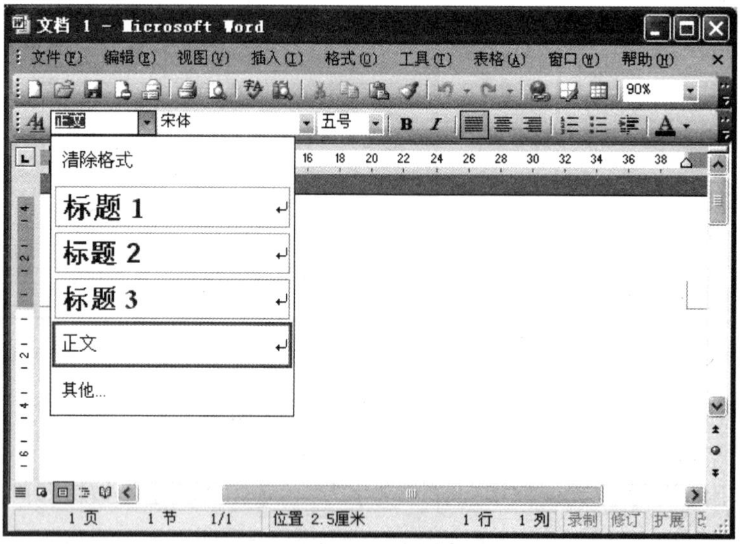

图 3-57　基本样式

那么使用样式会带来什么好处呢，样式的优点大致归纳为以下几点：

（1）样式可以节省设定各种文档的时间；

（2）可以确定格式的一致性；

（3）改动文本格式更加容易，只需更改样式的定义，就可以一次性地更改所有相同样式的文本，或者使用“替换”命令，搜索并替换样式；

（4）使用简单、方便；

（5）采用样式有助于文档之间格式的复制，可以将一个文档或模板的样式复制到另一个文档或模板中。

当编辑一篇长文档时，使用到的样式可能会很多。如各章的标题样式、各小节的标题样式、各小节中的小标题样式、小标题中的正文样式等。但是 Word 并没有提供这些样式，即便是有的样式也不能完全符合我们的要求，这样就必须要自己来创建样式了。

（1）选择“格式”→“样式和格式”命令，打开“样式和格式”任务窗格，如图 3-58 所示。

（2）在“样式和格式”任务窗格中，单击“新样式”按钮，弹出“新建样式”对话框，如图 3-59 所示。

（3）在“属性”栏中的“名称”文本框中输入“二级标题”作为新样式的名称。

图 3-58　“样式和格式”任务窗格

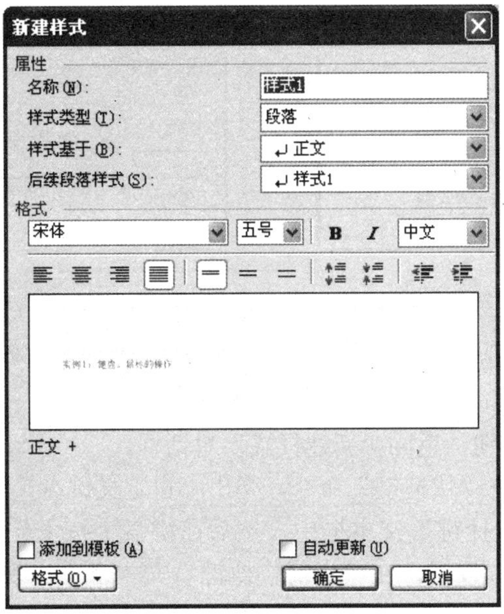

图 3-59　“新建样式”对话框

（4）在“样式类型”下拉列表框中选择“段落”，这里可以选择“段落”或“字符”，“段落”表示确定将新样式应用于整个段落，“字符”表示将新样式应用于选定的字符。

（5）在“样式基于”下拉列表框中选择“无样式”。从下拉列表框中选择或输入新样式的基准样式名称，可以根据已有的样式进行修改。如果不希望新的样式受到其他样式的影响，就选择“无样式”。

（6）如果在“样式类型”下拉列表框中选择“段落”，则在“后续段落样式”下拉框中选择或输入一个名称。这个样式是现在所设定的段落后面紧跟着的一个段落的样式。在这里我们选择“正文”，即当我们在用一个“二级标题”样式设定格式的段落结尾处按回车键时，Word 将把“正文”样式应用于下面一个段落。

（7）单击“格式”按钮，可以对字体、段落、制表位、边框、语言、图文框和编号方式进行设置，如图 3-60 所示。

（8）分别选择“字体”、“段落”命令，设置字体格式为“中文字体”、“字型”和“字号”分别为“黑体”、“加粗”和“三号”，如图 3-61 所示。如果有必要，还可以对字体颜色、字符间距等进行设置。

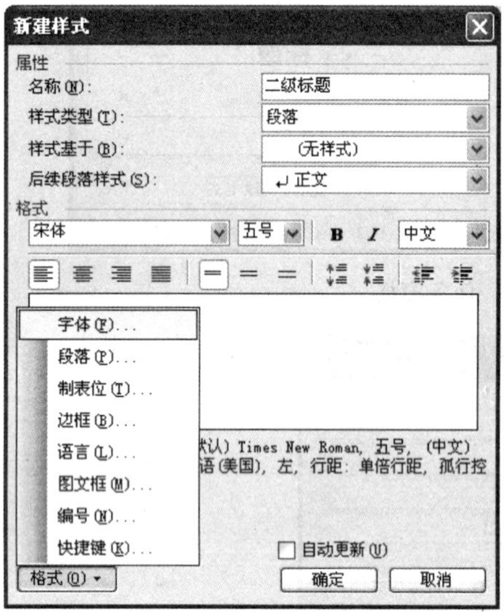

图 3-60　“格式”按钮菜单

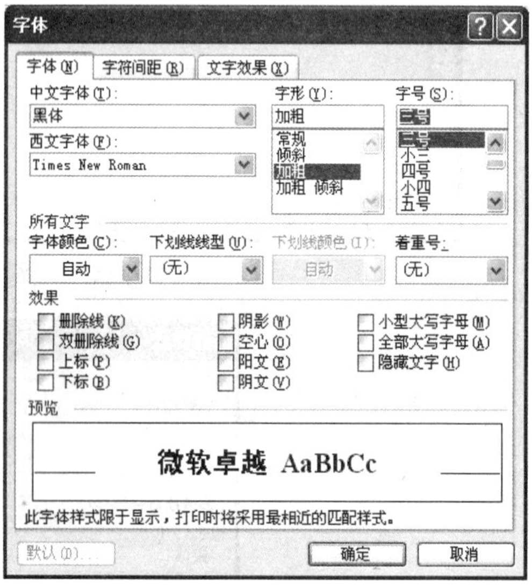

图 3-61　设置字体格式

设置段落格式：将“对齐方式”选择为“居中”，“大纲级别”选择为“2 级”，“行距”选择“2 倍行距”，如图 3-62 所示。

（9）单击“确定”按钮，返回“新建样式”对话框。

（10）单击“格式”→“快捷键”命令，弹出“自定义键盘”对话框，如图 3-63 所示。把光标移动到“请按新快捷键”文本框中，然后在键盘上按下作为“二级标题”的快捷键“Alt+2”，再单击“指定”按钮，在“当前快捷键”文本框中出现“Alt+2”，单击“关闭”按钮关闭对话框，返回“新建样式”对话框。

（11）单击“确定”按钮，在“样式和格式”任务窗格中就添加好了“二级标题”的样式，如图 3-64 所示。

（12）选定要设置的文字，再单击“样式和格式”任务窗格中“二级标题”命令即可。

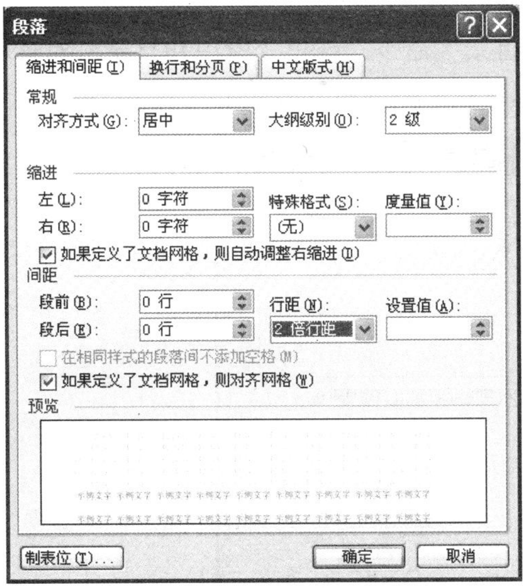

图 3-62　设置段落格式

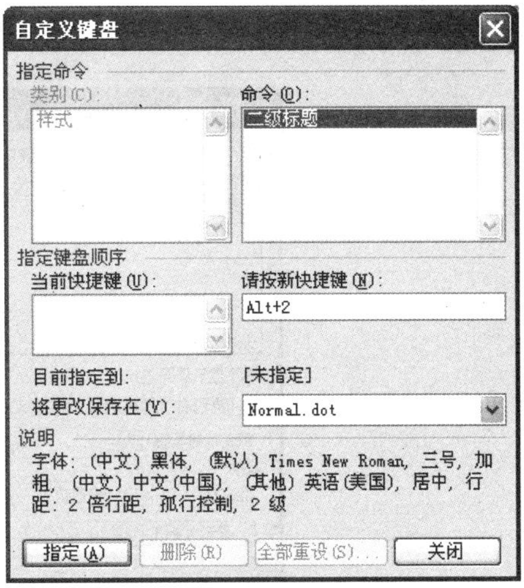

图 3-63　“自定义键盘”对话框

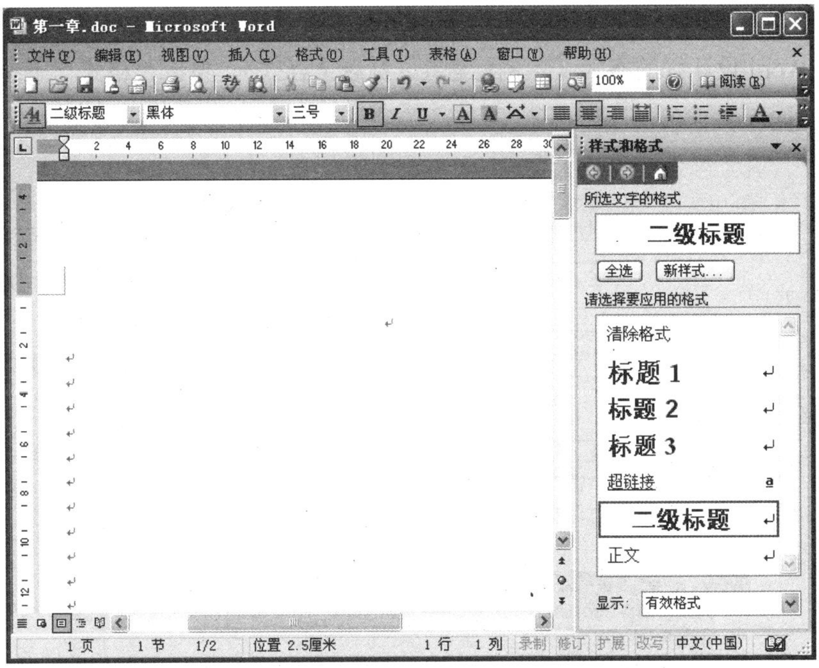

图 3-64　设定“二级标题”样式

5. 建立目录

目录是文档中标题的列表，可以将其插入到指定的位置。可以通过目录来了解在一篇文档中论述了哪些主题，并快速定位到某个主题。

在编制目录之前必须为文档建立分级标题体系，即分级标题样式。

插入目录时可按如下步骤操作。

（1）单击要插入目录的位置。

（2）选择“插入”→“引用”→“索引和目录”命令，弹出“索引和目录”对话框，如图 3-65 所示。

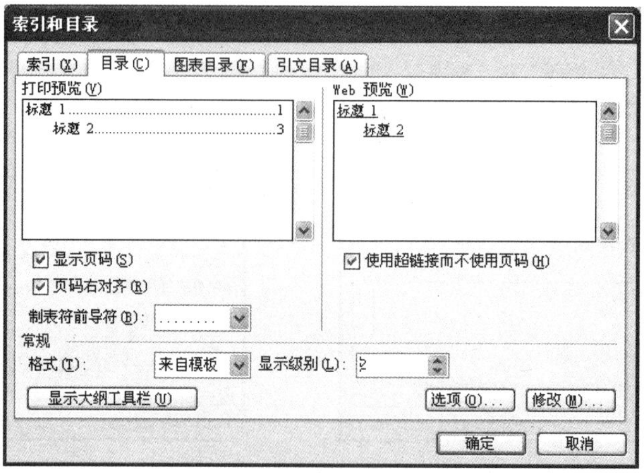

图 3-65　“索引和目录”对话框

（3）然后打开“目录”选项卡。

若使用 Word 设计好的格式（本例标题 1、标题 2 样式），单击“格式”下拉列表框中的格式设计方案为“来自模板”，并确定目录显示到的级别为“2”。

若要使用自定义目录的格式，单击“选项”按钮，弹出“目录选项”对话框，如图 3-66 所示。在“有效样式”选项中查找应用于文档标题的样式。在样式名右边“目录级别”下输入 1～9 的数字，表示各个标题样式所代表的级别。

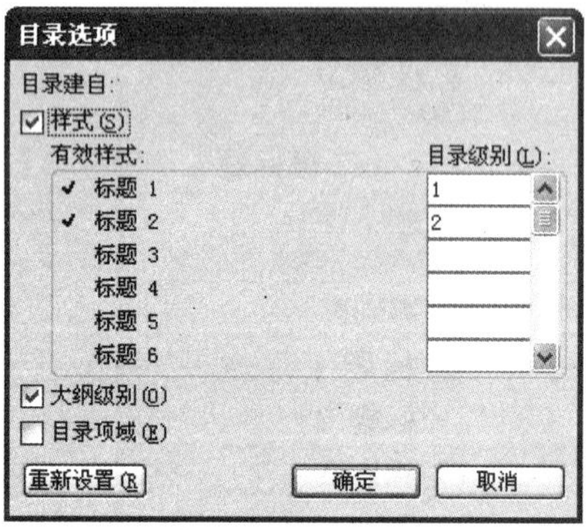

图 3-66　“目录选项”对话框

（4）单击“确定”按钮，返回到“索引和目录”对话框，再单击“确定”按钮即生成目录。生成的目录如图 3-67 所示。

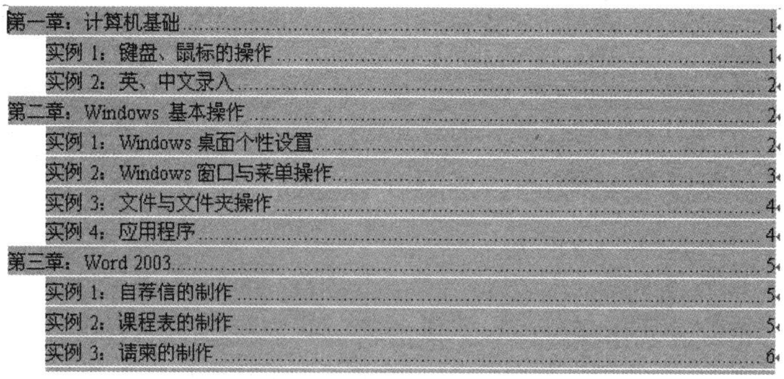

图 3-67　生成的目录

更新目录时，可将光标移动到目录中，单击右键弹出快捷菜单，选择“更新域”命令，弹出“更新目录”对话框，如图 3-68 所示。根据需要选择更新内容，单击“确定”按钮，完成目录更新。

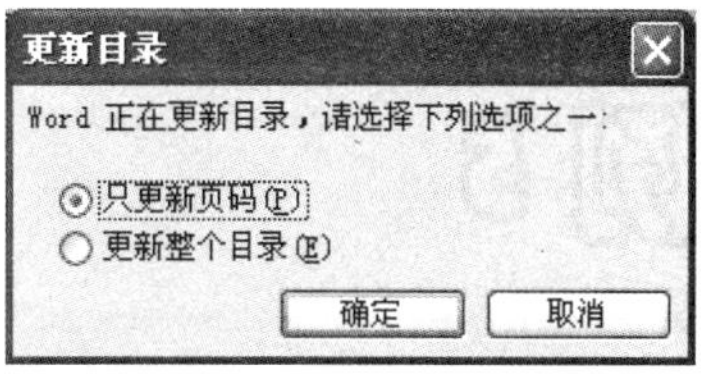

图 3-68　“更新目录”对话框

学习测评

1．按照要求完成以下操作。

（1）下列表格中第 1、2 行文字中部居中，其余各行文字中，第 1 列文字两端对齐、其余各列文字右对齐。

（2）在“合计（万台）”列的相应单元格中，计算并填入左侧四列的合计数量；设置外框线为 1.5 磅单实线、内框线为 0.75 磅单实线、第 2、3 行间的内框线为 0.75 磅双窄线。

产品名称	产量（万台）				合计（万台）
	一季度	二季度	三季度	四季度	
电视机	15.8	16.4	16.9	17.2	
DVD	8.2	9.1	9.6	10.7	
空调机	14.6	25.8	20.1	18.6	
洗衣机	10.1	10.3	12.9	14.6	

2．对于以下文字，按要求完成相应操作。

信息安全影响我国进入电子社会
随着网络经济和网络社会时代的到来，我国的军事、经济、社会、文化各方面都越来越依赖于网络。与此同时，电脑网络上出现利用网络盗用他人账号上网，窃取科技、经济情报进行经济犯罪等电子攻击现象。
今年春天，我国有人利用要新闻组中查到的普通技术手段，轻而易举地从多个商业站点窃取到 8 万个信用卡号和密码，并标价 26 万元出售。
同传统的金融管理方式相比，金融电子化如同金库建在电脑里，把钞票存在数据库里，资金流动在电脑网络里，金融电脑系统已经成为犯罪活动的新目标。
据有关资料显示，美国金融界每年由于电脑犯罪造成的经济损失近百亿美元。我国金融系统发生的电脑犯罪也逐年上升。近年来最大的一起犯罪案件造成的经济损失高达人民币 2100 万元。

（1）将文中所有“电脑”替换为“计算机”；将标题段文字（“信息安全影响我国进入电子社会”）设置为三号黑体、红色、倾斜、居中、字符加阴影效果并添加蓝色底纹。

（2）将正文各段文字（“随着网络经济……高达人民币 2100 万元。”）设置为五号楷体_GB2312；各段落左、右各缩进 0.5 字符，首行缩进 2 字符，1.5 倍行距，段前间距 0.5 行。

（3）将正文第三段（“同传统的金融管理方式相比……新目标。”）分为等宽量栏，栏宽 18 字符；给正文第四段（“据有关资料……2100 万元。”）添加项目符号■。

实例 5

学生成绩报告单的制作

学习任务

制作一份“成绩报告单”。在日常生活中，人们经常要制作“考试准考证”、“录取通知书”、“成绩通知单”、“邀请函”等。这样的信件通常只需更换称呼和有关具体文字，信件的内容是相同的。使用 Word 邮件合并功能，用一份文档作信件的内容底稿，称呼和有关文字用变量自动更换，就可以实现一式多份的制作信件，达到事半功倍的效果，效果图如图 3-69 所示。

亲爱的同学：

你在 2008—2009 学年第一学期考试的各科成绩如下：

学号：1063001　　姓名：张俊辉　　系别：计算机系

课程	成绩	班级平均成绩	备注
语文	85	78	
英语	78	84	
高等数学	96	76	
马哲	89	78	
计算机基础	97	92	
总体评价	你的成绩为良好，希望下学期再接再励！		

图 3-69　成绩通知单效果图

学习目标

掌握 Word 邮件合并功能。

操作步骤

1．制作前的准备工作

在制作邮件合并前需准备数据源，数据源可以是数据库的任意一种格式，本例中，用

Excel 文件作为数据源，如图 3-70 所示。

	A	B	C	D	E	F	G	H	I
1	学号	姓名	系别	语文	英语	高等数学	马哲	计算机基础	平均分
2	1063001	张俊辉	计算机系	85	78	96	89	97	89.00
3	1063002	赵瑞超	计算机系	78	72	93	84	93	84.00
4	1063003	郑忠华	计算机系	79	84	87	73	89	82.40
5	1063004	仇松	计算机系	83	90	90	67	87	83.40
6	1063005	申莉	计算机系	79	89	79	68	94	81.80
7	1064001	曹延庆	经管系	85	87	76	89	89	85.20
8	1064002	周振奇	经管系	82	68	78	74	84	77.20
9	1064003	余理	经管系	81	85	73	73	78	78.00
10	1064004	肖林聪	经管系	86	79	89	79	84	83.40
11	1064005	肖泽飞	经管系	89	72	84	78	78	80.20
12	1065001	曾流	外语系	83	89	76	84	98	86.00
13	1065002	张剑红	外语系	90	86	69	90	91	85.20
14	1065003	梅敦	外语系	86	79	72	86	90	82.60
15	1065004	晁焕国	外语系	87	83	75	68	84	79.40
16	1065005	张良	外语系	76	85	87	78	89	83.00
17	1065006	万里程	外语系	81	80	79	94	85	83.80

图 3-70　数据源示意图

2. 开始创建邮件合并的 Word 文档

创建 Word 文档的具体操作步骤如下。

（1）建立如图 3-71 所示的主文档（即成绩通知单底稿）。

江西蓝天学院成绩通知单

亲爱的同学：

你在 2008-2009 学年第一学期考试的各科成绩如下：

学号：　　姓名：　　系别：

课程	成绩	班级平均成绩	备注
语文			
英语			
高等数学			
马哲			
计算机基础			
总体评价			

图 3-71　主文档

（2）启动邮件合并工具栏。选择“视图”→“工具栏”→“邮件合并”命令，启动邮件合并工具栏，如图 3-72 所示。

（3）打开数据源。单击邮件合并工具栏上的（打开数据源按钮），弹出如图 3-73 所示的对话框。在“查找范围”文本框中找到准备工作中的 Excel 文件。

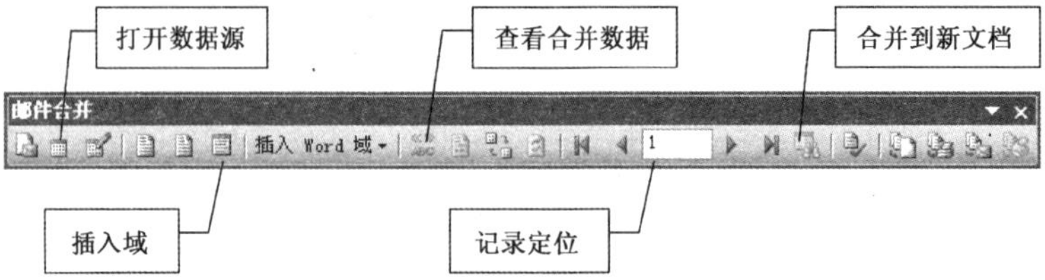

图 3-72　邮件合并工具栏

图 3-73　“选取数据源”对话框

（4）插入域。将光标定位到主文档要插入“学号”的位置，单击邮件合并工具栏的（插入域按钮）图标，弹出如图 3-74 所示的对话框，在“域”中选择“学号”，并依次将“姓名”、“系别”、“语文”、“英语”、“高等数学”、“马哲”、“计算机基础”、“总体评价”插入到相应的位置，如图 3-75 所示。

图 3-74　“插入合并域”对话框

江西蓝天学院成绩通知单

亲爱的同学：

你在 2008—2009 学年第一学期考试的各科成绩如下：

学号：　　姓名：«姓名»　　系别：«系别»

课程	成绩	班级平均成绩	备注
语文	«语文»	80	
英语	«英语»	80	
高等数学	«高等数学»	87	
马哲	«马哲»	78	
计算机基础	«计算机基础»	78	
总体评价			

图 3-75　插入域后的效果

（5）插入 Word 域。把光标定位到“总体评价”栏的相应栏，选择“插入 Word 域”→“If…Then…Else”命令，如图 3-76 所示。

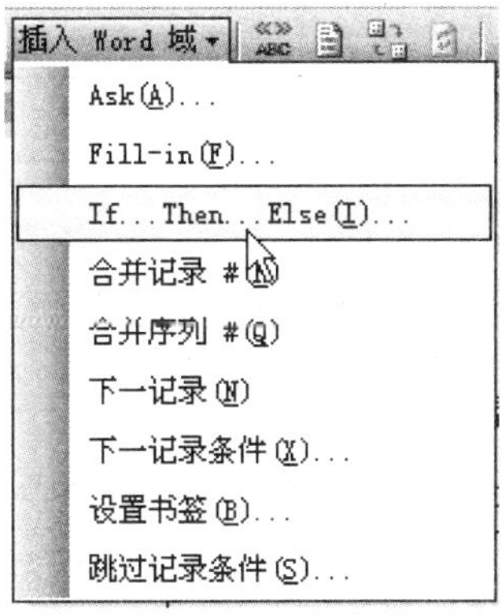

图 3-76　插入域菜单

在“插入域：IF”对话框中的“域名”下拉列表框中选择“平均分”，在“比较条件”下拉列表框中选择“大于等于”，在“比较对象”文本框中填写“80”，在“则插入此文字”文本框中填写“你的学习成绩总体为良好，请再接再厉！！”，在“否则插入此文字”文件框中填写“你的学习成绩不够理想，还要不断努力！！”，如图 3-77 所示。

（6）查看合并数据。单击按钮（查看合并数据），如图 3-78 所示。

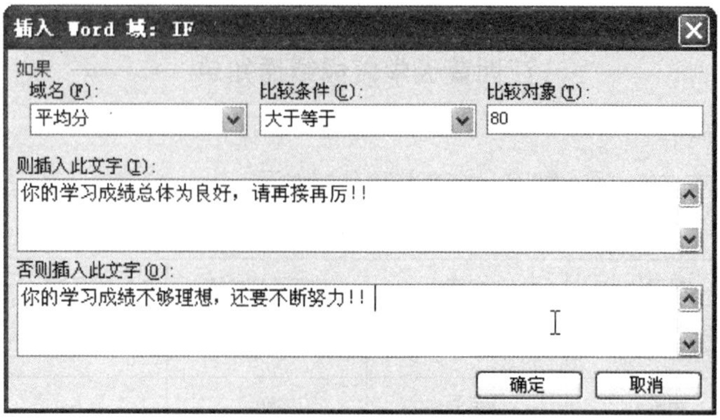

图 3-77　“插入域”对话框

江西蓝天学院成绩通知单

亲爱的同学：

你在 2008—2009 学年第一学期考试的各科成绩如下：

学号：1063001　　姓名：张俊辉　　系别：计算机系

课程	成绩	班级平均成绩	备注
语文	85	80	
英语	78	80	
高等数学	96	87	
马哲	89	78	
计算机基础	97	78	
总体评价	你的学习成绩总体为良好，请再接再励!!		

图 3-78　查看合并数据效果图

（7）合并到新文档。单击（合并到新文档）按钮，即可生成全部“成绩通知单”，邮件合并完成。

学习测评

根据邮件合并知识制作准考证，如图 3-79 所示。

计算机技能证书考试

准　考　证

准考证号：04439135

射份证号：440301xxxxabcd3001

考生姓名：罗园园

考试科目：计算机应用

考试地点：第二考场

考试时间：上午9:00

计算机技能证书考试

准　考　证

准考证号：04439125

射份证号：440301xxxxabcd3002

考生姓名：潘剑

考试科目：计算机应用

考试地点：第二考场

考试时间：上午9:00

计算机技能证书考试

准　考　证

准考证号：04439133

射份证号：440301xxxxabcd3003

考生姓名：黄文雅

考试科目：计算机应用

考试地点：第一考场

考试时间：上午9:00

计算机技能证书考试

准　考　证

准考证号：04439109

射份证号：440301xxxxabcd3004

考生姓名：黄笑娟

考试科目：计算机应用

考试地点：第一考场

考试时间：上午9:00

计算机技能证书考试

准　考　证

准考证号：04439129

射份证号：440301xxxxabcd3005

考生姓名：黄施华

考试科目：计算机应用

考试地点：第一考场

考试时间：上午9:00

计算机技能证书考试

准　考　证

准考证号：04439112

射份证号：440301xxxxabcd3006

考生姓名：邱翠

考试科目：计算机应用

考试地点：第三考场

考试时间：上午9:00

图 3-79　案例图

第 4 章　电子表格 Excel 2003

- “新生报名登记表”的制作
- “销售记录”的制作
- “学生成绩统计表”的制作
- “各门课程分析图”的制作

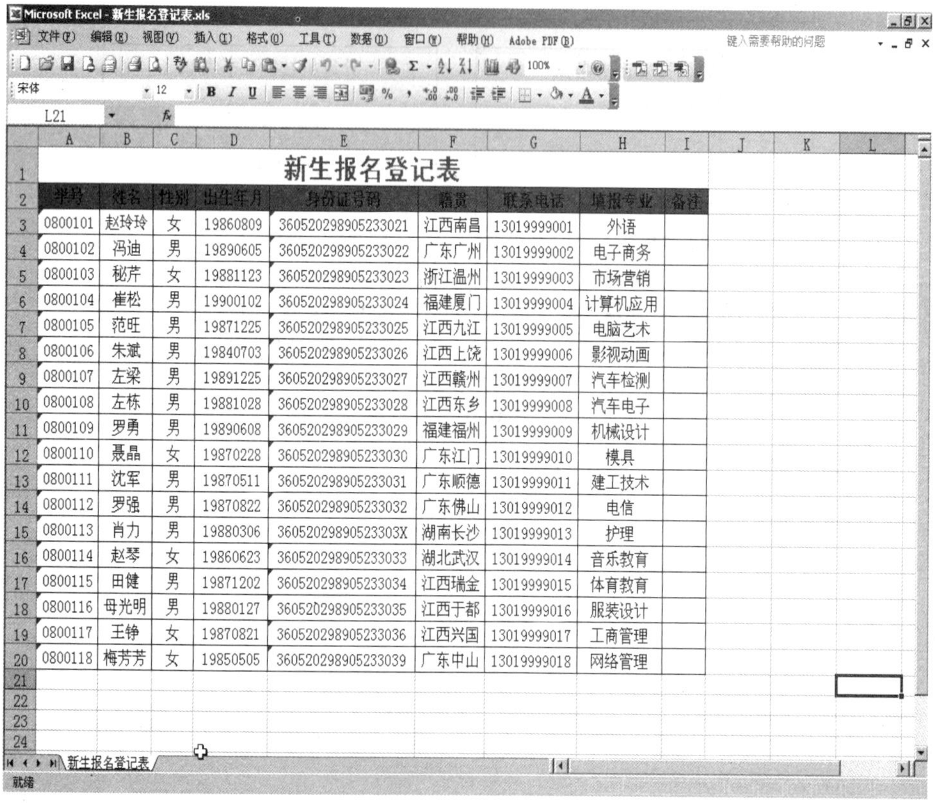

新生报名登记表

学号	姓名	性别	出生年月	身份证号码	籍贯	联系电话	填报专业	备注
0800101	赵玲玲	女	19860809	360520298905233021	江西南昌	13019999001	外语	
0800102	冯迪	男	19890605	360520298905233022	广东广州	13019999002	电子商务	
0800103	秘芹	女	19881123	360520298905233023	浙江温州	13019999003	市场营销	
0800104	崔松	男	19900102	360520298905233024	福建厦门	13019999004	计算机应用	
0800105	范旺	男	19871225	360520298905233025	江西九江	13019999005	电脑艺术	
0800106	朱斌	男	19840703	360520298905233026	江西上饶	13019999006	影视动画	
0800107	左梁	男	19891225	360520298905233027	江西赣州	13019999007	汽车检测	
0800108	左栋	男	19881028	360520298905233028	江西东乡	13019999008	汽车电子	
0800109	罗勇	男	19890608	360520298905233029	福建福州	13019999009	机械设计	
0800110	聂晶	女	19870228	360520298905233030	广东江门	13019999010	模具	
0800111	沈军	男	19870511	360520298905233031	广东顺德	13019999011	建工技术	
0800112	罗强	男	19870822	360520298905233032	广东佛山	13019999012	电信	
0800113	肖力	男	19880306	36052029890523303X	湖南长沙	13019999013	护理	
0800114	赵琴	女	19860623	360520298905233033	湖北武汉	13019999014	音乐教育	
0800115	田健	男	19871202	360520298905233034	江西瑞金	13019999015	体育教育	
0800116	毋光明	男	19880127	360520298905233035	江西于都	13019999016	服装设计	
0800117	王铮	女	19870821	360520298905233036	江西兴国	13019999017	工商管理	
0800118	梅芳芳	女	19850505	360520298905233039	广东中山	13019999018	网络管理	

实例 1

"新生报名登记表"的制作

学习任务

制作一个新生报名登记表。图 4-1 所示即为用 Excel 2003 制作的"新生报名登记表"的最终效果图。本节将通过该案例来介绍 Excel 2003 的基本功能。通过本实例的学习，读者可掌握有关 Excel 的基本操作，如单元格字符的输入与格式设置、自动填充、单元格的合并与对齐方式、表格边框的设置、Excel 工作簿的保存类型等知识。

新生报名登记表

学号	姓名	性别	出生年月	身份证号码	籍贯	联系电话	填报专业	备注
0800101	赵玲玲	女	19860809	360520298905233021	江西南昌	13019999001	外语	
0800102	冯迪	男	19890605	360520298905233022	广东广州	13019999002	电子商务	
0800103	秘芹	女	19881123	360520298905233023	浙江温州	13019999003	市场营销	
0800104	崔松	男	19900102	360520298905233024	福建厦门	13019999004	计算机应用	
0800105	范旺	男	19871225	360520298905233025	江西九江	13019999005	电脑艺术	
0800106	朱斌	男	19840703	360520298905233026	江西上饶	13019999006	影视动画	
0800107	左梁	男	19891225	360520298905233027	江西赣州	13019999007	汽车检测	
0800108	左栋	男	19881028	360520298905233028	江西东乡	13019999008	汽车电子	
0800109	罗勇	男	19890608	360520298905233029	福建福州	13019999009	机械设计	
0800110	聂晶	女	19870228	360520298905233030	广东江门	13019999010	模具	
0800111	沈军	男	19870511	360520298905233031	广东顺德	13019999011	建工技术	
0800112	罗强	男	19870822	360520298905233032	广东佛山	13019999012	电信	
0800113	肖力	男	19880306	36052029890523303X	湖南长沙	13019999013	护理	
0800114	赵琴	女	19860623	360520298905233033	湖北武汉	13019999014	音乐教育	
0800115	田健	男	19871202	360520298905233034	江西瑞金	13019999015	体育教育	
0800116	毋光明	男	19880127	360520298905233035	江西于都	13019999016	服装设计	
0800117	王铮	女	19870821	360520298905233036	江西兴国	13019999017	工商管理	
0800118	梅芳芳	女	19850505	360520298905233039	广东中山	13019999018	网络管理	

图 4-1　"新生报名登记表"最终效果图

学习目标

1. 认识 Excel 操作界面；
2. 单元格的基本操作；
3. 调整单元格行高与列宽；
4. 设置字体格式与对齐方式；
5. 设置边框格式；

6. 设置单元格数字格式、自动填充功能；
7. 设置文件自动恢复时间；
8. 工作表的保护与隐藏；
9. 工作簿的保存类型；
10. 工作簿的共享与保护；
11. 以电子邮件的方式传送工作簿。

操作步骤

1. 创建电子表格

创建电子表格的具体操作步骤如下。

单击“开始”菜单，选择“程序”菜单中的“Microsoft Office”子菜单中的命令“Microsoft Office Excel 2003”，即可启动 Microsoft Office Excel 2003，并创建一个新的 Excel 工作簿，其默认名称为 Book1。如图 4-2 所示的是 Excel 操作界面及布局。

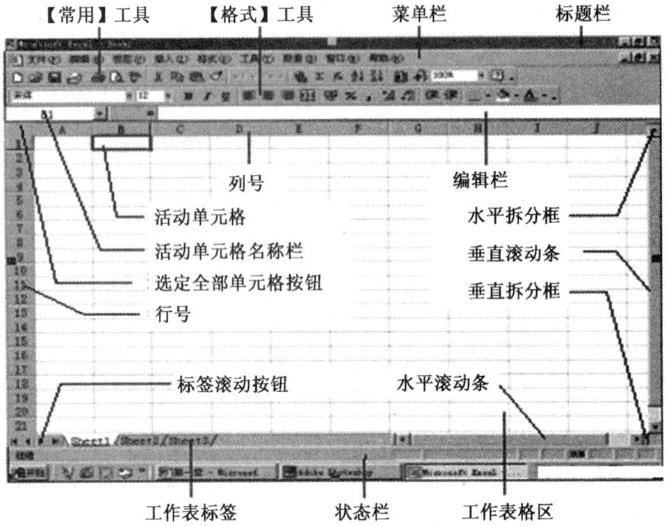

图 4-2　Excel 操作界面

工作簿是由许多工作表构成的（最多可以包含 255 张工作表；默认的是 3 张工作表 Sheet1、Sheet2、Sheet3）。如图 4-2 所示中的 Sheet1 为当前活动工作表。

一张工作表中包含了 65 536 行（用阿拉伯数字来表示，其范围是 1～65 536 行）和 256 列（用字母来表示，其范围是 A～IV 列）。其行、列交叉处叫单元格。

说明：

Excel 是 Microsoft Office 的主要组件之一，具有很强的图形、图表功能。是一种专门用于数据管理、数据处理和数据分析等操作的通用电子表格软件。

Excel 可用于财务数据处理、科学分析计算，并能用图表显示数据之间的关系并对数据进行组织。

2. 工作表的重命名和删除

（1）右击 Excel 工作簿左下方的“Sheet1”工作表标签，在弹出的快捷菜单中选择“重命名”命令，然后再输入名称“新生报名登记表”。

（2）也可以双击“Sheet1”工作表标签，在选定的“Shect1”处改名为“新生报名登记表”，如图 4-3 所示。

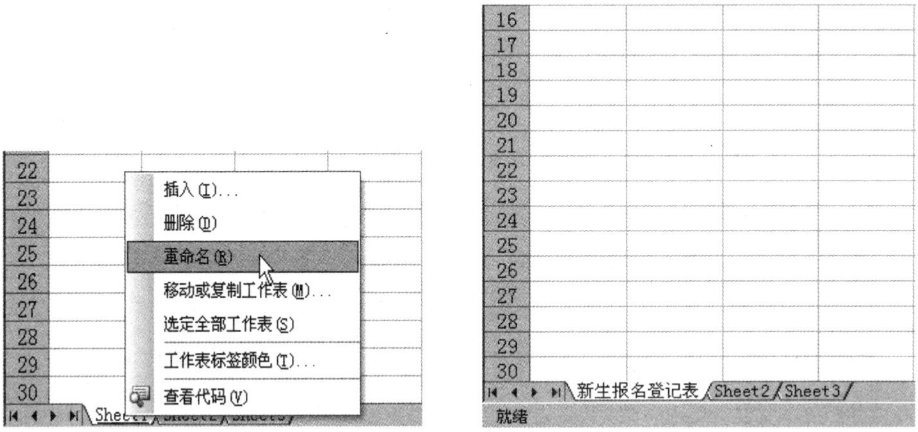

图 4-3　工作表重命名

（3）本实例中只需用到一个工作表，因此可以将 Sheet2 和 Sheet3 工作表删除，删除的方法是单击 Sheet2，按住“Ctrl”键再单击“Sheet3”，然后右击，在弹出的快捷菜单中选择“删除”命令即可，如图 4-4 所示。

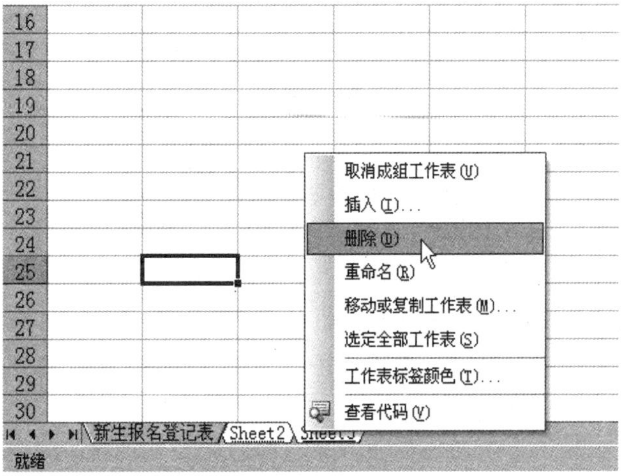

图 4-4　删除工作表

说明：

如果需要用到多于 3 个工作表，可以右击任意一个工作表，在弹出的快捷菜单中选择“插入”命令，弹出“插入”对话框，在“常用”选项卡中单击“工作表”图标，单击“确定”按钮即可。

选择图 4-3 中的“工作表标签颜色”命令可为工作标签更改不同的颜色。

3. 单元格内容的录入

（1）在活动单元格 A1 中输入"新生报名登记表"，再按"Enter"键。

（2）在活动单元格 A2 中输入行标题"学号"，按"Tab"键，活动单元格向右移，依此类推，在 B2～I2 中分别输入：姓名、性别、出生年月、身份证号码、籍贯、联系电话、填报专业、备注，如图 4-5 所示。

	A	B	C	D	E	F	G	H	I
1	新生报名登记表								
2	学号	姓名	性别	出生年月	身份证号码	籍贯	联系电话	填报专业	备注

图 4-5　表头内容

（3）按照图 4-6 所示工作表，在单元格区域中输入相应内容。

	A	B	C	D	E	F	G	H	I
1	新生报名登记表								
2	学号	姓名	性别	出生年月	身份证号码	籍贯	联系电话	填报专业	备注
3	0800101	赵玲玲	女	19860809	360520298905233021	江西南昌	13019999001	外语	
4	0800102	冯迪	男	19890605	360520298905233022	广东广州	13019999002	电子商务	
5	0800103	秘芹	女	19881123	360520298905233023	浙江温州	13019999003	市场营销	
6	0800104	崔松	男	19900102	360520298905233024	福建厦门	13019999004	计算机应用	
7	0800105	范旺	男	19871225	360520298905233025	江西九江	13019999005	电脑艺术	
8	0800106	朱斌	男	19840703	360520298905233026	江西上饶	13019999006	影视动画	
9	0800107	左梁	男	19891225	360520298905233027	江西赣州	13019999007	汽车检测	
10	0800108	左栋	男	19881028	360520298905233028	江西东乡	13019999008	汽车电子	
11	0800109	罗勇	男	19890608	360520298905233029	福建福州	13019999009	机械设计	
12	0800110	聂晶	女	19870228	360520298905233030	广东江门	13019999010	模具	
13	0800111	沈军	男	19870511	360520298905233031	广东顺德	13019999011	建工技术	
14	0800112	罗强	男	19870822	360520298905233032	广东佛山	13019999012	电信	
15	0800113	肖力	男	19880306	36052029890523303X	湖南长沙	13019999013	护理	
16	0800114	赵琴	女	19860623	360520298905233033	湖北武汉	13019999014	音乐教育	
17	0800115	田健	男	19871202	360520298905233034	江西瑞金	13019999015	体育教育	
18	0800116	母光明	男	19880127	360520298905233035	江西于都	13019999016	服装设计	
19	0800117	王铮	女	19870821	360520298905233036	江西兴国	13019999017	工商管理	
20	0800118	梅芳芳	女	19850505	360520298905233039	广东中山	13019999018	网络管理	

图 4-6　表格内容

说明：

（1）输入文本时可使用键盘上的方向键，在上、下、左、右四个方向上任意选中相邻的单元格，再输入文本。如果要修改单元格中的内容，可通过按"F2"键或双击该单元格来修改其内容。

（2）单元格中只保存三种类型的数据：数值、文本、公式。

数值：是进行数学计算的数据，如工资额、成绩、货物数量、日期和时间等。

日期、时间数据默认向右对齐。

分数的输入法：在输入分数之前先输入 0 和空格，接着再输入分数，如 0 3/4。

输入当前日期：Ctrl+;（分号）。

输入非当前日期：如 2008 年 2 月 20 日，输入 2/20/08（注意，在中文版中，格式是：年/月/日）。

输入当前时间： Ctrl+Shift+;（分号）。

输入非当前时间：如下午 2 点 30 分 10 秒，输入 14:30:10（也可以输入 2:30:10 PM）（冒号）。

要在同一个单元格中输入日期和时间，输入时在日期和时间之间加一个空格就行了。

文本：说明性、解释性和描述性的数据为文本。有些不需要进行数学计算的数据也作为文本，如编号类型的数据、邮政编码数据、学号、身份证号码等。

文本数据默认向左对齐。

输入学号的方法：在 A3 单元格中输入“’0800101（单引号+数字)”，然后选定 A3 单元格，将鼠标指针移至该单元格右下方的填充柄上，待鼠标指针变为实心加号（+）形状时，按住鼠标左键并向下拖动鼠标至 A20 单元格后松开，相应的学号将会自动填充到单元格内。表中的 E3: E20 身份证号码的录入方法与学号的录入方法相同。

表中出生年月与联系电话列中的数字均为文本格式。即在出生日期与电话号码前加“单引号（’)”或选定在出生年月与联系电话列中的数字后再选择“格式”→“单元格设置”→“数字”→“文本”→“确定”命令。

公式：是以等号（=）开始的能对工作表数据进行运算的方程式。公式按规定的优先次序进行数学运算，还可以比较工作表数据或合并文本。公式中主要包含运算符、函数、数值、单元格及单元格区域引用等。

(3) 若列的宽度不够，可将鼠标指针移至列标之间的分隔线上，待鼠标指针变为形状后按下鼠标左键，并左、右拖动鼠标或双击鼠标左键，即可改变列宽的大小；若行的高度不够，可将鼠标指针移至行号之间的分隔线上，待鼠标指针变为形状后按下鼠标左键并上、下拖动鼠标（或双击鼠标左键)，即可改变行的高度。

(4) 对于数值数据的填充方法，可以用“编辑”→“填充”→“序列”中进行设置等差或等比序列的填充。

4．单元格的选定

单元格是构成工作表的基本单位，当前单元格会以黑色边框显示，每个单元格都有自己的地址，其命名方式是：列号+行号（如：A1)。在单元格内可以输入文本、数字和运算公式，每个单元格的最大容量是 3200 个字符，默认的情况下可显示 11 位数字。

单元格的选择方法如下。

（1）选择一个单元格：如图 4-7 所示。

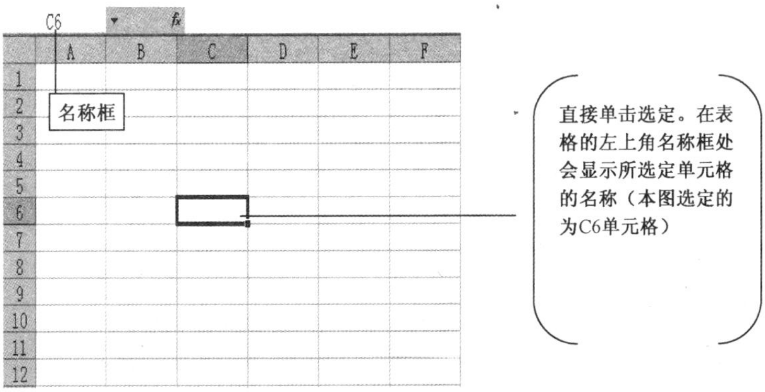

图 4-7　选择一个单元格

技巧：

如果要修改名称框中的内容，则要选定名称框，再输入内容，然后按“Enter”键。

如果一个单元格中的文本要换行显示，则可按“Alt+Enter”组合键来分行。

（2）选择相邻区域的单元格：如图 4-8 所示。

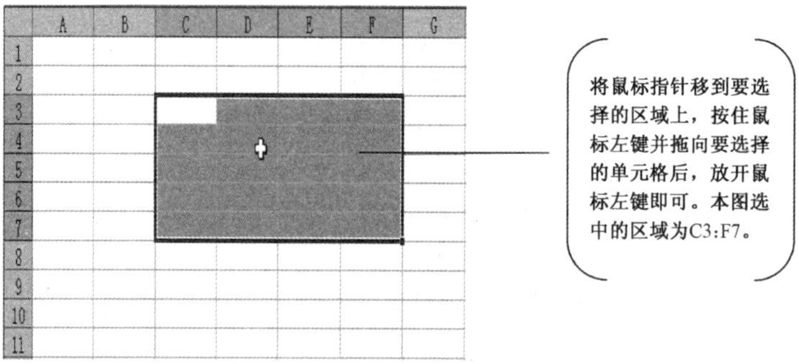

图 4-8　选择相邻区域的单元格

（3）选择不相邻的单元格：如图 4-9 所示。

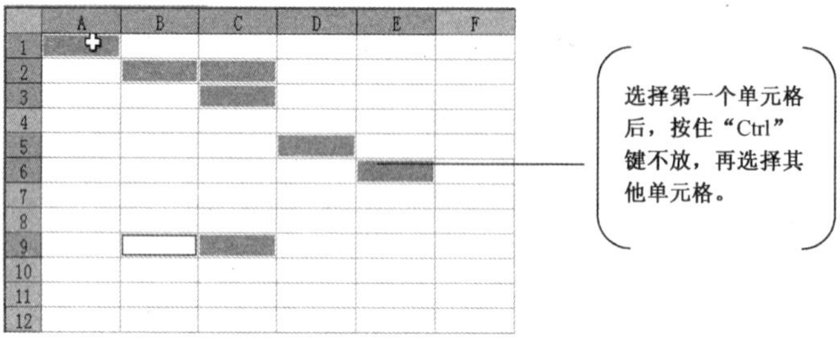

图 4-9　选择不相邻的单元格

技巧：

按“Ctrl”键选择不连续单元格，然后在编辑栏中输入文本，再按“Ctrl+Enter”组合键可对所选的不连续单元格输入相同的数据。

在单元格中输入数据后，按住“Ctrl+Shift”组合键，当光标出现一个箭头和一个加号时，按住鼠标左键移动，即可进行相同内容的复制。

（4）选择一整列单元格：如图 4-10 所示。

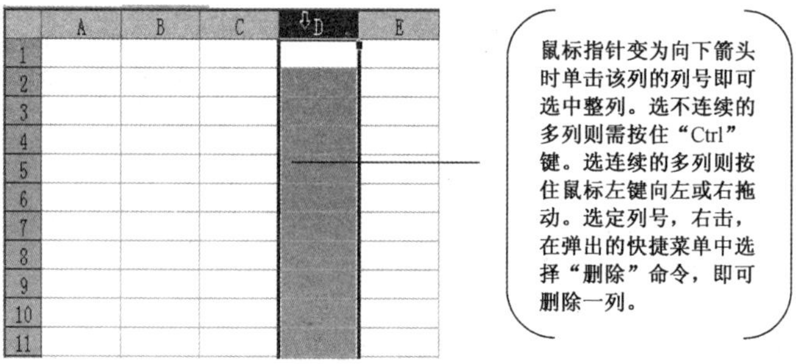

图 4-10　选择一整列单元格

（5）选择一整行单元格：如图 4-11 所示。

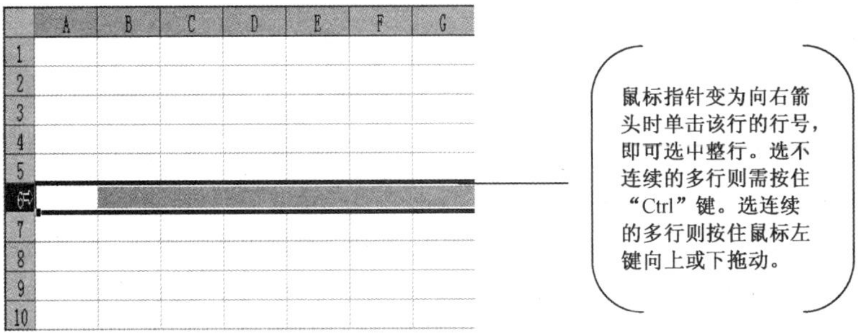

图 4-11　选择一整行单元格

（6）选择整张工作表：如图 4-12 所示。

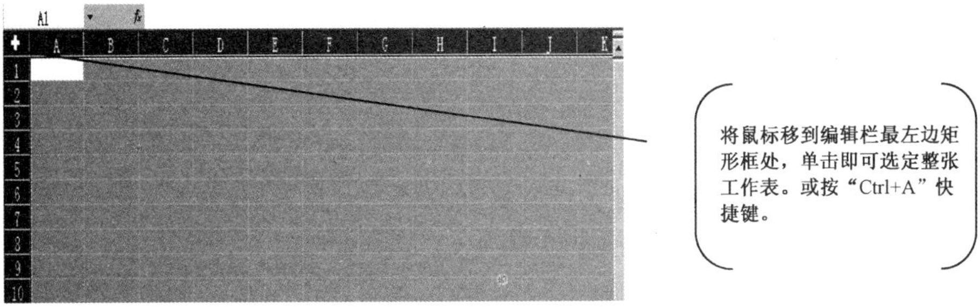

图 4-12　选择整张工作表

5. 设置单元格的格式

（1）将图 4-6 中的表格标题 A1:I1 合并及居中，改为 20 号红色、黑体、加粗。

选中 A1: I1，单击工具栏上的快捷图标即可合并及居中单元格；选中 A1 单元格再在工具栏上分别选黑体、20 号、加粗和字体颜色为红色，标题效果如图 4-13 所示。

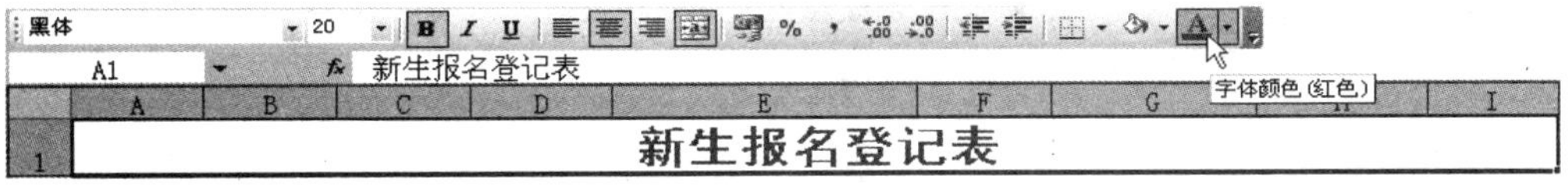

图 4-13　标题效果

（2）将 A2:I20 字体设置为 12 号、宋体、对齐方式为水平及垂直居中，如图 4-14 所示。

（3）将 A2:I2 中的字体设置为加粗。

选中 A2:I2，单击工具栏上的加粗按钮即可。

（4）将标题行“第 1 行”的行高设置为“26”。

右击“第 1 行”，在弹出的快捷菜单中选择“选择行高”命令，在弹出的“行高”对话框中输入“26”，单击“确定”按钮。

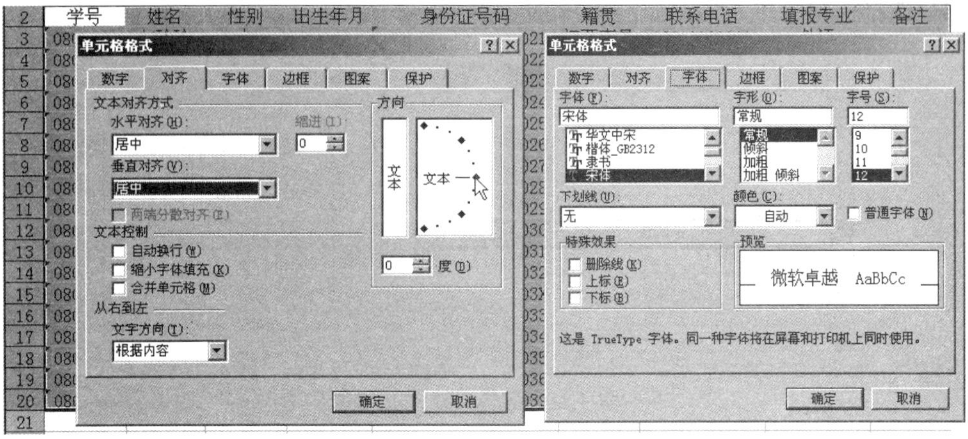

图 4-14 表格内容字体格式与对齐方式设置图

（5）将第 2～20 行的行高设置为 18。列宽适应文本的长度即可。其设置方法同第（4）步。

6. 单元格边框的设置

（1）选中 A2：I20 单元格区域，再选择“格式”→“单元格”弹出“单元格”对话框，打开“边框”选项卡，先选好线条、颜色；再选内、外边框，单击“确定”按钮，如图 4-15 所示。

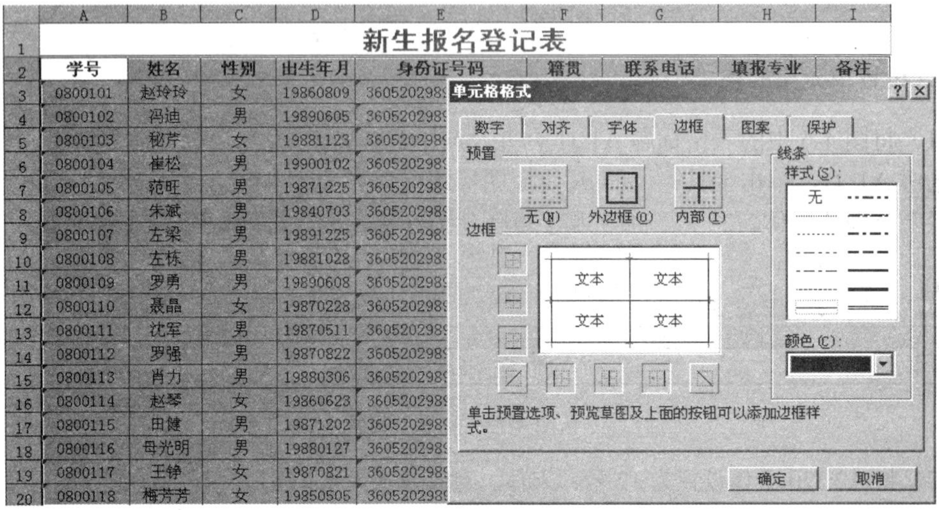

图 4-15 “边框”选项卡与边框设置效果图

说明：

虽然从 Excel 中看到有细细的线分隔各个不同的单元格，但实际上这些细线只是网格线，并非打印时的表格边框。

选定设置边框的区域时一定要按题目要求进行选择。

选中行号后，右击即可在此行的前面插入新行。

（2）将 A2:I2 设置红色底纹。

设置方法与在 Word 中设置表格中的底纹的方法类似，如图 4-16 所示。

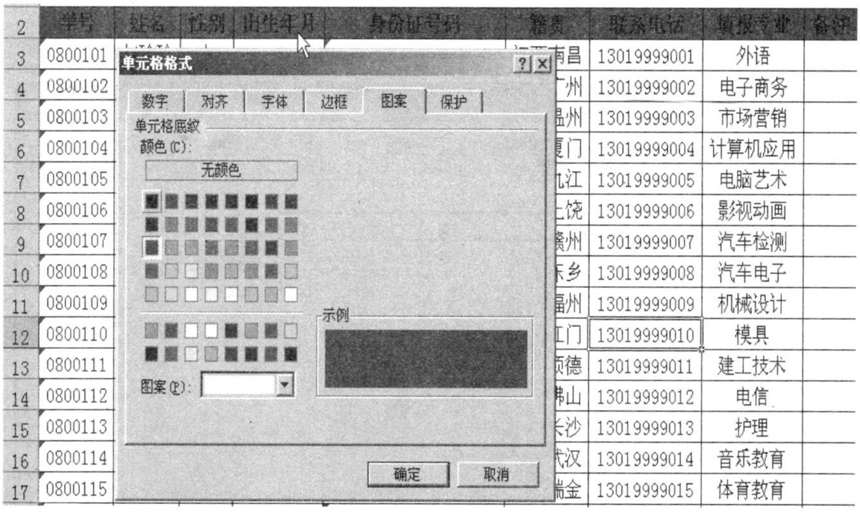

图 4-16　“单元格格式”对话框的“图案”选项卡

7. 保存 Excel 工作簿并退出

“新生报名登记表”制作完成后，将其保存在“D:\Excel 练习\新生报名登记表.xls”中。其保存方法同保存 Word 文档的方法类似：选择“文件”→“另存为”命令，弹出“另存为”对话框，选择 D:\ Excel 练习为路径，在“文件名”组合框中输入“新生报名登记表.xls”，单击“保存”按钮，如图 4-17 所示。

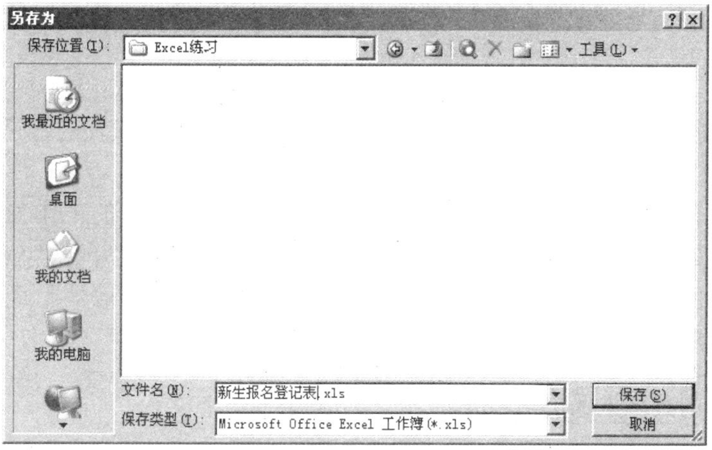

图 4-17　工作簿的保存

说明：

Excel 工作簿的保存类型为“.xls”。

退出 Excel 工作簿可以选择“文件”→“退出”命令或按快捷键“Alt+F4”。

文件菜单中的 4 个 Excel 文档表示最近使用过的。

8. 设置文件自动恢复时间

可以选择“工具”→“选项”命令，在弹出的“选项”对话框中打开“保存”选项卡，选中“保存自动恢复信息”复选框并设置更新时间，如图 4-18 所示。

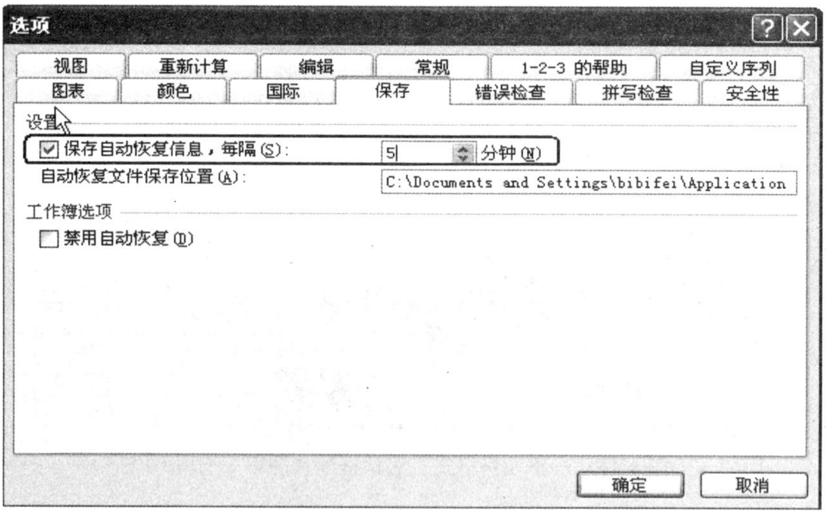

图 4-18　自动恢复时间设置

9. 工作表的保护与隐藏

（1）保护工作表：使用保护工作表功能可避免工作表内容被修改，其操作方法是：选择“工具”→“保护”→“保护工作表”命令，弹出“保护工作表”对话框，输入保护工作表的密码后单击“确定”按钮→再次输入保护密码并单击“确定”按钮。此时只可执行单元格选择操作。

如果要取消工作表的保护功能，可按如下方法操作：选择“工具”→“保护”→“撤销工作表保护”命令，打开“撤销工作表保护”对话框，输入原设置的密码后单击“确定”按钮。

（2）隐藏工作表：在工作簿中，对于仅做辅助而不需要显示的工作表，可将其隐藏起来。其操作方法是：选择“格式”→“工作表”→“隐藏”命令，单击“确定”按钮。

如果要取消隐藏工作表，则选择“格式”→“工作表”→“取消隐藏”命令，在弹出的对话框中选择要取消隐藏的工作表，然后再单击“确定”按钮。

10. 工作簿的共享与保护

（1）打开“新生报名登记表”工作簿，选择“工具”→“保护”→“保护工作簿”命令，在弹出的对话框中选中“结构”复选框（限制对工作表进行各项编辑，如重命名、添加或删除工作表等），并输入保护密码后单击“确定”按钮，再次输入保护密码，单击“确定”按钮。

（2）将“新生报名登记表”工作簿文件放置在局域网中供多人使用、共享。其设置方法是：选择“工具”→“共享工作簿”命令，在弹出的对话框中选中“允许多用户同时编辑，同时允许工作簿合并”复选框，单击“确定”按钮。此时标题栏中的文件名显示为“新生报名登记表.xls [共享]”。

说明：

在查看共享工作簿用户时，如发现有不该使用此文件的用户打开此文件，可单击“共享工作簿”对话框中的“删除”按钮，将该用户删除。

如果无法使用局域网让所有用户编辑工作簿的内容，可以使用发送电子邮件的方式。可选择“文件”→“发送”→“邮件收件人（审阅）”命令，在弹出的对话框中输入收件人的地址，然后单击“发送”按钮。

学习测评

1．根据图 4-19 完成“人事档案”的制作。要求：

（1）创建新文件“人事档案”，运用各种输入文本的方法，在各单元格内输入如图 4-19 所示的文本。

（2）E 列的单元格数字类型设置为“日期”，并选择“2001 年 3 月 4 日”类型的日期。

（3）H 列的数字类型设置为“货币”，小数位数为“2 位”，符号为“￥”。

（4）其他格式设置可按照图 4-19 所示进行。

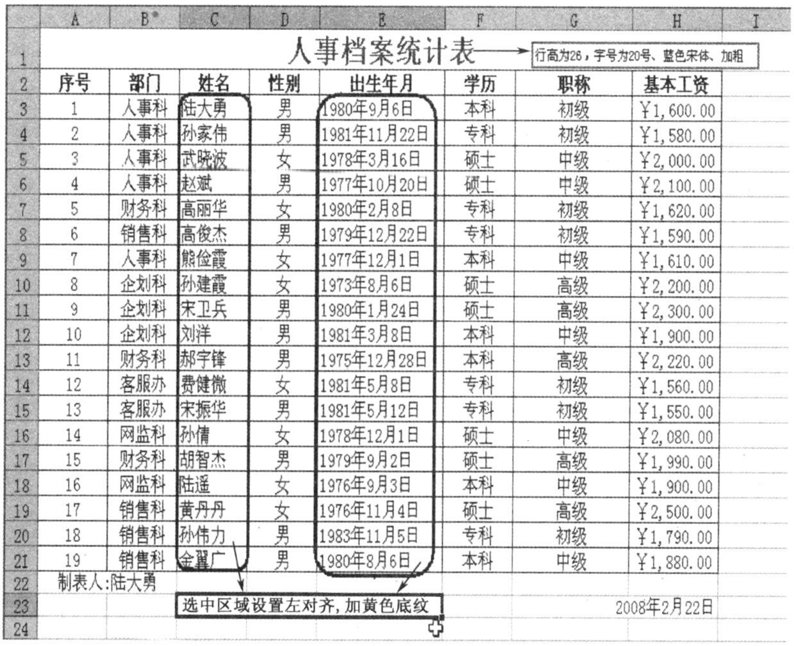

	A	B	C	D	E	F	G	H	I
1	人事档案统计表								
2	序号	部门	姓名	性别	出生年月	学历	职称	基本工资	
3	1	人事科	陆大勇	男	1980年9月6日	本科	初级	￥1,600.00	
4	2	人事科	孙家伟	男	1981年11月22日	专科	初级	￥1,580.00	
5	3	人事科	武晓波	女	1978年3月16日	硕士	中级	￥2,000.00	
6	4	人事科	赵斌	男	1977年10月20日	硕士	中级	￥2,100.00	
7	5	财务科	高丽华	女	1980年2月8日	专科	初级	￥1,620.00	
8	6	销售科	高俊杰	男	1979年12月22日	专科	初级	￥1,590.00	
9	7	人事科	熊俭霞	女	1977年12月1日	本科	中级	￥1,610.00	
10	8	企划科	孙建霞	女	1973年8月6日	硕士	高级	￥2,200.00	
11	9	企划科	宋卫兵	男	1980年1月24日	硕士	高级	￥2,300.00	
12	10	企划科	刘洋	男	1981年3月8日	本科	中级	￥1,900.00	
13	11	财务科	郝宇锋	男	1975年12月28日	本科	高级	￥2,220.00	
14	12	客服办	费健微	女	1981年5月8日	专科	初级	￥1,560.00	
15	13	客服办	宋振华	男	1981年5月12日	专科	初级	￥1,550.00	
16	14	网监科	孙倩	女	1978年12月1日	硕士	中级	￥2,080.00	
17	15	财务科	胡智杰	男	1979年9月2日	硕士	高级	￥1,990.00	
18	16	网监科	陆遥	女	1976年9月3日	本科	中级	￥1,900.00	
19	17	销售科	黄丹丹	女	1976年11月4日	硕士	高级	￥2,500.00	
20	18	销售科	孙伟力	男	1983年11月5日	专科	初级	￥1,790.00	
21	19	销售科	金翼广	男	1980年8月6日	本科	中级	￥1,880.00	
22	制表人:陆大勇								
23								2008年2月22日	
24									

图 4-19　人事档案最终效果图

2．制作一个通讯录，效果如图 4-20 所示。

提示：

“通讯录”就是一个数据清单。数据清单就是包含相关数据的一系列数据行。数据清单可以当做数据库使用。其中，行表示记录，列表示字段。数据清单的第一行应该有列标。

添加的方法是：在“数据”菜单中选择“记录单”命令，单击“新建”按钮，输入新记录所包含的信息。完成记录添加后，单击“关闭”按钮完成新记录的添加并关闭记录单。

图 4-20　通讯录效果图

实例 2

"销售记录"的制作

学习任务

制作一个销售记录。图 4-21 所示即为用 Excel 2003 制作的"销售记录"的最终效果图。本节将通过该案例的制作来介绍 Excel 2003 的公式与函数的使用。通过本实例的实践学习，读者可掌握有关 Excel 的常用函数，如求和函数（SUM）、求平均值函数（AVERAGE）、求最大值（MAX）函数等及自定义公式的使用；了解九九乘法口诀表公式的应用；理解单元格的引用方法（绝对引用、相对引用、混合引用）。

饮料销售情况记录表

序号	日期	商品名称	单位	进价	售价	数量	销售额	毛收入	毛利率
1	2008-1-22	光明纯牛奶	瓶	1.36	1.70	6	10.20	2.04	0.20
2	2008-1-22	非常可乐	听	1.60	2.00	5	10.00	2.00	0.20
3	2008-1-22	百事可乐	听	1.60	2.00	4	8.00	1.60	0.20
4	2008-1-22	乐百氏纯净水	瓶	1.00	1.30	10	13.00	3.00	0.23
5	2008-1-22	益力纯净水	瓶	1.10	1.40	3	4.20	0.90	0.21
6	2008-1-22	怡宝纯净水	瓶	0.90	1.20	2	2.40	0.60	0.25
7	2008-1-22	伊利奶茶	瓶	1.60	2.00	5	10.00	2.00	0.20
8	2008-1-22	伊利纯牛奶	瓶	1.50	1.90	6	11.40	2.40	0.21
9	2008-1-22	伊利酸奶	瓶	1.60	2.10	5	10.50	2.50	0.24
10	2008-1-22	蒙牛酸奶	瓶	1.70	2.20	3	6.60	1.50	0.23
11	2008-1-22	脉动	瓶	2.00	2.60	5	13.00	3.00	0.23
12	2008-1-22	乐百氏果奶	瓶	1.30	1.70	1	1.70	0.40	0.24
13	2008-1-22	光明酸奶	瓶	1.50	1.90	4	7.60	1.60	0.21
14	2008-1-22	红茶	瓶	1.60	2.10	3	6.30	1.50	0.24
15	2008-1-22	可口可乐	听	1.60	2.00	3	6.00	1.20	0.20
16	2008-1-22	健力宝	听	1.70	2.20	5	11.00	2.50	0.23
17	2008-1-22	红牛	听	3.00	4.20	4	16.80	4.80	0.29
18	2008-1-22	王老吉	瓶	1.70	2.20	1	2.20	0.50	0.23
19	2008-1-22	苹果汁	合	4.10	5.20	4	20.80	4.40	0.21
20	2008-1-22	农夫山泉	瓶	1.00	1.50	4	6.00	2.00	0.33
21	2008-1-22	果味奶	瓶	1.20	1.60	2	3.20	0.80	0.25
22	2008-1-22	娃哈哈果奶	瓶	1.40	1.80	3	5.40	1.20	0.22
23	2008-1-22	汇源果汁	合	7.80	9.80	3	29.40	6.00	0.20
24	2008-1-22	爽歪歪	瓶	1.80	3.00	6	18.00	7.20	0.40
合计				45.66	59.60	97	233.70	55.64	5.65

图 4-21　"销售记录"最终效果图

学习目标

1. 单元格的引用（绝对引用、相对引用、混合引用）；
2. 自定义公式的应用；
3. 九九乘法口诀表的应用；
4. 常用函数的应用包括 SUM（）、AVERAGE（）、MAX（）、MIN（）、SQRT（）、COUNT（）、SUMIF（）函数的使用；
5. 合并运算；
6. 定义单元格的名称；
7. 隐藏单元格公式；
8. 单元格的显示与隐藏；
9. 批注应用。

操作步骤

1．利用自定义公式和复制公式的方法计算图 4-22 所示的“销售额”列的值。

	A	B	C	D	E	F	G	H	I	J
1	饮料销售情况记录表									
2	序号	日期	商品名称	单位	进价	售价	数量	销售额	毛收入	毛利率
3	1	2008-1-22	光明纯牛奶	瓶	1.36	1.70	6			
4	2	2008-1-22	非常可乐	听	1.60	2.00	5			
5	3	2008-1-22	百事可乐	听	1.60	2.00	4			
6	4	2008-1-22	乐百氏纯净水	瓶	1.00	1.30	10			
7	5	2008-1-22	益力纯净水	瓶	1.10	1.40	3			
8	6	2008-1-22	怡宝纯净水	瓶	0.90	1.20	2			
9	7	2008-1-22	伊利奶茶	瓶	1.60	2.00	5			
10	8	2008-1-22	伊利纯牛奶	瓶	1.50	1.90	6			
11	9	2008-1-22	伊利酸奶	瓶	1.60	2.10	5			
12	10	2008-1-22	蒙牛酸奶	瓶	1.70	2.20	3			
13	11	2008-1-22	脉动	瓶	2.00	2.60	5			
14	12	2008-1-22	乐百氏果奶	瓶	1.30	1.70	1			
15	13	2008-1-22	光明酸奶	瓶	1.50	1.90	4			
16	14	2008-1-22	红茶	瓶	1.60	2.10	3			
17	15	2008-1-22	可口可乐	听	1.60	2.00	3			
18	16	2008-1-22	健力宝	听	1.70	2.20	5			
19	17	2008-1-22	红牛	听	3.00	4.20	4			
20	18	2008-1-22	王老吉	瓶	1.70	2.20	1			
21	19	2008-1-22	苹果汁	合	4.10	5.20	4			
22	20	2008-1-22	农夫山泉	瓶	1.00	1.50	4			
23	21	2008-1-22	果味奶	瓶	1.20	1.60	2			
24	22	2008-1-22	娃哈哈果奶	瓶	1.40	1.80	3			
25	23	2008-1-22	汇源果汁	合	7.80	9.80	3			
26	24	2008-1-22	爽歪歪	瓶	1.80	3.00	6			

图 4-22　饮料销售记录情况

（1）选定 H3 单元格，在其中输入自定义公式“=F3*G3”再按“Enter”键或单击编辑栏上的“√”按钮，如图 4-23 所示。

（2）利用复制公式的方法，将 H4: H26 中销售额的值计算出来。其操作方法是：先选定 H3 单元格，把鼠标指针放在填充柄处（即活动单元格 H3 的右下角），当鼠标指针由空心十字形变为实心十字形时，再按住鼠标左键拖至 H26 单元格处松开鼠标左键，如图 4-24 所示。

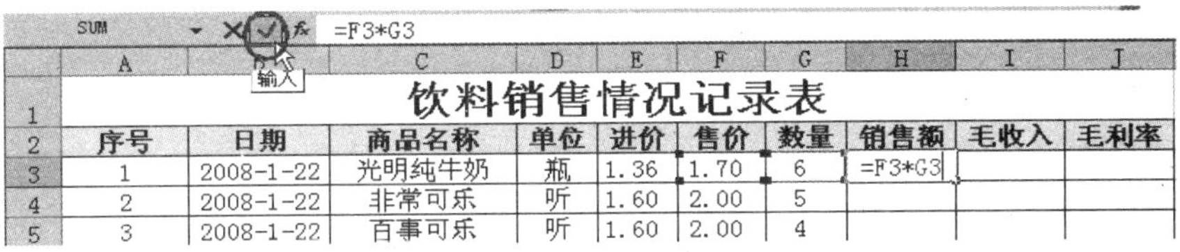

	A	B	C	D	E	F	G	H	I	J
1	饮料销售情况记录表									
2	序号	日期	商品名称	单位	进价	售价	数量	销售额	毛收入	毛利率
3	1	2008-1-22	光明纯牛奶	瓶	1.36	1.70	6	=F3*G3		
4	2	2008-1-22	非常可乐	听	1.60	2.00	5			
5	3	2008-1-22	百事可乐	听	1.60	2.00	4			

图 4-23 自定义公式

序号	日期	商品名称	单位	进价	售价	数量	销售额	毛收入
1	2008-1-22	光明纯牛奶	瓶	1.36	1.70	6	10.20	
2	2008-1-22	非常可乐	听	1.60	2.00	5		
3	2008-1-22	百事可乐	听	1.60	2.00	4		
4	2008-1-22	乐百氏纯净水	瓶	1.00	1.30	10		
5	2008-1-22	益力纯净水	瓶	1.10	1.40	3		
6	2008-1-22	怡宝纯净水	瓶	0.90	1.20	2		
7	2008-1-22	伊利奶茶	瓶	1.60	2.00	5		

(a)

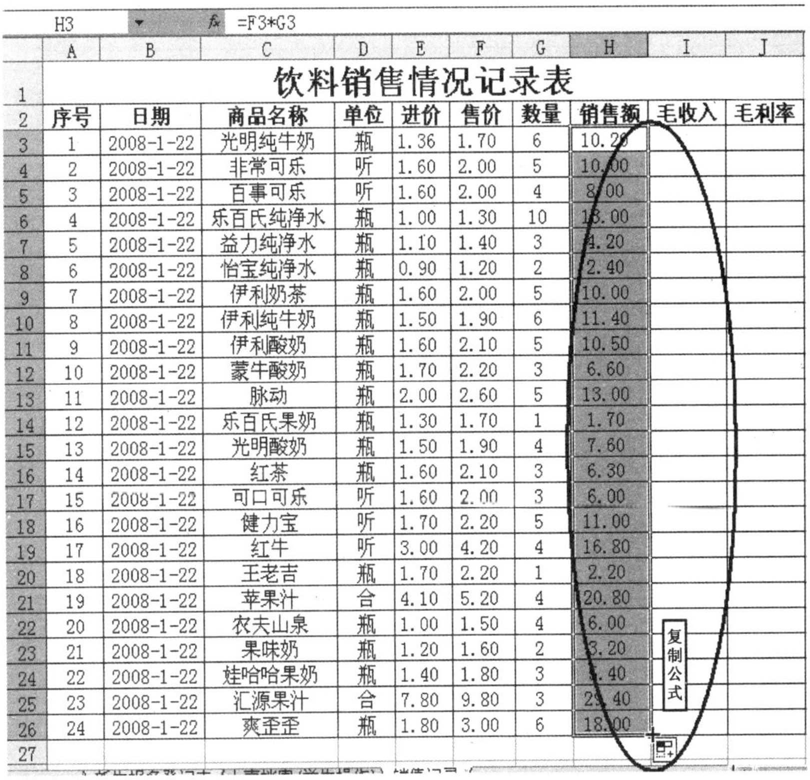

	A	B	C	D	E	F	G	H	I	J
1	饮料销售情况记录表									
2	序号	日期	商品名称	单位	进价	售价	数量	销售额	毛收入	毛利率
3	1	2008-1-22	光明纯牛奶	瓶	1.36	1.70	6	10.20		
4	2	2008-1-22	非常可乐	听	1.60	2.00	5	10.00		
5	3	2008-1-22	百事可乐	听	1.60	2.00	4	8.00		
6	4	2008-1-22	乐百氏纯净水	瓶	1.00	1.30	10	13.00		
7	5	2008-1-22	益力纯净水	瓶	1.10	1.40	3	4.20		
8	6	2008-1-22	怡宝纯净水	瓶	0.90	1.20	2	2.40		
9	7	2008-1-22	伊利奶茶	瓶	1.60	2.00	5	10.00		
10	8	2008-1-22	伊利纯牛奶	瓶	1.50	1.90	6	11.40		
11	9	2008-1-22	伊利酸奶	瓶	1.60	2.10	5	10.50		
12	10	2008-1-22	蒙牛酸奶	瓶	1.70	2.20	3	6.60		
13	11	2008-1-22	脉动	瓶	2.00	2.60	5	13.00		
14	12	2008-1-22	乐百氏果奶	瓶	1.30	1.70	1	1.70		
15	13	2008-1-22	光明酸奶	瓶	1.50	1.90	4	7.60		
16	14	2008-1-22	红茶	瓶	1.60	2.10	3	6.30		
17	15	2008-1-22	可口可乐	听	1.60	2.00	3	6.00		
18	16	2008-1-22	健力宝	听	1.70	2.20	5	11.00		
19	17	2008-1-22	红牛	听	3.00	4.20	4	16.80		
20	18	2008-1-22	王老吉	瓶	1.70	2.20	1	2.20		
21	19	2008-1-22	苹果汁	合	4.10	5.20	4	20.80		
22	20	2008-1-22	农夫山泉	瓶	1.00	1.50	4	6.00		
23	21	2008-1-22	果味奶	瓶	1.20	1.60	2	3.20		
24	22	2008-1-22	娃哈哈果奶	瓶	1.40	1.80	3	[illegible].40		
25	23	2008-1-22	汇源果汁	合	7.80	9.80	3	2[illegible].40		
26	24	2008-1-22	爽歪歪	瓶	1.80	3.00	6	18.00		
27										

(b)

图 4-24 利用复制公式法计算销售额列的值

说明：

引用的作用不仅在于标识工作表上的单元格，而且可以在函数运算或公式中体现所使用数据的位置。

单元格区域的引用：在 Excel 工作表中，由若干相邻的单元格组成的矩形范围称为单元格区域。对于单元格区域使用“左上角单元格的引用、冒号（:）和区域右下角单元格的引用”的形式表示，如图 4-24 所示的区域 H3:H26。

活动工作表所在工作簿中其他工作表的单元格引用采用“工作表名称！单元格引用”的方法。例如，当前活动工作表为 Sheet 1，则 Sheet 2 中 E6 的引用形式为“Sheet 2！E6”。

2. 利用自定义公式计算“毛收入”列与“毛利率”列的值。

（1）选定 I3 单元格，在其中输入自定义公式“=(F3−E3)*G3”再按“Enter”键。

（2）利用复制公式的方法，可完成 I4:I26 中毛收入的值的计算。

（3）选定 J3 单元格，在其中输入自定义公式“=I3/H3”再按“Enter”键。

（4）利用复制公式的方法，可完成 J4:J26 中毛利率的值的计算，如图 4-25 所示。

J3 fx =I3/H3

	A	B	C	D	E	F	G	H	I	J
1	饮料销售情况记录表									
2	序号	日期	商品名称	单位	进价	售价	数量	销售额	毛收入	毛利率
3	1	2008-1-22	光明纯牛奶	瓶	1.36	1.70	6	10.20	2.04	0.20
4	2	2008-1-22	非常可乐	听	1.60	2.00	5	10.00	2.00	0.20
5	3	2008-1-22	百事可乐	听	1.60	2.00	4	8.00	1.60	0.20
6	4	2008-1-22	乐百氏纯净水	瓶	1.00	1.30	10	13.00	3.00	0.23
7	5	2008-1-22	益力纯净水	瓶	1.10	1.40	3	4.20	0.90	0.21
8	6	2008-1-22	怡宝纯净水	瓶	0.90	1.20	2	2.40	0.60	0.25
9	7	2008-1-22	伊利奶茶	瓶	1.60	2.00	5	10.00	2.00	0.20
10	8	2008-1-22	伊利纯牛奶	瓶	1.50	1.90	6	11.40	2.40	0.21
11	9	2008-1-22	伊利酸奶	瓶	1.60	2.10	5	10.50	2.50	0.24
12	10	2008-1-22	蒙牛酸奶	瓶	1.70	2.20	3	6.60	1.50	0.23
13	11	2008-1-22	脉动	瓶	2.00	2.60	5	13.00	3.00	0.23
14	12	2008-1-22	乐百氏果奶	瓶	1.30	1.70	1	1.70	0.40	0.24
15	13	2008-1-22	光明酸奶	瓶	1.50	1.90	4	7.60	1.60	0.21
16	14	2008-1-22	红茶	瓶	1.60	2.10	3	6.30	1.50	0.24
17	15	2008-1-22	可口可乐	听	1.60	2.00	3	6.00	1.20	0.20
18	16	2008-1-22	健力宝	听	1.70	2.20	5	11.00	2.50	0.23
19	17	2008-1-22	红牛	听	3.00	4.20	4	16.80	4.80	0.29
20	18	2008-1-22	王老吉	瓶	1.70	2.20	1	2.20	0.50	0.23
21	19	2008-1-22	苹果汁	合	4.10	5.20	4	20.80	4.40	0.21
22	20	2008-1-22	农夫山泉	瓶	1.00	1.50	4	6.00	2.00	0.33
23	21	2008-1-22	果味奶	瓶	1.20	1.60	2	3.20	0.80	0.25
24	22	2008-1-22	娃哈哈果奶	瓶	1.40	1.80	3	5.40	1.20	0.22
25	23	2008-1-22	汇源果汁	合	7.80	9.80	3	29.40	6.00	0.20
26	24	2008-1-22	爽歪歪	瓶	1.80	3.00	6	18.00	7.20	0.40
27										

新生报名登记表 / 人事档案（学生操作） / 销售记录

图 4-25 “毛收入”与“毛利率”列值的计算

3. 利用“求和函数”分别计算“进价、售价、数量、销售额、毛收入、毛利率”列的和。

（1）将 A27:D27 合并及居中，并输入“合计”。

（2）选中 E3:E26 单元格区域，再单击工具栏上的自动求和快捷图标，其进价列和的值即出现在 E27 单元格中。或用 SUM 函数来求和，其操作方法是：先选定 E27 单元格，再单击编辑栏上的“*fx*”按钮，在弹出的“插入函数”对话框中选择“SUM 函数”，单击“确定”按钮，在弹出的“函数参数”对话框中选择“E3:E26”单元格区域，然后再单击“确定”按钮即可，如图 4-26 所示。

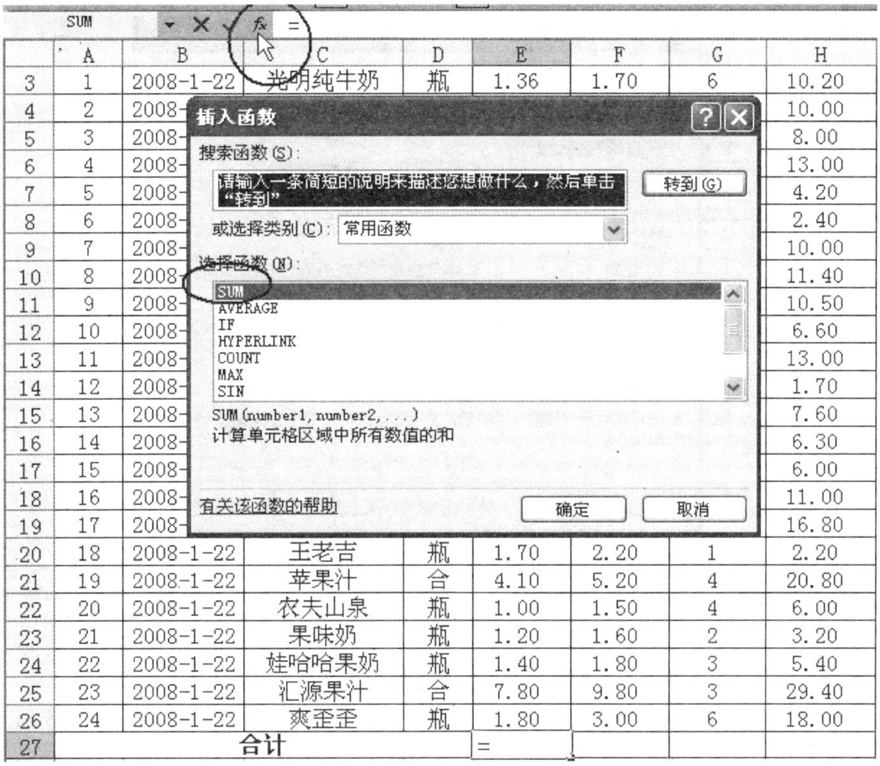

(a)

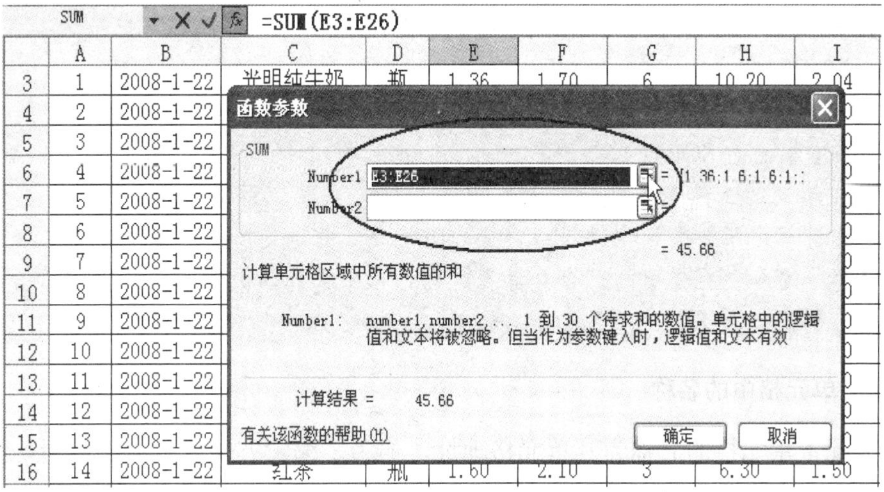

(b)

图 4-26　用 SUM 函数求进价列的和

（3）利用复制公式的方法来计算售价、数量、销售额、毛收入、毛利率列的和。

（4）将“数量”列中的 G27 单元格格式设置为不保留小数点，如图 4-27 所示。

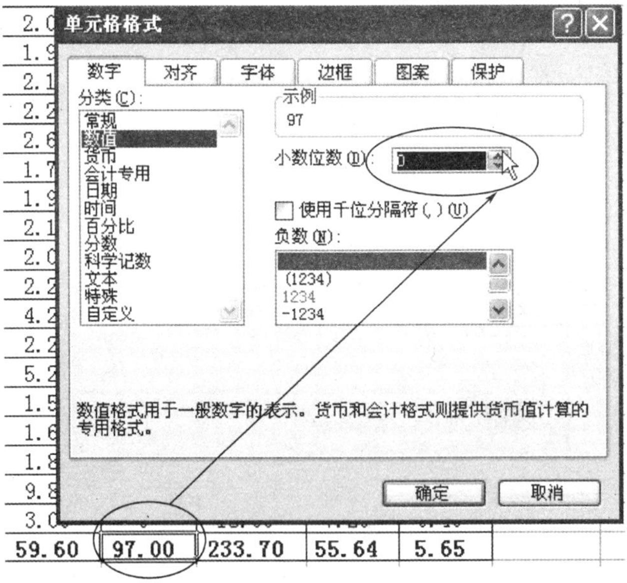

图 4-27 “单元格格式”选项卡

(5) 选中 A27:J27 单元格，单击工具栏上的 按钮，把字体设置为粗体。

说明：

函数是用来计算单元格数字的有利工具，除了可简化单纯使用操作符计算单元格数字的公式外，还可计算更为复杂的运算内容。函数由 3 个部分组成，分别是函数名称、括号与参数。例如：

SUM (E3:E26)

常用的函数有：求平均值函数 AVERAGE( )、求最大值函数 MAX( )、求最小值函数 MIN( )、求平方根函数 SQRT( )等。

如果要在不同的工作表上执行求和、求平均值、求乘积运算，可使用“合并计算”功能，即可快速计算出所要的数字结果。其操作方法是：先选定一个空单元格，选择“数据”→“合并计算”命令，在弹出的“合并计算”对话框中选择函数和引用位置，单击“添加”按钮再单击“确定”按钮。

4. 定义单元格中的名称

默认情况下单元格的名称为其单元格地址，但为了编辑方便或更易于辨别单元格的内容，也可另外给单元格定义名称。

设置方法：选中 H27 单元格，在编辑栏左上角的名称文本框处输入“日销售额”，最后按“Enter”键即可把 H27 单元格的名称设置为“日销售额”。或者用“插入”菜单中的“名称”→“定义”命令来进行设置，如图 4-28 所示。

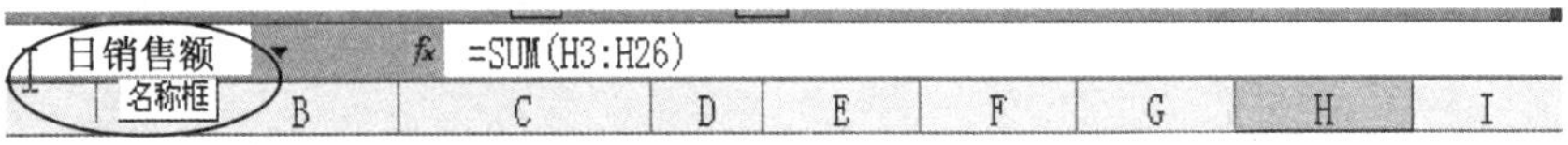

图 4-28 在编辑栏中定义单元格名称

说明：

如果要删除定义完成的单元格名称，打开“定义名称”对话框，选择要删除的名称，再单击“删除”按钮即可。

5．隐藏单元格公式

当选择含公式的单元格时，编辑栏上就会显示公式。如果希望在保护工作表的同时隐藏公式，可以执行如下操作。

选中要隐藏公式的单元格 H27，选择“格式”→“单元格”命令，在弹出的“单元格格式”对话框中选中“隐藏”复选框，单击“确定”按钮。

说明：

只有在工作表被保护时，锁定单元格或隐藏公式才有效。

对于隐藏公式后的单元格，即使将该单元格复制到其他工作表上，也仅能复制单元格的格式、值、有效性等，而无法复制公式。

如果要取消公式隐藏功能，先取消工作表的保护（取消工作表的保护，公式隐藏即取消），并取消“单元格”对话框的“保护”选项卡中的“隐藏”复选框的选择。

6．在 F27 单元格中插入批注

选中 F27 单元格，选择“插入”菜单中的“批注”命令后出现批注标签（标签内会自动填充此计算机用户的名称），然后在批注标签内输入“日销售额”。在 F27 单元格的右上方会出现一个红色的三角形标记。将鼠标移至含标记的 F27 单元格上时，就会显示批注的内容。

说明：

在单元格内插入批注可提示用户在使用时应注意的事项。

如果要修改批注的内容与格式，选择含批注的单元格，选择“插入”→“编辑批注”命令。

如果要删除批注，在含批注的单元格上右击，选择“删除批注”命令。

如果要查看工作表的所有批注内容，选择“视图”→“批注”命令。

学习测评

1．利用自定义公式与引用计算“九九乘法口诀表”，效果图如图 4-29 所示。

要求：

（1）在单元格 A2～A10 中输入“1～9”，在 B1～J1 中输入“1～9”；

（2）利用复制公式的方法，在 B2～J10 区域输入“九九乘法表”。

提示：

本题中公式的应用使用了混合引用。

说明：

单元格中的引用分为 3 种，分别为相对引用（如 A3、B8、C10）；绝对引用（如

$A$3、$B$8)；混合引用（$A2、B$8)。

当复制单元格的公式到其他单元格上时，若使用相对引用，则单元格公式中的单元格地址会跟着改变。

若使用绝对引用，则单元格公式中的单元格地址不会改变。

若使用混合引用，那么含有“$”符号的行号或列名的引用不会跟着改变。

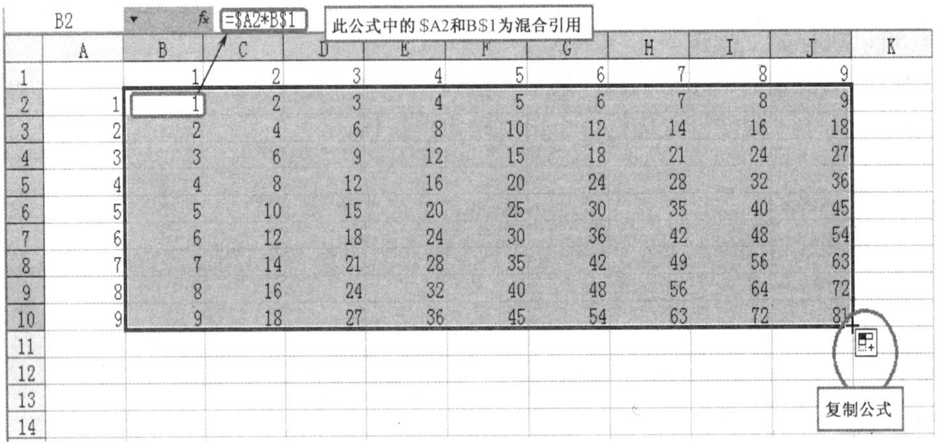

图 4-29　“九九乘法口诀表”效果图

2．制作如图 4-30 所示的“二月份员工工资表”。

图 4-30　“二月份员工工资表”效果图

要求：

（1）利用自动填充法将 A4:A20 进行自动填充；

（2）将 E、F、G、H 列的数字格式改为货币格式，加上千位分隔符并保留两位小数；

（3）利用自定义公式求出 H3:H20 的实发工资；

（4）利用 MAX 函数在 H21 单元格中计算 H 列的最高工资，且将 H21 单元格的名称改为“最高工资”；

（5）在 A21 单元格中利用 COUNT 函数求出 A3:H3 中数值型数据的个数；

（6）在 E21 单元格中利用 SUMIF 函数计算出“基本工资>1500”的数据的和。

说明：

1．用于求单元格个数的统计函数 COUNT 的公式为

“COUNT(value1,value2,···)”

式中，value1，value2,···为包含或引用各种类型数据的参数（1～30 个），但只有数字类型的数据才被计数。函数 COUNT 在计数时，将把数字、空值、逻辑值、日期或以文字代表的数计算进去；但是错误值或其他无法转化成数字的文字则被忽略。

如果参数是一个数组或引用，那么只统计数组或引用中的数字；数组中或引用的空单元格、逻辑值、文字或错误值都将忽略。如果要统计逻辑值、文字或错误值，应当使用函数 COUNTA。

2．SUMIF 函数是按给定条件对指定单元格进行求和的函数，其公式为

“SUMIF(range,criteria,sum_range)”

range 是要根据条件进行计算的单元格区域，每个区域中的单元格都必须是数字和名称、数组和包含数字的引用，空值和文本值将被忽略；criteria 是指对 range 指定的区域实行什么条件，其形式可以为数字、表达式或文本。

3．制作如图 4-31 所示的“员工加班记录表”。

	A	B	C	D	E	F	G	H	I
1	员工加班记录表								
2	日期	加班人	职务	加班原因	从何时开始	到何时结束	加班所用时间	加班费	核准人
3	2005-8-16	王彤	员工	需提前完成任务	19:00	21:30			于成
4	2005-8-16	江薇	主管	需提前完成任务	18:00	21:00			于成
5	2005-8-16	郝思	主管	需提前完成任务	19:00	22:00			于成
6	2005-8-16	章韦	主管	需提前完成任务	20:45	23:00			于成
7	2005-8-16	曾云	员工	需提前完成任务	18:30	20:30			于成
8	2005-8-17	邱月	员工	需提前完成任务	19:30	21:00			于成
9	2005-8-17	沈沉	主管	需提前完成任务	20:30	22:00			于成
10	2005-8-17	蔡蓓	副主管	需提前完成任务	20:00	22:30			于成
11	2005-8-17	尹南	员工	需提前完成任务	20:30	22:00			于成
12	2005-8-17	陈旭	员工	需提前完成任务	20:00	22:30			于成
13	2005-8-17	薛婧	员工	需提前完成任务	20:00	22:30			于成
14	2005-8-17	乔麦	主管	需提前完成任务	20:00	22:00			于成
15	2005-8-17	赵若	员工	需提前完成任务	20:00	22:30			于成
16	2005-8-17	柳琳	主管	需提前完成任务	20:00	22:30			于成
17	部门主管签字:			王子		日期:	2008年2月16日		
18	1、使用流程:部门加班人填写加班 加班后记录本核准确性每月统计表部门主管签字,人事处留存。								
19	2、使用范围:公司普通员工加班登记。								
20	3、使用要点：（1）公司中高级职员超时工作不算作加班；（2）核准人为有权签署加班意见的人；（3）严格控制加班。								
21	4、本表在各部门使用，每月统计后送人事处。								

图 4-31　“员工加班记录表”效果图

要求：

（1）利用取整函数 INT 求出 G3:G16 的加班时间。

（2）加班费计算标准：公司中高级职员超时工作不算作加班；员工加班费为：30 元/小时；副主管加班费为：25 元/小时；主管加班费为：20 元/小时；经理以上职员不算加班费。

（3）利用判断函数 IF 求出 H3:H16 的加班费。

实例 3

“学生成绩统计表”的制作

学习任务

制作一个学生成绩统计表。图 4-32 所示即为用 Excel 2003 制作的“学生成绩统计表”的最终效果图。本节将通过该案例来介绍 Excel 2003 的数据处理功能。通过本实例的实践学习，读者可掌握有关 Excel 的排序操作，对同列的数据进行分类汇总、按关键字进行数据的筛选，并掌握一些 Excel 公式中常见的错误信息。

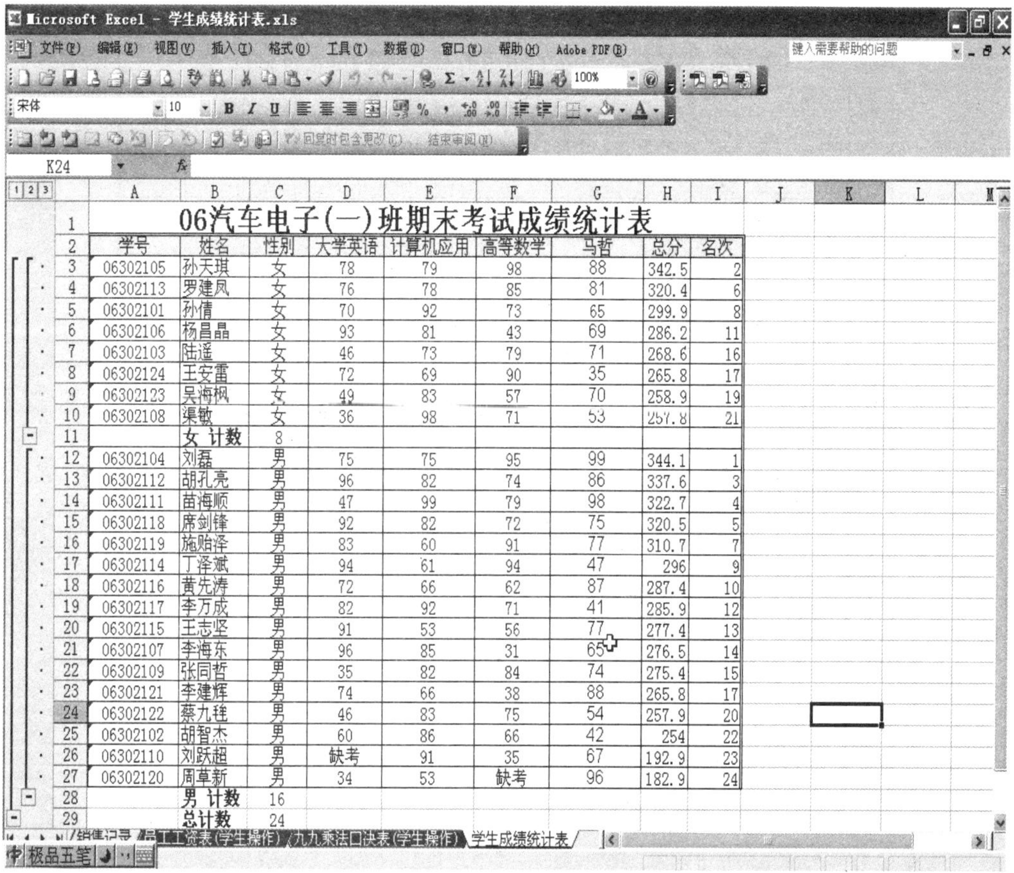

学号	姓名	性别	大学英语	计算机应用	高等数学	马哲	总分	名次
06302105	孙天琪	女	78	79	98	88	342.5	2
06302113	罗建凤	女	76	78	85	81	320.4	6
06302101	孙倩	女	70	92	73	65	299.9	8
06302106	杨昌晶	女	93	81	43	69	286.2	11
06302103	陆遥	女	46	73	79	71	268.6	16
06302124	王安雷	女	72	69	90	35	265.8	17
06302123	吴海枫	女	49	83	57	70	258.9	19
06302108	渠敏	女	36	98	71	53	257.8	21
	女 计数	8						
06302104	刘磊	男	75	75	95	99	344.1	1
06302112	胡孔亮	男	96	82	74	86	337.6	3
06302111	苗海顺	男	47	99	79	98	322.7	4
06302118	席剑锋	男	92	82	72	75	320.5	5
06302119	施贻泽	男	83	60	91	77	310.7	7
06302114	丁泽斌	男	94	61	94	47	296	9
06302116	黄先涛	男	72	66	62	87	287.4	10
06302117	李万成	男	82	92	71	41	285.9	12
06302115	王志坚	男	91	53	56	77	277.4	13
06302107	李海东	男	96	85	31	65	276.5	14
06302109	张同哲	男	35	82	84	74	275.4	15
06302121	李建辉	男	74	66	38	88	265.8	17
06302122	蔡九锂	男	46	83	75	54	257.9	20
06302102	胡智杰	男	60	86	66	42	254	22
06302110	刘跃超	男	缺考	91	35	67	192.9	23
06302120	周草新	男	34	53	缺考	96	182.9	24
	男 计数	16						
	总计数	24						

图 4-32 “学生成绩统计表”效果图

学习目标

1．掌握求数值排位函数 RANK( )、条件函数 IF( )、计算符合给定条件的区域中的非空单元格数函数 COUNTIF( )；

2．单元格的排序（升序、降序）；

3．数据的分类汇总；

4．数据的筛选（自动筛选与高级筛选）；

5．Excel 公式中的错误信息。

操作步骤

1．计算总分并排名

计算如图 4-33 所示的“学生期末考试成绩登记表”中每个学生的总分与总分排名。

	A	B	C	D	E	F	G	H
1	06汽车电子(一)班期末考试成绩统计表							
2	学号	姓名	大学英语	计算机应用	高等数学	马哲	总分	名次
3	06302101	孙倩	70	92	73	65		
4	06302102	胡智杰	60	86	66	42		
5	06302103	陆遥	46	73	79	71		
6	06302104	刘磊	75	75	95	99		
7	06302105	孙天琪	78	79	98	88		
8	06302106	杨昌晶	93	81	43	69		
9	06302107	李海东	96	85	31	65		
10	06302108	渠敏	36	98	71	53		
11	06302109	张同哲	35	82	84	74		
12	06302110	刘跃超	缺考	91	35	67		
13	06302111	苗海顺	47	99	79	98		
14	06302112	胡孔亮	96	82	74	86		
15	06302113	罗建凤	76	78	85	81		
16	06302114	丁泽斌	94	61	94	47		
17	06302115	王志坚	91	53	56	77		
18	06302116	黄先涛	72	66	62	87		
19	06302117	李万成	82	92	71	41		
20	06302118	席剑锋	92	82	72	75		
21	06302119	施贻泽	83	60	91	77		
22	06302120	周草新	34	53	缺考	96		
23	06302121	李建辉	74	66	38	88		
24	06302122	蔡九锃	46	83	75	54		
25	06302123	吴海枫	49	83	57	70		
26	06302124	王安雷	72	69	90	35		

图 4-33　学生期末考试成绩登记表

（1）选中 G3 单元格，利用函数 SUM（C2:F2）求出“孙倩”的总分。

（2）利用复制公式的方法计算 G4:G26 的总分。

（3）选定 H3 单元格，输入公式“=RANK（G3,$G$3:$G$26,0）”求出孙倩的总分由高到低的名次为第 8 名，如图 4-34 所示。

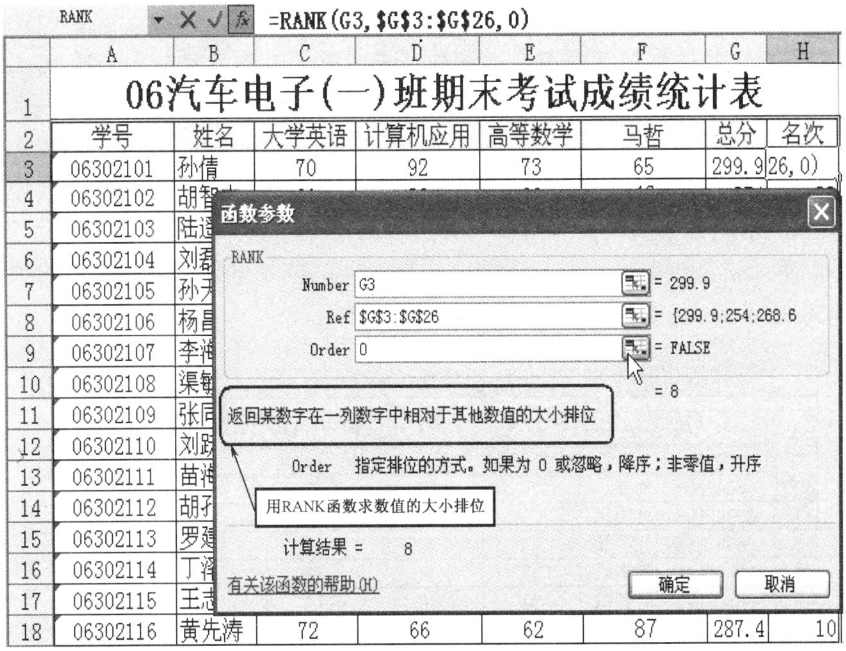

图 4-34　用 RANK( )函数计算总分排名

（4）然后再利用复制公式的方法求出 H4:H26 的总分排名，如图 4-35 所示。

H3　=RANK(G3,$G$3:$G$26,0)

06汽车电子(一)班期末考试成绩统计表

学号	姓名	大学英语	计算机应用	高等数学	马哲	总分	名次
06302101	孙倩	70	92	73	65	299.9	8
06302102	胡智杰	60	86	66	42	254	22
06302103	陆遥	46	73	79	71	268.6	16
06302104	刘磊	75	75	95	99	344.1	1
06302105	孙天琪	78	79	98	88	342.5	2
06302106	杨昌晶	93	81	43	69	286.2	11
06302107	李海东	96	85	31	65	276.5	14
06302108	渠敏	36	98	71	53	257.8	21
06302109	张同哲	35	82	84	74	275.4	15
06302110	刘跃超	缺考	91	35	67	192.9	23
06302111	苗海顺	47	99	79	98	322.7	4
06302112	胡孔亮	96	82	74	86	337.6	3
06302113	罗建凤	76	78	85	81	320.4	6
06302114	丁泽斌	94	61	94	47	296	9
06302115	王志坚	91	53	56	77	277.4	13
06302116	黄先涛	72	66	62	87	287.4	10
06302117	李万成	82	92	71	41	285.9	12
06302118	席剑锋	92	82	72	75	320.5	5
06302119	施贻泽	83	60	91	77	310.7	7
06302120	周草新	34	53	缺考	96	182.9	24
06302121	李建辉	74	66	38	88	265.8	17
06302122	蔡九铨	46	83	75	54	257.9	20
06302123	吴海枫	49	83	57	70	258.9	19
06302124	王安雷	72	69	90	35	265.8	17

图 4-35　总分排名效果图

说明：

RANK( )函数计算并返回某数字在一列数字中相对于其他数值的大小排位。

函数引用中的 Order 指排位方式。如果为 0 或忽略则降序；如果非 0 值则升序。

2. 降序排序

对图 4-35 所示的数据清单按“总分”列进行降序排序。

选中 G2 单元格，再单击工具栏上的降序排序按钮即可按“总分”由高到低的顺序排列，效果图如图 4-36 所示。

	A	B	C	D	E	F	G	H
1	06汽车电子(一)班期末考试成绩统计表							
2	学号	姓名	大学英语	计算机应用	高等数学	马哲	总分	名次
3	06302104	刘磊	75	75	95	99	344.1	1
4	06302105	孙天琪	78	79	98	88	342.5	2
5	06302112	胡孔亮	96	82	74	86	337.6	3
6	06302111	苗海顺	47	99	79	98	322.7	4
7	06302118	席剑锋	92	82	72	75	320.5	5
8	06302113	罗建凤	76	78	85	81	320.4	6
9	06302119	施贻泽	83	60	91	77	310.7	7
10	06302101	孙倩	70	92	73	65	299.9	8
11	06302114	丁泽斌	94	61	94	47	296	9
12	06302116	黄先涛	72	66	62	87	287.4	10
13	06302106	杨昌晶	93	81	43	69	286.2	11
14	06302117	李万成	82	92	71	41	285.9	12
15	06302115	王志坚	91	53	56	77	277.4	13
16	06302107	李海东	96	85	31	65	276.5	14
17	06302109	张同哲	35	82	84	74	275.4	15
18	06302103	陆遥	46	73	79	71	268.6	16
19	06302121	李建辉	74	66	38	88	265.8	17
20	06302124	王安雷	72	69	90	35	265.8	17
21	06302123	吴海枫	49	83	57	70	258.9	19
22	06302122	蔡九铨	46	83	75	54	257.9	20
23	06302108	渠敏	36	98	71	53	257.8	21
24	06302102	胡智杰	60	86	66	42	254	22
25	06302110	刘跃超	缺考	91	35	67	192.9	23
26	06302120	周草新	34	53	缺考	96	182.9	24

图 4-36　按“总分”列进行降序排序效果图

3. 升序排序

对图 4-35 所示的数据清单按“总分”列与“计算机应用”列进行升序排序。

单击数据清单中的任意单元格，再选择“数据”→“排序”命令，在弹出的“排序”对话框中选择“主要关键字”为“总分”、升序；“次要关键字”为“计算机应用”、升序；再单击“确定”按钮，其效果图如图 4-37 所示。

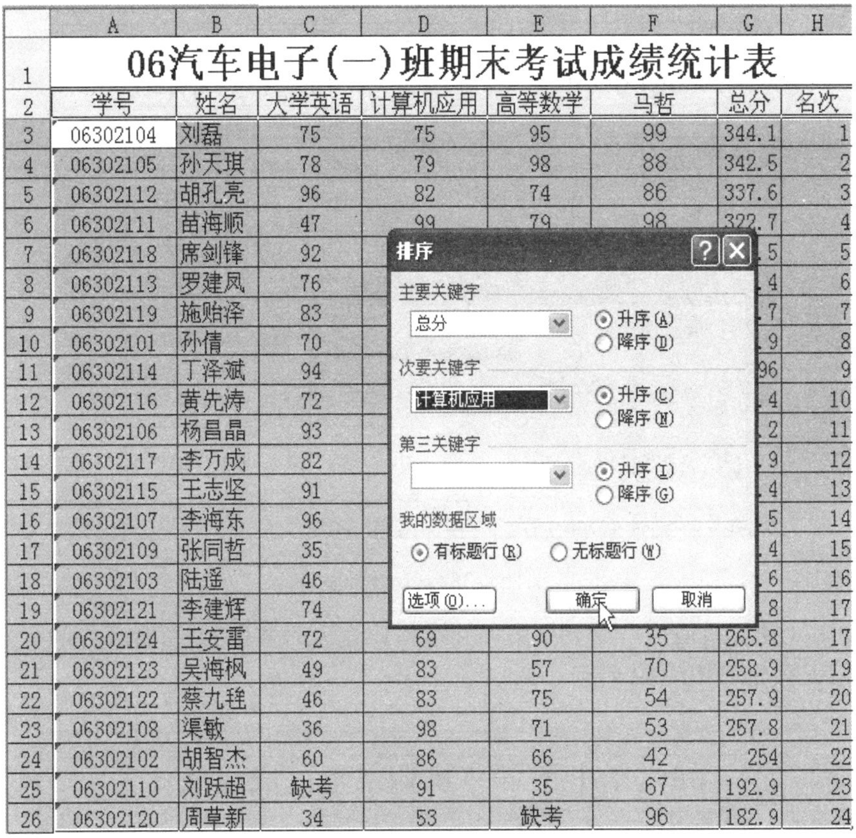

图 4-37　对多列数据进行升序排序

说明：

数据清单是 Excel 工作表中的单元格构成的矩形区域，即一张二维表，又称数据列表。

记录：数据清单中的每一行，第一行称为字段行。

字段：每一列称为字段，每一个字段的数据类型必须相同。

数据清单中不允许有空行或空列，否则会影响 Excel 检测和选定数据列表；不能有数据完全相同的两行记录。

一个数据清单占一个工作表，格式的修改不影响数据清单。

Excel 可以对数据清单按列、多列、自定义方式进行排序。

排序的关键字最多为 3 个。可分为升序（A~Z，从小到大）和降序（Z~A，从大到小）。

4．筛选

对图 4-37 所示的数据清单进行筛选的方法如下。

（1）用自动筛选的方法筛选出“计算机应用”成绩大于 75 分的数据。其操作步骤是：在数据清单中任选一个单元格，选择“数据”→“筛选”→“自动筛选”命令，然后在弹出的对话框中选“大于 75”，单击“确定”按钮，如图 4-38 所示。

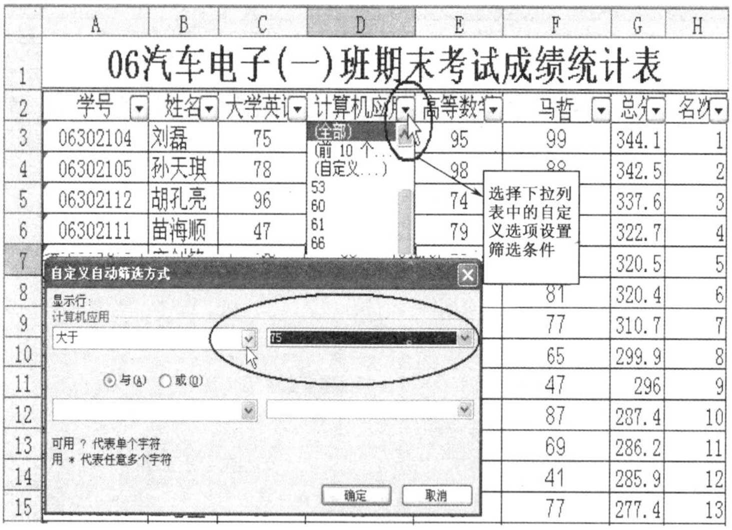

图 4-38　自动筛选

（2）此时“计算机应用”单元格中的筛选按钮变为“蓝色”，符合条件的行号的颜色也变为“蓝色”，效果如图 4-39 所示。

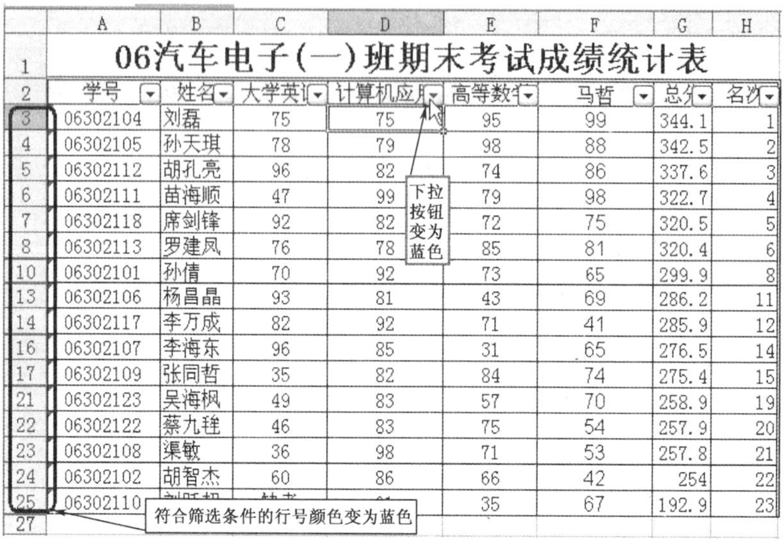

图 4-39　“计算机应用”成绩大于 75 的筛选数据清单

（3）把“数据”菜单中的“自动筛选”子菜单前面的钩号去掉，即可撤销筛选操作。然后对数据清单中的数据进行高级筛选，选出“大学英语”分数大于 65 且“名次”小于等于 10 的数据。

先在空白单元格中输入高级筛选条件，如图 4-40 所示。

	A	B	C	D	E	F	G	H	I	J
2	学号	姓名	大学英语	计算机应用	高等数学	马哲	总分	名次		
3	06302104	刘磊	75	75	95	99	344.1	1		
4	06302105	孙天琪	78	79	98	88	342.5	2		
5	06302112	胡孔亮	96	82	74	86	337.6	3		
6	06302111	苗海顺	47	99	79	98	322.7	4		
7	06302118	席剑锋	92	82	72	75	320.5	5		
8	06302113	罗建凤	76	78	85	81	320.4	6	大学英语	名次
9	06302119	施贻泽	83	60	91	77	310.7	7	>65	<=10
10	06302101	孙倩	70	92	73	65	299.9	8		
11	06302114	丁泽斌	94	61	94	47	296	9		
12	06302116	黄先涛	72	66	62	87	287.4	10		
13	06302106	杨昌晶	93	81	43	69	286.2	11		

高级筛选条件

图 4-40　设定高级筛选条件

（4）选中 A2: H26 单元格区域，选择“数据”菜单中的“筛选”子菜单中的“高级筛选”命令，在弹出的对话框中选择列表区域“$A$2: $H$26”和条件区域“$I$8: $J$9”，再单击“确定”按钮，其效果如图 4-41 所示。

	A	B	C	D	E	F	G	H	I	J
2	学号	姓名	大学英语	计算机应用	高等数学	马哲	总分	名次		
3	06302104	刘磊	75	75	95	99	344.1	1		
4	06302105	孙天琪	78	79	98	88	342.5	2		
5	06302112	胡孔亮	96	82	74	86	337.6	3		
7	06302118	席剑锋	92	82	72	75	320.5	5		
8	06302113	罗建凤	76	78	85	81	320.4	6	大学英语	名次
9	06302119	施贻泽	83	60	91	77	310.7	7	>65	<=10
10	06302101	孙倩	70	92	73	65	299.9	8		
11	06302114	丁泽斌	94	61	94	47	296	9		
12	06302116	黄先涛	72	66	62	87	287.4	10		

图 4-41　高级筛选数据清单

说明：

筛选是查找和处理数据清单中数据子集的快捷方式。筛选清单仅显示满足条件的行，该条件由用户针对某列指定，有自动筛选和高级筛选。

筛选不同于排序，筛选并不重排清单，只是暂时隐藏不符合条件的行。

筛选行时，可以对清单子集进行编辑、设置格式、制作图表和打印，而不必重新排列或移动。

在数据清单中要对数据进行高级筛选，必须在该数据清单空白处设定高级筛选的条件。

高级筛选后能直观地看到筛选条件，但看不到筛选按钮。而自动筛选不能直观看到筛选条件，只能知道筛选的列标题。

5. 对学生成绩统计表中的数据清单进行分类汇总

（1）单击“数据”菜单中的“筛选”子菜单，选择“全部显示”命令，撤销高级筛选。

（2）在 C 列前插入一列，列标题为“性别”，输入如图 4-42 所示的内容，设置为“居中”对齐。

	A	B	C	D	E	F	G	H	I
1	06汽车电子（一）班期末考试成绩统计表								
2	学号	姓名	性别	大学英语	计算机应用	高等数学	马哲	总分	名次
3	06302104	刘磊	男	75	75	95	99	344.1	1
4	06302105	孙天琪	女	78	79	98	88	342.5	2
5	06302112	胡孔亮	男	96	82	74	86	337.6	3
6	06302111	苗海顺	男	47	99	79	98	322.7	4
7	06302118	席剑锋	男	92	82	72	75	320.5	5
8	06302113	罗建凤	女	76	78	85	81	320.4	6
9	06302119	施贻泽	男	83	60	91	77	310.7	7
10	06302101	孙倩	女	70	92	73	65	299.9	8
11	06302114	丁泽斌	男	94	61	94	47	296	9
12	06302116	黄先涛	男	72	66	62	87	287.4	10
13	06302106	杨晶晶	女	93	81	43	69	286.2	11
14	06302117	李万成	男	82	92	71	41	285.9	12
15	06302115	王志坚	男	91	53	56	77	277.4	13
16	06302107	李海东	男	96	85	31	65	276.5	14
17	06302109	张同哲	男	35	[illegible]	84	74	275.4	15
18	06302103	陆遥	女	46		79	71	268.6	16
19	06302121	李建辉	男	74	66	38	88	265.8	17
20	06302124	王安雷	女	72	69	90	35	265.8	17
21	06302123	吴海枫	女	49	83	57	70	258.9	19
22	06302122	蔡九锉	男	46	83	75	54	257.9	20
23	06302108	渠敏	女	36	98	71	53	257.8	21
24	06302102	胡智杰	男	60	86	66	42	254	22
25	06302110	刘跃超	男	缺考	91	35	67	192.9	23
26	06302120	周草新	男	34	53	缺考	96	182.9	24

插入的“性别”列内容

图 4-42　插入“性别”列后的数据清单

（3）选中“性别”单元格，单击工具栏上的“降序”快捷图标进行排序。

（4）选中数据清单中的任一单元格，选择“数据”菜单中的“分类汇总”命令，在弹出的对话框中设置“分类字段”为“性别”、“汇总方式”为“计数”、“汇总项”为“性别”。其他为默认设置，然后单击“确定”按钮，其效果如图 4-43 所示。

	A	B	C	D	E	F	G	H	I
2	学号	姓名	性别	大学英语	计算机应用	高等数学	马哲	总分	名次
3	06302105	孙天琪	女	78	79	98	88	342.5	2
4	06302113	罗建凤	女	76	78	85	81	320.4	6
5	06302101	孙倩	女	70	92	73	65	299.9	8
6	06302106	杨晶晶	女	93	81	43	69	286.2	11
7	06302103	陆遥	女	46	73	79	71	268.6	16
8	06302124	王安雷	女	72	69	90	35	265.8	17
9	06302123	吴海枫	女	49	83	57	70	258.9	19
10	06302108	渠敏	女	36	98	71	53	257.8	21
11		**女 计数**	8						
12	06302104	刘磊	男	75	75	95	99	344.1	1
13	06302112	胡孔亮	男	96	82	74	86	337.6	3
14	06302111	苗海顺	男	47	99	79	98	322.7	4
15	06302118	席剑锋	男	92	82	72	75	320.5	5
16	06302119	施贻泽	男	83	60	91	77	310.7	7
17	06302114	丁泽斌	男	94	61	94	47	296	9
18	06302116	黄先涛	男	72	66	62	87	287.4	10
19	06302117	李万成	男	82	92	71	41	285.9	12
20	06302115	王志坚	男	91	53	56	77	277.4	13
21	06302107	李海东	男	96	85	31	65	276.5	14
22	06302109	张同哲	男	35	82	84	74	275.4	15
23	06302121	李建辉	男	74	66	38	88	265.8	17
24	06302122	蔡九锉	男	46	83	75	54	257.9	20
25	06302102	胡智杰	男	60	86	66	42	254	22
26	06302110	刘跃超	男	缺考	91	35	67	192.9	23
27	06302120	周草新	男	34	53	缺考	96	182.9	24
28		**男 计数**	16						
29		**总计数**	24						

图 4-43　对“性别”项进行“分类汇总”数据清单

说明：

Excel 可通过计算数据清单中的分类汇总和总计值来自动汇总数据。

使用自动分类汇总前，数据清单必须在要先进行分类汇总的列上排序，再进行分类汇总。分类汇总一次只能选 1 个分类字段，汇总方式可以是求和、计数、求平均值、求最大值、求最小值等。

要删除分类汇总，只需要在“数据”菜单中的“分类汇总”对话框中单击“全部删除”按钮即可。

6. Excel 中的错误信息

在 Excel 中输入公式后，有时不能正确地计算出结果，在单元格内会显示一个错误信息，如图 4-44 所示。

错误值	原　因
#####	数字、日期或时间比单元格宽，或者日期、时间公式产生了一个负值
#DIV/0!	公式被零除
#N/A	遗漏了函数中的一个或多个参数或引用到目前无法使用的数值
#NAME?	在公式中输入了未定义的名称
#NULL?	指定的两个区域不相交
#NUM!	在数学函数中使用了不适当的参数
#REF!	引用了无效的单元格
#VALUE!	参数或操作数的类型有错

图 4-44　Excel 中的错误信息

1. 错误值：# # #

原因：输入到单元格中的数据太长或单元格公式所产生的结果太大，使结果在单元格中显示不下。或是日期和时间格式的单元格做减法，出现了负值。

解决：可双击增加列的宽度，使结果能够完全显示。如果是由日期或时间相减产生了负值引起的，可以改变单元格的格式，如改为文本格式，结果为负的时间量。

2. 错误值：#DIV/0!

原因：试图除以 0。这个错误通常由下面几种情况引起：除数为 0、在公式中除数使用了空单元格或是包含零值单元格的单元格引用。

解决：修改单元格引用，或在用做除数的单元格中输入不为零的值。

3. 错误值：#VALUE!

原因：输入引用文本项的数学公式。如果使用了不正确的参数或运算符，或者当执行自动更正公式功能时不能更正公式，都将产生该错误信息。

解决：这时应确认公式或函数所需的运算符或参数正确，并且公式引用的单元格中包含有效的数值。

4. 错误值：#REF!

原因：删除了被公式引用的单元格范围。

解决：恢复被引用的单元格范围，或者重新设定引用范围。

5. 错误值：#N/A

原因：无信息可用于所要执行的计算。在建立模型时，用户可以在单元格中输入#N/A，以表明正在等待数据。任何引用含有#N/A 值的单元格都将返回#N/A。

解决：在等待数据的单元格内填充数据。

6. 错误值：#NAME?

原因：在公式中使用了 Excel 所不能识别的文本，可能是输错了名称，或是输入了一个已删除的名称，如果没有将文字串括在双引号中，也会产生错误值。

解决：如果是使用了不存在的名称而产生这类错误，应确认使用的名称确实存在；如果是名称、函数名拼写错误，应改正过来；将文字串括在双引号中；确认公式中使用的所有区域引用都使用了冒号“:”，如 SUM（A2:A20）。注意将公式中的文本括在双引号中。

7. 错误值：#NUM!

原因：提供了无效的参数给工作表函数，或因公式的结果太大或太小而无法在工作表中表示。

解决：确认函数中使用的参数类型正确。如果公式结果太大或太小，就要修改公式，使其结果在“−1*10307 和 1*10307”之间。

8. 错误值：#NULL!

原因：在公式中的两个范围之间插入一个空格以表示交叉点，但这两个范围没有公共单元格。例如，输入“=SUM（A3:A12 D3:D12）”，就会产生这种情况。

解决：取消两个范围之间的空格。上式可改为“=SUM（A3:A12 ，D3:D12）”。

学习测评

1．做一份如图 4-45 所示的“商品销售明细清单.xls”，根据要求进行设置后再以原文件名保存。

要求：

（1）在 L2 单元格中求“总金额”的值。

（2）备份一份“商品销售明细清单”工作表到新的工作表中，并将工作表的名称改为“商品销售分类汇总”。

（3）对图 4-45 所示的数据筛选出“单价”大于等于 100 的数据。

（4）对“商品销售分类汇总”工作表中的“货品名称”进行“升序”排序，然后选择“货品名称”为分类字段、汇总方式为“求和”、汇总项为“金额”。

L1　f_x 总金额

	A	B	C	D	E	F	G	H	I	J	K	L
1	商品销售明细清单											总金额
2	日期	单号	货品编码	货品名称	单位	颜色	数量	单价	折扣	折扣额	金额	
3	2008-2-2	8025	2097	跑鞋	双	深蓝白	50	¥90.00	9	¥805.00	¥8,095.00	
4	2008-2-2	8025	2108	跑鞋	双	白深蓝	60	¥88.00	8.5	¥888.80	¥8,831.20	
5	2008-2-2	8025	5160	休闲鞋	双	深蓝白	20	¥70.00	9.5	¥133.00	¥1,267.00	
6	2008-2-2	8025	2139	休闲鞋	双	米黄	20	¥120.00	9.5	¥228.00	¥2,172.00	
7	2008-2-3	8031	5162	休闲鞋	双	黑银	80	¥120.00	9	¥832.00	¥8,368.00	
8	2008-2-6	8180	2180	休闲鞋	双	米黄	20	¥110.00	9.5	¥209.00	¥1,991.00	
9	2008-2-7	8178	9023	帽	顶	卡其	30	¥65.00	9	¥175.50	¥1,778.50	
10	2008-2-7	8188	172B	运动裤	条	白	51	¥66.00	8.5	¥286.11	¥3,079.89	
11	2008-2-7	8188	838B	女短套裤	条	深蓝	11	¥85.00	9.5	¥87.03	¥887.98	
12	2008-2-7	8185	2097	跑鞋	双	白深蓝	80	¥90.00	8	¥576.00	¥6,628.00	
13	2008-2-7	8185	5125	跑鞋	双	白深蓝	60	¥80.00	8	¥388.00	¥8,816.00	
14	2008-2-7	8185	5125	跑鞋	双	深蓝白	80	¥80.00	8	¥256.00	¥2,988.00	
15	2008-2-7	8185	2137	休闲鞋	双	白深蓝	18	¥100.00	7.5	¥105.00	¥1,295.00	
16	2008-2-8	8195	9005	新挂衣钩	个	不区分	6	¥12.00	9.5	¥6.88	¥65.16	
17	2008-2-8	8195	9011	靠墙架	套	不区分	3	¥20.00	9.5	¥5.70	¥58.30	
18	2008-2-8	8195	9015	新直接衣杆	套	不区分	1	¥10.00	9.5	¥0.95	¥9.05	
19	2008-2-8	8195	9016	新间接衣杆	套	不区分	8	¥18.00	9.5	¥13.68	¥130.32	
20	2008-2-8	8195	9028	帽钩	个	不区分	1	¥18.00	9.5	¥1.71	¥16.29	
21	2008-2-8	8195	9029	袜钩	个	不区分	1	¥6.00	9.5	¥0.57	¥5.83	
22	2008-2-8	8195	9031	球托	个	不区分	1	¥9.00	9.5	¥0.86	¥8.19	
23	2008-2-8	8212	5152	跑鞋	双	白宝蓝	20	¥90.00	8	¥188.00	¥1,656.00	
24	2008-2-9	8250	2128	休闲鞋	双	白红	20	¥100.00	8	¥160.00	¥1,880.00	
25	2008-2-9	8250	2130	跑鞋	双	浅白	60	¥98.00	8	¥870.80	¥5,809.60	
26	2008-2-9	8251	1088	男T恤	件	深蓝	28	¥70.00	8.5	¥182.80	¥1,537.20	
27	2008-2-10	8266	2123	休闲鞋	双	中灰深灰	20	¥80.00	8	¥128.00	¥1,872.00	

九九乘法口诀表(学生操作2) / 学生成绩统计表 / 商品销售明细表(学生操作3)

图 4-45　商品销售明细清单

2．制作效果如图 4-47 所示的“学生资料表.xls”，原始数据如图 4-46 所示。

	A	B	C	D	E
1	学生资料表				
2	学号	姓名	性别	出生年月	所在院系
3	2006121	王伟	男	1983年2月1日	计算机学院
4	2006324	江雨	女	1982年2月5日	音乐学院
5	2006345	王伟	女	1985年12月3日	人文学院
6	2006136	尹南	男	1980年11月1日	计算机学院
7	2006524	柳琳	女	1982年11月12日	经管学院
8	2006130	陈曦	女	1984年5月3日	计算机学院
9	2006021	胡钧	男	1980年11月4日	艺术学院
10	2006128	李杰	男	1979年10月5日	计算机学院
11	2006621	王颖	女	1985年7月6日	外国语学院
12	2006624	柳琳	女	1983年3月7日	外国语学院
13	2006323	乔麦	女	1980年11月4日	音乐学院
14	2006632	郝嘉	女	1982年10月5日	外国语学院
15	2006522	陈曦	女	1985年7月16日	经管学院
16	2006538	陈皓	男	1983年4月7日	经管学院
17	2006030	杨清清	女	1984年11月4日	艺术学院
18	2006626	陈露	女	1983年3月27日	外国语学院
19	2006327	曾云	女	1980年11月9日	音乐学院
20	2006639	杜媛媛	女	1982年12月5日	外国语学院
21	2006592	陈曦	女	1985年7月1日	经管学院

图 4-46　“学生资料表”原始数据

要求：

（1）按图 4-46 所示输入相同数据，按“姓名”列进行“升序”排序。

（2）对图 4-46 所示的数据进行分类汇总；以“姓名”为分类字段、汇总方式为“计数”、汇总项为“姓名”，其效果如图 4-47 所示。

3．根据图 4-48 所示的“2007—2008 学年 07 商英班第一学期期末成绩统计表.xls”求相应的值。

要求：

（1）用“RANK”函数求出“I3:I21”单元格中的总分排名。

（2）利用“IF”函数根据“总分”求出“J3:J21”单元格中的学习评语。

（3）利用“COUNTIF”函数统计“计算机、数学、英语、马哲、听力”各门课程在“0～59、60～69、70～79、80～89、90～100”之间的人数。

	A	B	C	D	E
1	**学生资料表**				
2	学号	姓名	性别	出生年月	所在院系
3	2006538	陈皓	男	1983年4月7日	经管学院
4	**陈皓 计数**	1			
5	2006626	陈露	女	1983年3月27日	外国语学院
6	**陈露 计数**	1			
7	2006130	陈曦	女	1984年5月3日	计算机学院
8	2006522	陈曦	女	1985年7月16日	经管学院
9	2006592	陈曦	女	1985年7月1日	经管学院
10	**陈曦 计数**	3			
11	2006639	杜媛媛	女	1982年12月5日	外国语学院
12	**杜媛媛 计数**	1			
13	2006632	郝嘉	女	1982年10月5日	外国语学院
14	**郝嘉 计数**	1			
15	2006021	胡钧	男	1980年11月4日	艺术学院
16	**胡钧 计数**	1			
17	2006324	江雨	女	1982年2月5日	音乐学院
18	**江雨 计数**	1			
19	2006128	李杰	男	1979年10月5日	计算机学院
20	**李杰 计数**	1			
21	2006524	柳琳	女	1982年11月12日	经管学院
22	2006624	柳琳	女	1983年3月7日	外国语学院
23	**柳琳 计数**	2			
24	2006323	乔麦	女	1980年11月4日	音乐学院
25	**乔麦 计数**	1			
26	2006121	王伟	男	1983年2月1日	计算机学院
27	2006345	王伟	女	1985年12月3日	人文学院
28	**王伟 计数**	2			
29	2006621	王颖	女	1985年7月6日	外国语学院
30	**王颖 计数**	1			
31	2006030	杨清清	女	1984年11月4日	艺术学院
32	**杨清清 计数**	1			
33	2006136	尹南	男	1980年11月1日	计算机学院
34	**尹南 计数**	1			
35	2006327	曾云	女	1980年11月9日	音乐学院
36	**曾云 计数**	1			
37	**总计数**	19			
38					

图 4-47　对“学生资料表”进行分类汇总后的效果图

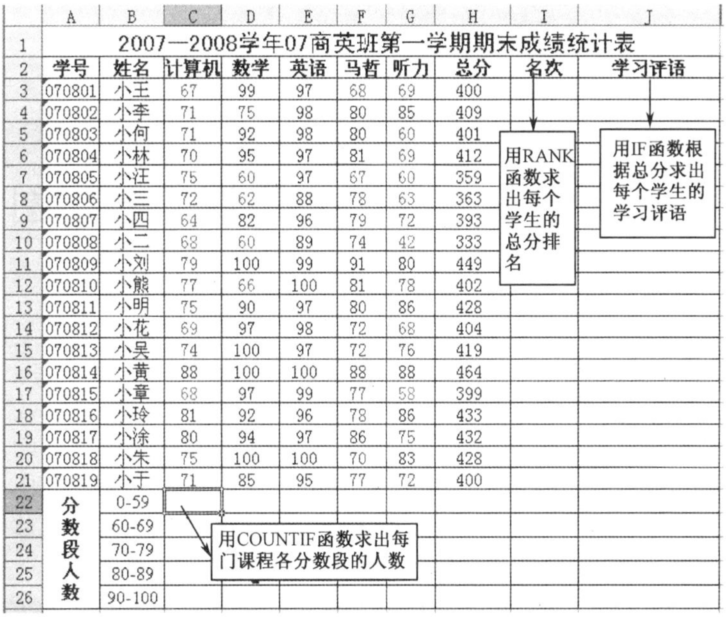

	A	B	C	D	E	F	G	H	I	J
1	2007—2008学年07商英班第一学期期末成绩统计表									
2	学号	姓名	计算机	数学	英语	马哲	听力	总分	名次	学习评语
3	070801	小王	67	99	97	68	69	400		
4	070802	小李	71	75	98	80	85	409		
5	070803	小何	71	92	98	80	60	401		
6	070804	小林	70	95	97	81	69	412		
7	070805	小汪	75	60	97	67	60	359		
8	070806	小三	72	62	88	78	63	363		
9	070807	小四	64	82	96	79	72	393		
10	070808	小二	68	60	89	74	42	333		
11	070809	小刘	79	100	99	91	80	449		
12	070810	小熊	77	66	100	81	78	402		
13	070811	小明	75	90	97	80	86	428		
14	070812	小花	69	97	98	72	68	404		
15	070813	小吴	74	100	97	72	76	419		
16	070814	小黄	88	100	100	88	88	464		
17	070815	小章	68	97	99	77	58	399		
18	070816	小玲	81	92	96	78	86	433		
19	070817	小涂	80	94	97	86	75	432		
20	070818	小朱	75	100	100	70	83	428		
21	070819	小于	71	85	95	77	72	400		
22	分数段人数	0-59								
23		60-69								
24		70-79								
25		80-89								
26		90-100								

图 4-48　用函数对“2007—2008 学年 07 商英班第一学期期末成绩统计表”进行求值

（4）对于“C3: G21”单元格中的数值小于 60 的数据，其字体颜色用“红色”显示；分数介于“60～69”之间的数据的字体颜色用“绿色”显示；分数介于“70～79”之间的数据的字体颜色用“蓝色”显示；分数介于“80～100”之间的数据的字体颜色用“黑色”显示。

（5）制作完成后按原文件名保存在桌面上。

说明：

1．IF 函数也称条件函数，它根据参数条件的真假返回不同的结果。在实践中，经常使用函数 IF 对数值和公式进行条件检测。公式为“=IF(logical_test,value_if true,value_if_false)”。式中，logical_test 为条件表达式，其结果要么为 TRUE，要么为 FALSE，它可使用任何比较运算符；value_if_true 是 logical_test 为 TRUE 时返回的值；value_if_false 是 logical_test 为 FALSE 时返回的值。IF 函数在财务管理中具有非常广泛的应用。

2．COUNTIF 函数的功能是计算给定区域内满足特定条件的单元格的数目。公式为

=COUNTIF（range，criteria）

式中，range 为需要计算其中满足条件的单元格数目的单元格区域；criteria 为确定哪些单元格将被计算在内的条件，其形式可以为数字、表达式或文本。COUNTIF 函数在数据汇总统计分析中是非常有用的。

实例 4

"各门课程分析图"的制作

学习任务

制作一个各门课程成绩分析图。如图 4-49 所示为用 Excel 2003 制作的"各门课程成绩分析图"的最终效果图。本节将通过该案例来介绍 Excel 2003 的图表制作。通过本实例的实践学习，读者可掌握有关 Excel 的图表的创建、图表类型的转换、图表数据源的调整、图表选项的设置、图表位置的更改、格式化图表及工作表的打印设置。

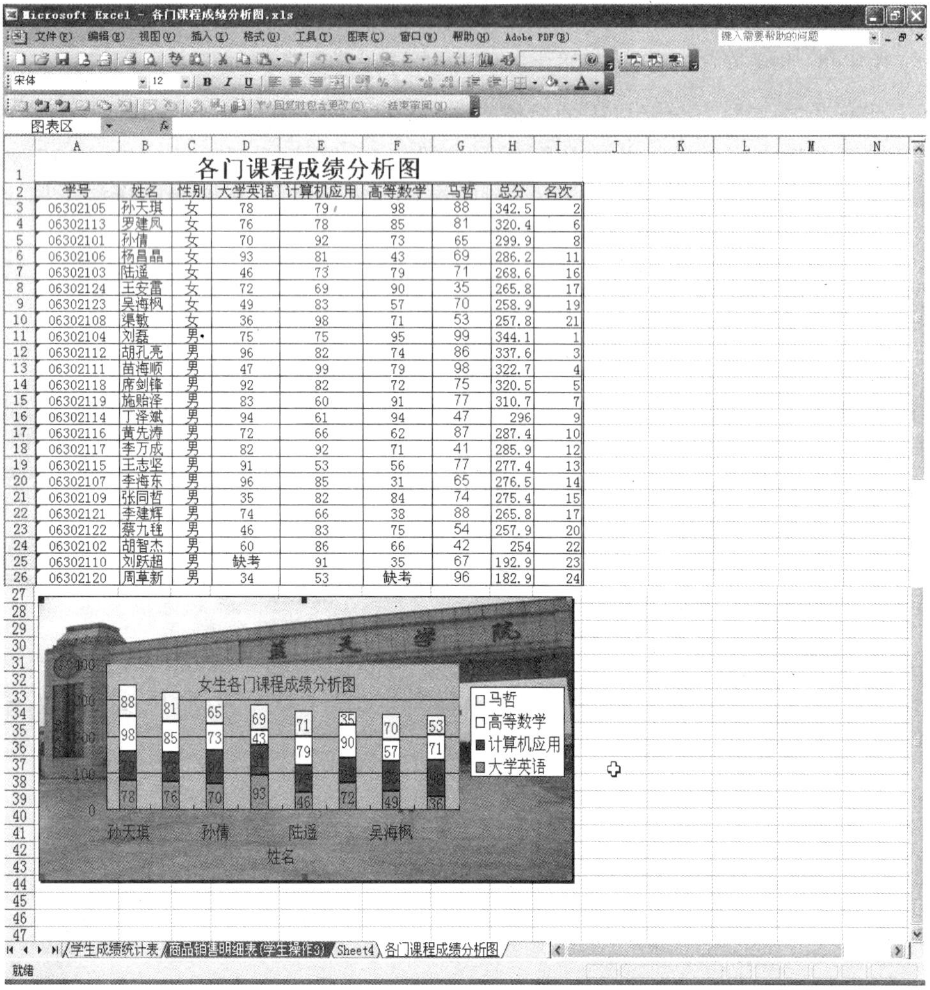

各门课程成绩分析图

学号	姓名	性别	大学英语	计算机应用	高等数学	马哲	总分	名次
06302105	孙天琪	女	78	79	98	88	342.5	2
06302113	罗建凤	女	76	78	85	81	320.4	6
06302101	孙倩	女	70	92	73	65	299.9	8
06302106	杨昌晶	女	93	81	43	69	286.2	11
06302103	陆遥	女	46	73	79	71	268.6	16
06302124	王安蕾	女	72	69	90	35	265.8	17
06302123	吴海枫	女	49	83	57	70	258.9	19
06302108	渠敏	女	36	98	71	53	257.8	21
06302104	刘磊	男	75	75	95	99	344.1	1
06302112	胡孔亮	男	96	82	74	86	337.6	3
06302111	苗海顺	男	47	99	79	98	322.7	4
06302118	席剑锋	男	92	82	72	75	320.5	5
06302119	施贻泽	男	83	60	91	77	310.7	7
06302114	丁泽斌	男	94	61	94	47	296	9
06302116	黄先涛	男	72	66	62	87	287.4	10
06302117	李万成	男	82	92	71	41	285.9	12
06302115	王志坚	男	91	53	56	77	277.4	13
06302107	李海东	男	96	85	31	65	276.5	14
06302109	张同哲	男	35	82	84	74	275.4	15
06302121	李建辉	男	74	66	38	88	265.8	17
06302122	蔡九毪	男	46	83	75	54	257.9	20
06302102	胡智杰	男	60	86	66	42	254	22
06302110	刘跃超	男	缺考	91	35	67	192.9	23
06302120	周草新	男	34	53	缺考	96	182.9	24

图 4-49　"各门课程成绩分析图"最终效果图

学习目标

1. 图表的创建；
2. 图表类型的转换；
3. 图表数据源的调整；
4. 图表选项的设置；
5. 图表位置的更改；
6. 格式化图表；
7. 数据透视表的制作；
8. 工作表的打印。

操作步骤

1.“堆积柱形图”的制作

给实例 3 中的“学生成绩统计表.xls”做一个“堆积柱形图”的图表。

（1）对表中的女生的各门成绩做一个“堆积柱形图”。按住“Ctrl”键选择如图 4-50 所示的区域。

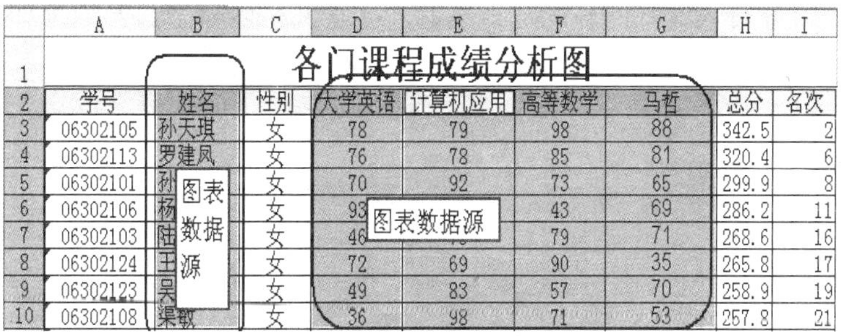

图 4-50　女生各门课程成绩数据源区域

（2）选择“插入”菜单中的“图表”命令，在弹出的对话框中选择“堆积柱形图”，如图 4-51 所示。

图 4-51　选择堆积柱形图

（3）单击“下一步”按钮，在弹出的对话框中保持默认设置，再单击“下一步”按钮，在图 4-52 中设置“图表标题”为“女生各门课程成绩分析图”、“分类（X）轴”为“姓名”、“数值（Y）轴”为“分数”；在“数据标志”选项卡中的“值”选项前打钩。单击“下一步”按钮，然后单击“完成”按钮。

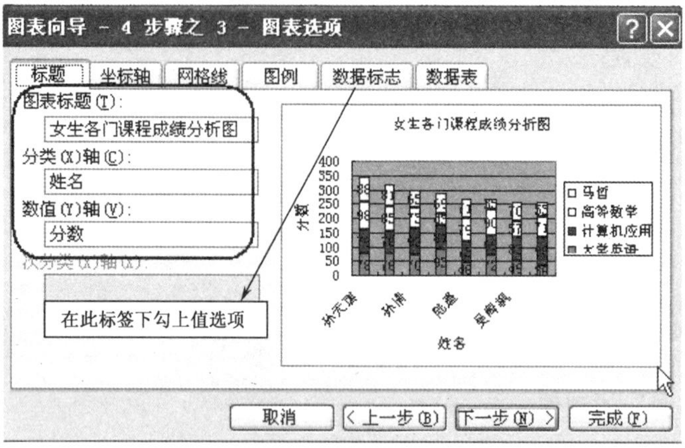

图 4-52　“标题”选项卡

（4）双击图表中的姓名，在弹出的对话框的“文字”选项卡中选择“文字方向”为“总是从左到右”。并将设置好的图表放在 A27:I44 单元格区域中，其效果如图 4-53 所示。

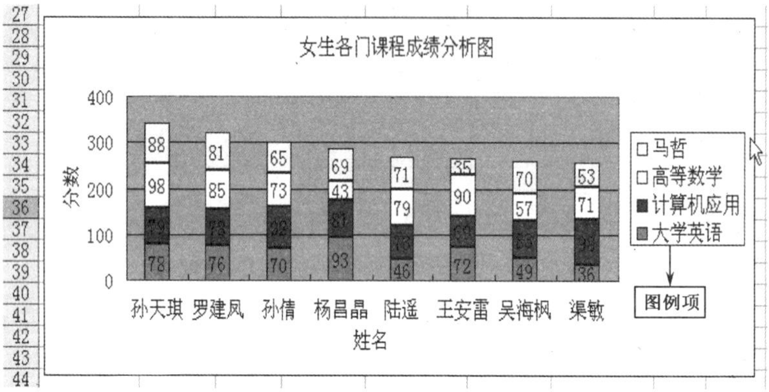

图 4-53　堆积柱形图设置效果

说明：

图表具有较好的视觉效果，可以直观地描绘出数据及数据系列间的联系、趋势及对比关系。

选中图表后右击，可对图表进行图表类型、源数据、图表选项、图表位置、图表区格式进行修改。

2．堆积柱形图的格式化

给图 4-53 堆积柱形图进行格式化的步骤如下。

（1）双击图 4-53 所示的图表，在弹出的对话框中选择“图案”为“阴影”；“区域”栏的“填充效果”为“图片”；“字体”颜色为“蓝色”。再单击“确定”按钮，设置如图 4-54 所示。

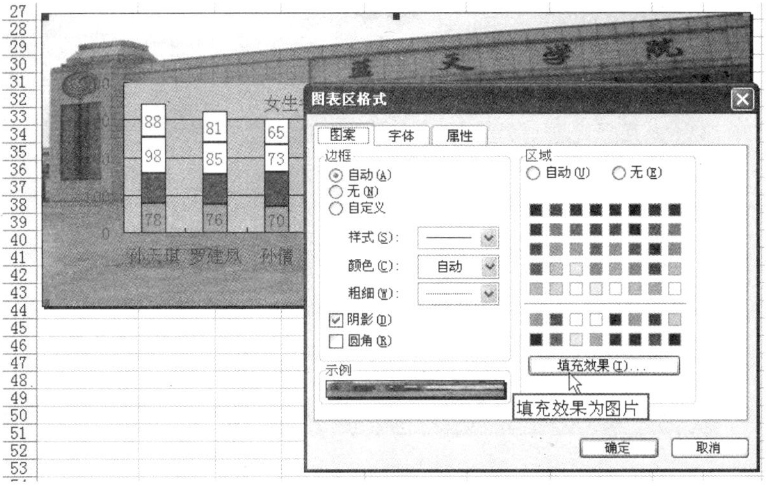

图 4-54　“图表区格式”对话框的“图案”选项卡

（2）格式化图表的效果如图 4-55 所示。

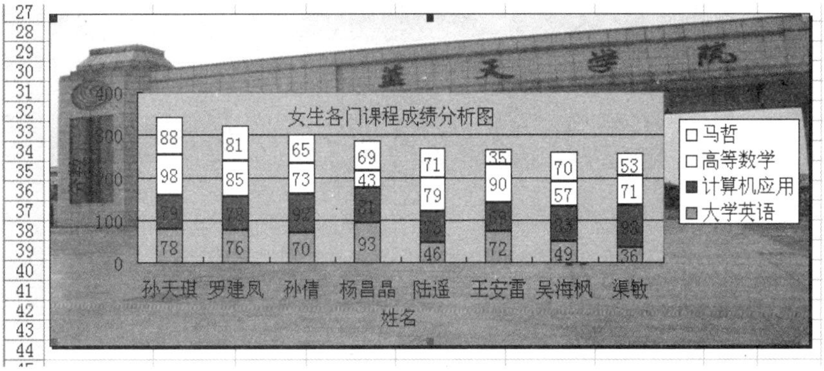

图 4-55　格式化图表的效果

3. 打印图表

单击要打印的图表，选择“打印”命令，即可将图表作为独立的文件打印，如图 4-56 所示。

4. 工作表的页面设置

（1）调整文件打印比例，即在不影响原文件内容大小的情况下更改文件打印出来的大小比例。选择“文件”菜单中的“页面设置”命令，在打开的“页面设置”对话框中打开“页面”选项卡。可在如图 4-57 所示的界面中设置打印的方向、纸张大小等。

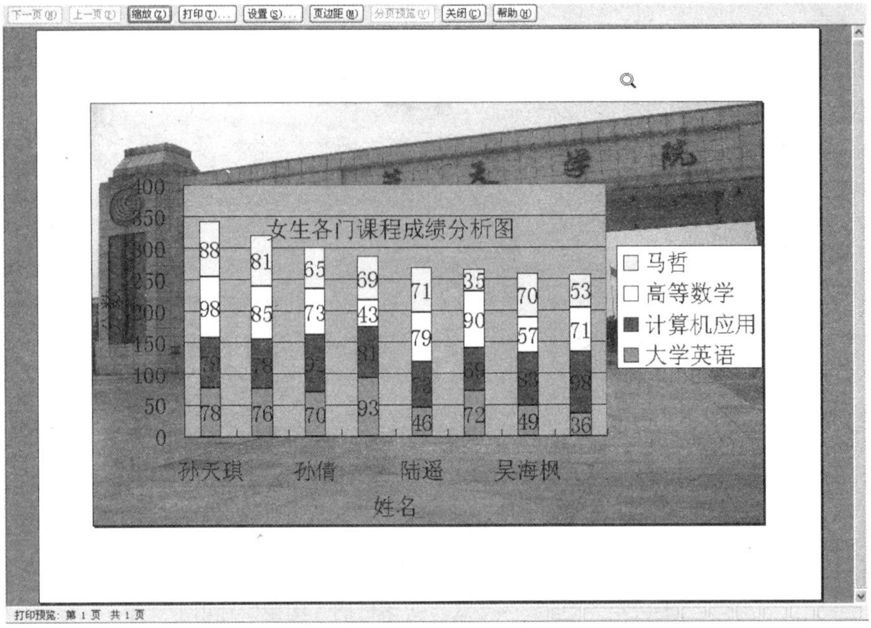

图 4-56　图表的打印预览图

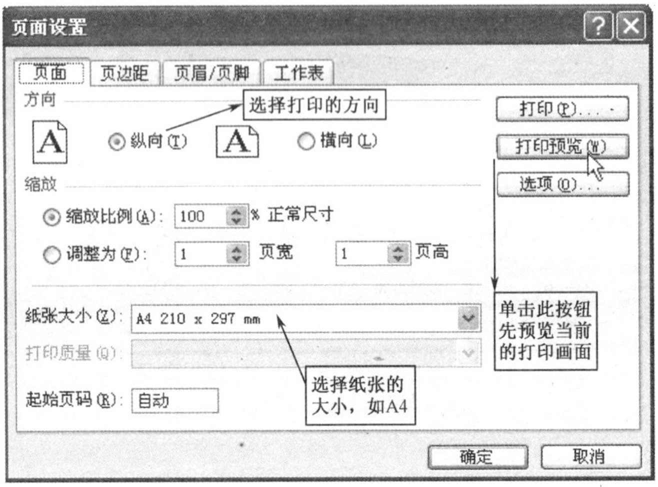

图 4-57　“页面设置”对话框的“页面”选项卡

（2）选择“文件”菜单中的“页面设置”命令，在打开的“页面设置”对话框中打开“页边距”选项卡，按默认值设置上、下、左、右边距，其设置如图 4-58 所示。

（3）选择“文件”菜单中的“页面设置”命令，在打开的对话框中打开“页眉/页脚”选项卡，按图 4-59 设置“自定义页眉”的内容；在“页脚”下拉列表框中选择“第 1 页，共？页”。

（4）选择“文件”菜单中的“页面设置”命令，在弹出的对话框中打开“工作表”选项卡，可设置工作表打印范围与打印标题，其设置如图 4-60 所示。

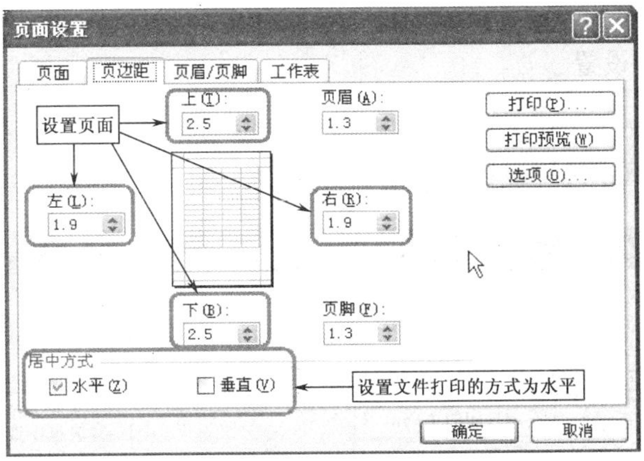

图 4-58　“页面设置”对话框的“页边距”选项卡

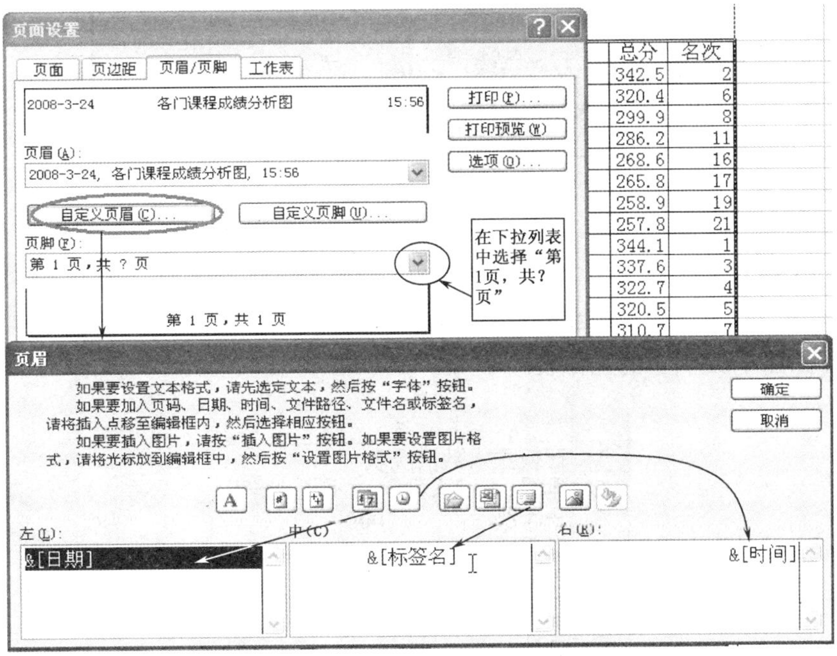

图 4-59　“页眉/页脚”选项卡

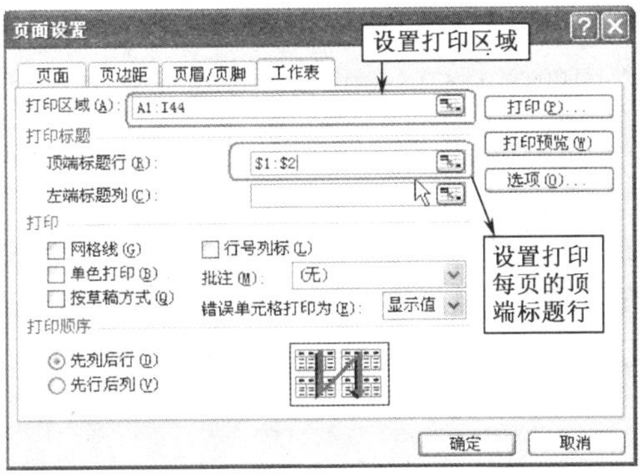

图 4-60　“工作表”选项卡

5. 工作表的打印设置

要将编辑好的 Excel 工作表内容打印出来，可以选择“文件”菜单中的“打印”命令，在“打印内容”对话框中进行设置，如图 4-61 所示。

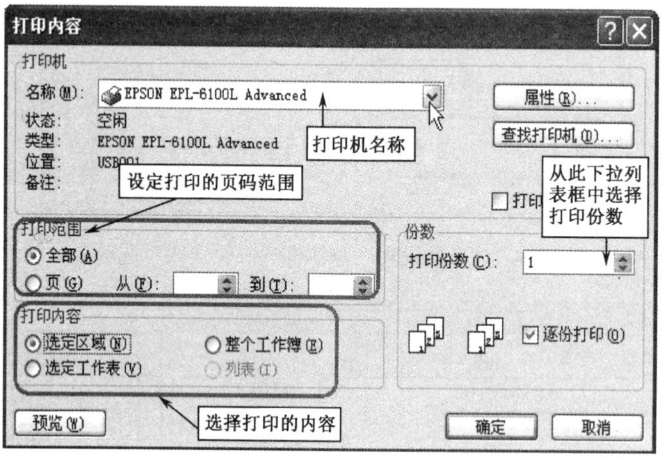

图 4-61　设置打印内容

学习测评

1．制作如图 4-62 所示的工作表。

	A	B	C
1	在校生人数情况表		
2	年级	人数	所占比例
3	一年级	7000	
4	二年级	6000	
5	三年级	4800	
6	四年级	5600	
7	合计		

图 4-62　人数统计表

要求：

（1）将“人数统计表”中的 A1: C1 合并为一个单元格，内容居中；计算“人数”列的“合计”项与“所占比例”列（所占比例=人数/合计），将工作表命名为“在校生人数情况表”。

（2）选取“在校生人数情况表”的“年级”列（不含“合计”列）和“所占比例”列，建立“分离型三维饼图”（系列产生在“列”），标题为“在校生人数分年级比例图”，插入到工作表的 A8:F19 单元格区域内，最终效果如图 4-63 所示。

	A	B	C	D	E	F
1	在校生人数情况表					
2	年级	人数	所占比例			
3	一年级	7000	0.299145			
4	二年级	6000	0.25641			
5	三年级	4800	0.205128			
6	四年级	5600	0.239316			
7	合计	23400				

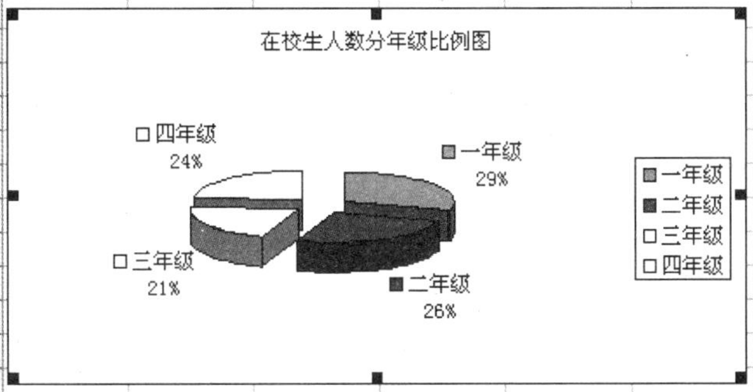

图 4-63　分离型三维饼图效果

（3）将制作好的工作表用 A4 纸打印；上、下、左、右边距均为 2。

2．根据图 4-64 所示的数据制作如图 4-65 所示的数据透视表。

	A	B	C	D	E	F	G	H	I	J
1	饮料销售情况记录表									
2	序号	日期	商品名称	单位	进价	售价	数量	销售额	毛收入	毛利率
3	1	2008-1-22	光明纯牛奶	瓶	1.36	1.70	6	10.20	2.04	0.20
4	2	2008-1-22	非常可乐	听	1.60	2.00	5	10.00	2.00	0.20
5	3	2008-1-22	百事可乐	听	1.60	2.00	4	8.00	1.60	0.20
6	4	2008-1-22	乐百氏纯净水	瓶	1.00	1.30	10	13.00	3.00	0.23
7	5	2008-1-22	益力纯净水	瓶	1.10	1.40	3	4.20	0.90	0.21
8	6	2008-1-22	怡宝纯净水	瓶	0.90	1.20	2	2.40	0.60	0.25
9	7	2008-1-22	伊利奶茶	瓶	1.60	2.00	5	10.00	2.00	0.20
10	8	2008-1-22	伊利纯牛奶	瓶	1.50	1.90	6	11.40	2.40	0.21
11	9	2008-1-22	伊利酸奶	瓶	1.60	2.10	5	10.50	2.50	0.24
12	10	2008-1-22	蒙牛酸奶	瓶	1.70	2.20	3	6.60	1.50	0.23
13	11	2008-1-22	脉动	瓶	2.00	2.60	5	13.00	3.00	0.23
14	12	2008-1-22	乐百氏果奶	瓶	1.30	1.70	1	1.70	0.40	0.24
15	13	2008-1-22	光明酸奶	瓶	1.50	1.90	4	7.60	1.60	0.21
16	14	2008-1-22	红茶	瓶	1.60	2.10	3	6.30	1.50	0.24
17	15	2008-1-22	可口可乐	听	1.60	2.00	3	6.00	1.20	0.20
18	16	2008-1-22	健力宝	听	1.70	2.20	5	11.00	2.50	0.23
19	17	2008-1-22	红牛	听	3.00	4.20	4	16.80	4.80	0.29
20	18	2008-1-22	王老吉	瓶	1.70	2.20	1	2.20	0.50	0.23
21	19	2008-1-22	苹果汁	合	4.10	5.20	4	20.80	4.40	0.21
22	20	2008-1-22	农夫山泉	瓶	1.00	1.50	4	6.00	2.00	0.33
23	24	2008-1-22	爽歪歪	瓶	1.80	3.00	6	18.00	7.20	0.40

图 4-64　“饮料销售情况记录表”的原始数据

	A	B	C	D	E	F	G	H	I	J	K
1	日期	2008-1-22									
2											
3			售价	进价							
4			1.40	1.40 汇总	1.70	1.70 汇总	2.00	2.00 汇总	2.20	2.20 汇总	总计
5	商品名称	数据	1.10		1.36		1.60		1.70		
6	光明纯牛奶	求和项:销售额			10.2	10.2					10.2
7		求和项:毛收入			2.04	2.04					2.04
8	可口可乐	求和项:销售额					6	6			6
9		求和项:毛收入					1.2	1.2			1.2
10	王老吉	求和项:销售额							2.2	2.2	2.2
11		求和项:毛收入							0.5	0.5	0.5
12	益力纯净水	求和项:销售额	4.2	4.2							4.2
13		求和项:毛收入	0.9	0.9							0.9
14	求和项:销售额汇总		4.2	4.2	10.	10.2	6	6	2.2	2.2	22.6
15	求和项:毛收入汇总		0.9	0.9	2.04	2.04	1.2	1.2	0.5	0.5	4.64

图 4-65　“饮料销售情况记录表”的数据透视表效果

说明：

数据透视表能帮助用户分析、组织数据。利用它可以很快地从不同角度对数据进行分类汇总。

首先应该明确的是：不是所有工作表都有建立数据透视表（图）的必要。

记录数量众多、以流水账形式记录、结构复杂的工作表，为了将其中的一些内在规律显现出来，可将工作表重新组合并添加算法，即建立数据透视表（图）。

例如，有一张工作表，是一个大公司员工（姓名、性别、出生年月、所在部门、工作时间、政治面貌、学历、技术职称、任职时间、毕业院校、毕业时间等）的信息一览表，不但字段（列）多，且记录（行）数众多。为此，需要建立数据透视表，以便将一些内在规律显现出来。

本例就是针对一个商品名称、销售额、毛收入等字段多的工作表，用数据透视表更直观地将相关数据显现出来。

将透视表制作成透视图表的方法是：单击“数据透视表”工具栏上的“图表向导”图标即可生成一张图表。

技巧：

将光标移入需建立数据透视表的工作表中，然后选择“数据”→“数据透视表和数据透视图”命令，弹出“数据透视表和数据透视图向导－3 步骤 1”对话框，单击“下一步”按钮（选用默认选项“Microsoft Excel 数据列表或数据库”和“数据透视表”）→在“选定区域”框中，已经自动选定工作表的（整个）数据区域，单击“下一步”按钮→在“数据透视表和数据透视图向导－3 步骤 3”对话框中，选用默认选项：“新建工作表”，在当前工作表的左侧创建一个新工作表。这样做，可以保证原始数据的安全及可利用性。单击“完成”按钮后，一张新工作表——数据透视表如图 4-66 所示。

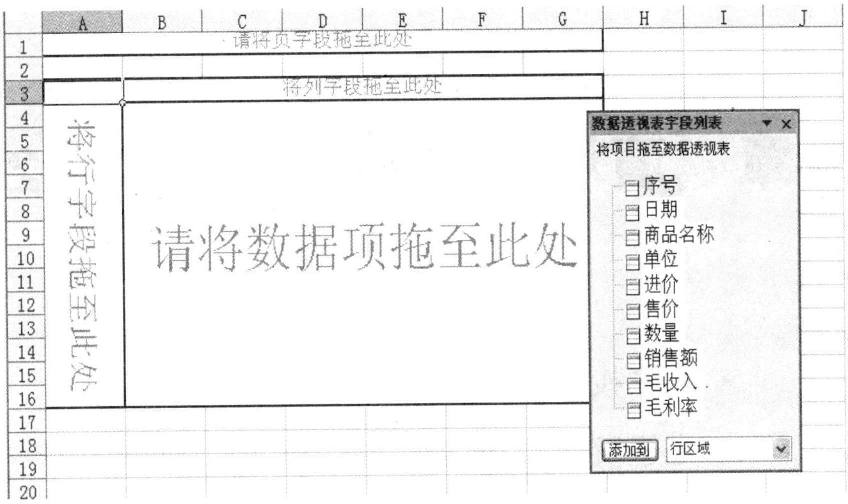

图 4-66　“数据透视表字段列表”设置图

第 5 章　演示文稿 PowerPoint 2003

- “学校简介”演示文稿的制作
- 电子贺卡的制作

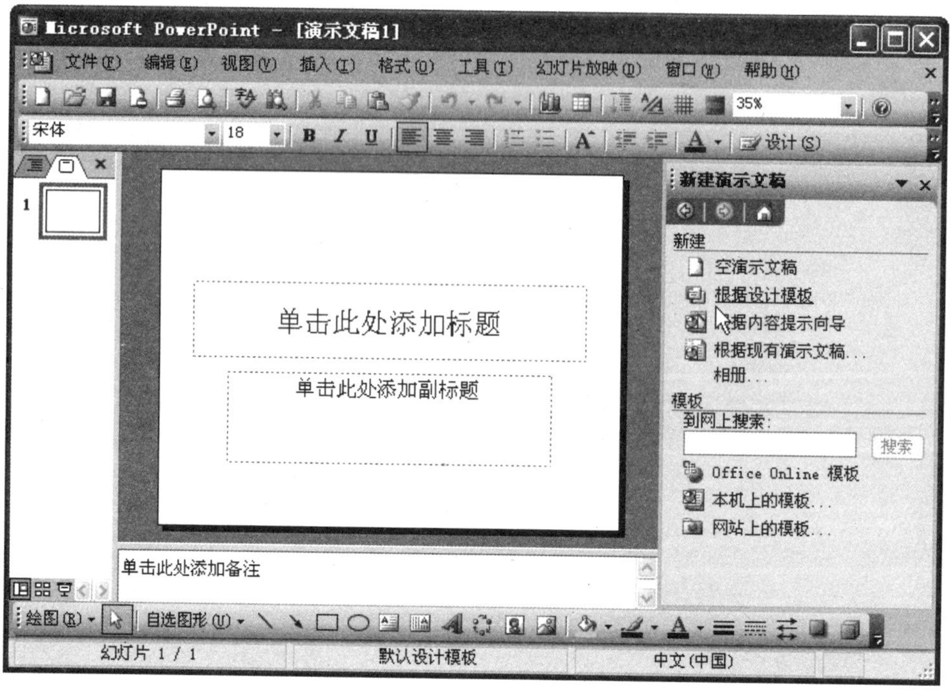

实例 1

“学校简介”演示文稿的制作

学习任务

图 5-1 所示即为用 PowerPoint 2003 制作的“学校简介”的演示文稿。本节将通过该演示文稿的制作来介绍 PowerPoint 2003 的基本功能。

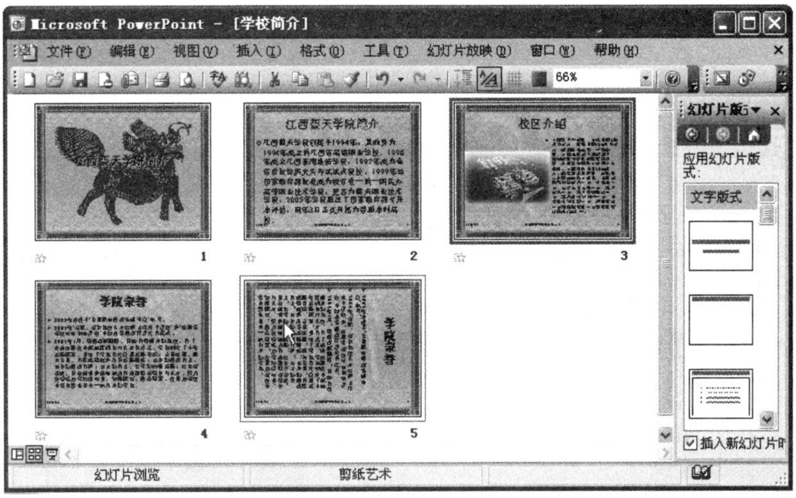

图 5-1　“学校简介”演示文稿

学习目标

1. 掌握创建演示文稿的基本过程；
2. 了解 PowerPoint 2003 窗口界面的基本组成及几种视图方式；
3. 掌握在幻灯片中编辑文本和图片的方法；
4. 掌握幻灯片的动画效果设置技巧；
5. 掌握设置幻灯片应用设计模板和背景的方法；
6. 掌握幻灯片切换效果。

操作步骤

1. 创建演示文稿

创建演示文稿的具体操作步骤如下。

选择“开始”菜单的“程序”→“Microsoft Office”→“Microsoft Office PowerPoint 2003”命令，即可启动 PowerPoint 2003。

（1）进入 PowerPoint 2003 界面，打开如图 5-2 所示的窗口。

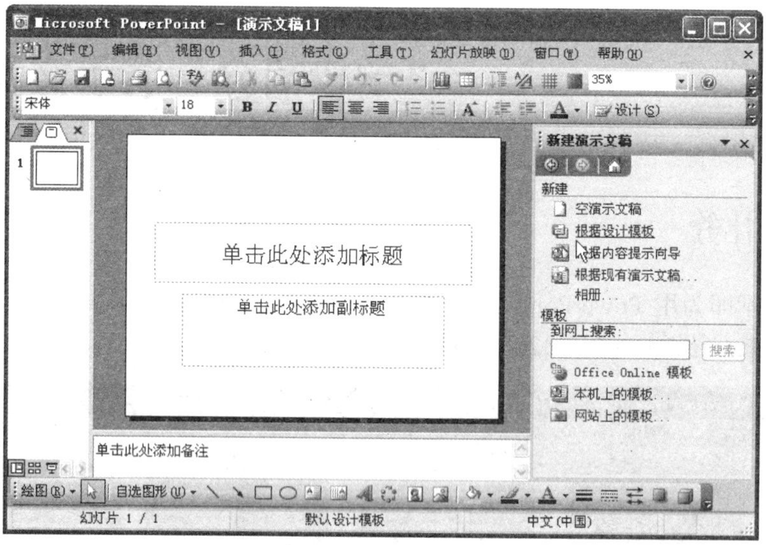

图 5-2　“新建演示文稿”窗口

（2）单击“空演示文稿”，选择右边任务窗格中的“应用幻灯片版式”栏中的“文字版式”为“标题幻灯片”版式，即创建了第一张幻灯片，如图 5-3 所示。

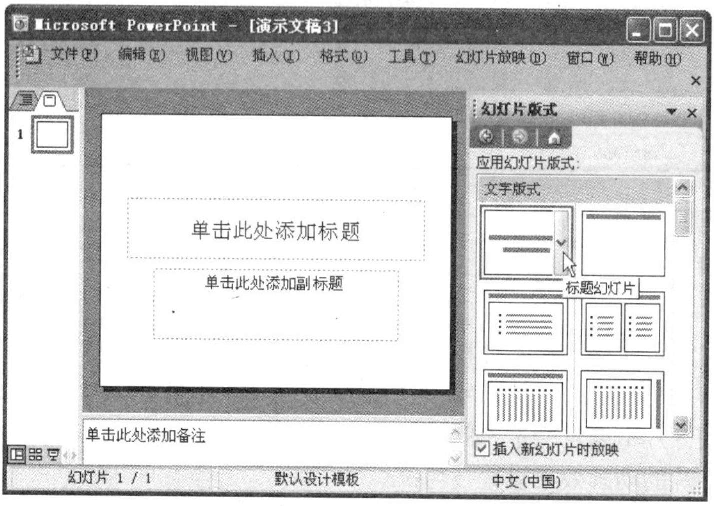

图 5-3　新幻灯片窗口

（3）选择“文件”→“另存为”命令，弹出如图 5-4 所示的对话框。在对话框左侧的列表框中单击“我的文档”图标，然后在“文件名”文本框中输入“学校简介”，单击“保存”按钮即可。

说明：

在“另存为”对话框中的“保存类型”下拉列表框中可以选择更多的文件格式。

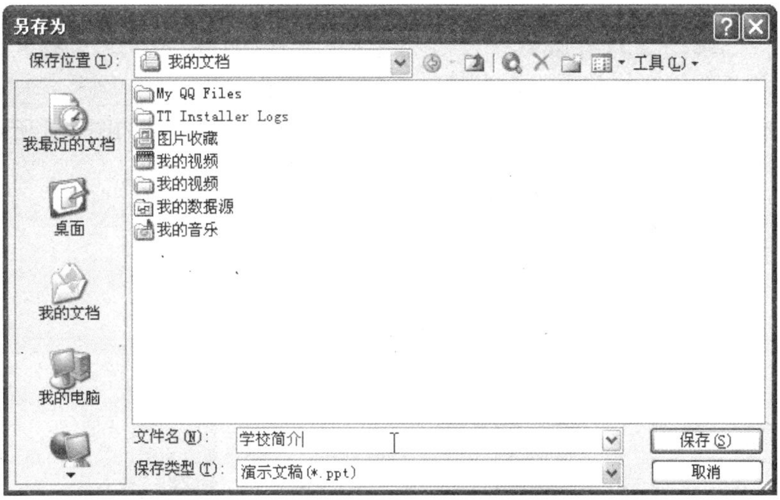

图 5-4　“另存为”对话框

2. 应用幻灯片视图创建标题幻灯片

PowerPoint 2003 共提供了 5 种视图模式：普通视图、大纲视图、幻灯片视图、幻灯片浏览视图、幻灯片放映视图。当用户新建第一张幻灯片时，默认视图模式是普通视图。

在幻灯片视图中输入文本可以清楚地看到文本在幻灯片中的位置，便于调整，使整个幻灯片看起来很清晰。在幻灯片视图中还可以观察文本中文字的字体、字号、字型、字的颜色和字的效果是否满足幻灯片的需要。下面我们在幻灯片视图下创建第一张幻灯片，操作步骤如下。

（1）单击窗口左下角的“视图模式”按钮中的“幻灯片视图”按钮，切换到幻灯片视图，如图 5-5 所示。在该标题幻灯片中，包含两个文本占位符。

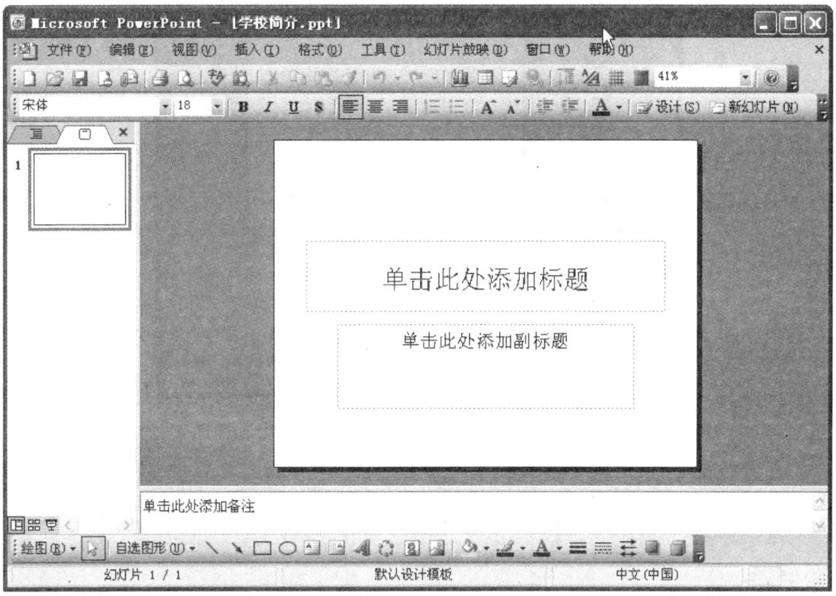

图 5-5　幻灯片视图模式

说明：

占位符是一种带有虚线或阴影线边缘的框，绝大部分幻灯片版式中都有占位符。在占位符内可以放置标题、正文及图表、表格和图片等对象。

（2）单击位于上部的占位符，可以看到光标在占位符内闪烁，如图 5-6 所示。

图 5-6　单击占位符

（3）输入标题“江西蓝天学院简介”，如图 5-7 所示。

图 5-7　输入标题

说明：

如果文本大小超出了占位符的大小，PowerPoint 2003 会逐渐减小输入的字号和行间距以使文本大小合适。

3. 创建其他幻灯片

版式指的是幻灯片内容在幻灯片上的排列方式。每次添加新幻灯片时，都可以在“幻灯片版式”对话框中为其选择一种版式。

在完成标题幻灯片之后，就可以添加其他幻灯片了，添加新幻灯片的具体操作步骤如下。

（1）选择“插入”→“新幻灯片”命令，弹出如图 5-3 所示的任务窗格。

（2）选择“文字版式”，单击“标题和文本”版式，创建第二张幻灯片，如图 5-8 所示。

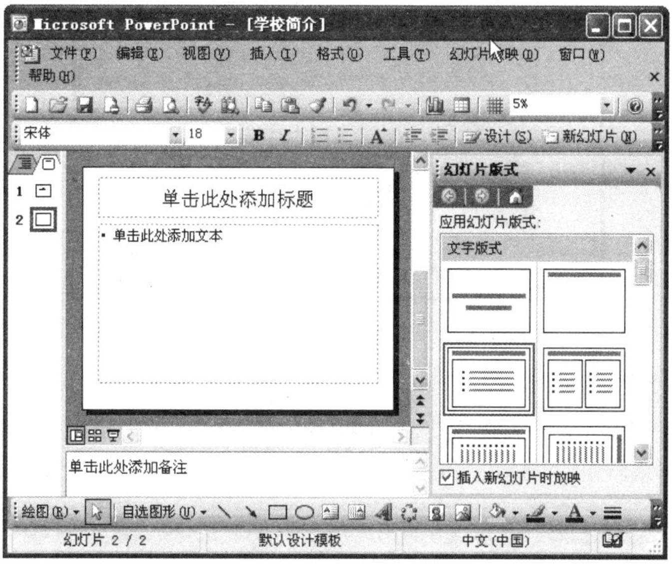

图 5-8　插入“标题和文本”幻灯片

（3）添加此幻灯片的内容，如图 5-9 所示。

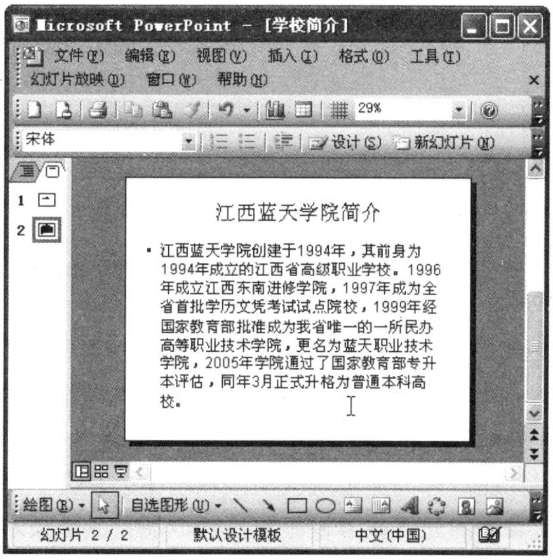

图 5-9　添加幻灯片内容

（4）第三张幻灯片的版式不同于前面几张幻灯片，在重复步骤（1）后选择“文字和内容版式”→“标题、内容与文本”版式，如图 5-10 所示。

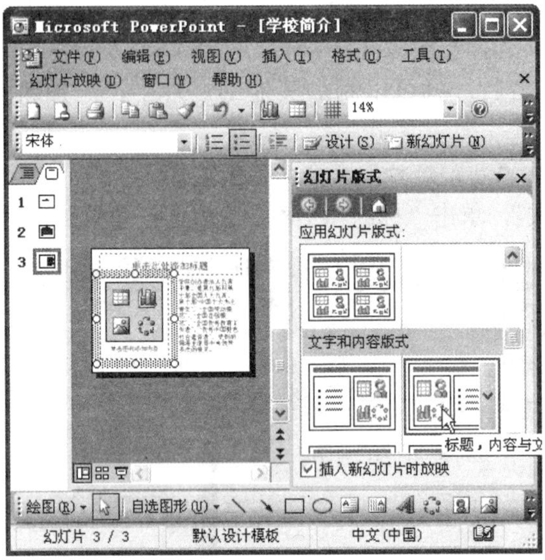

图 5-10　“标题、内容与文本”版式

在上方的占位符中输入标题内容“校区介绍”，在左边“单击图标添加内容”占位符中单击图标，如图 5-11 所示，弹出“插入图片”对话框，找到相应的图片，单击“插入”按钮，如图 5-12 所示。

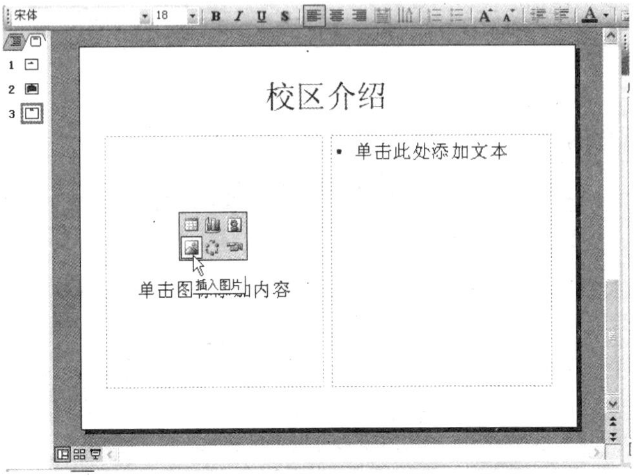

图 5-11　“插入图片”版式

在右边“单击此处添加文本”占位符中输入以下文本“学院有两个校区，占地面积 180 万平方米，建筑面积 120 万平方米，校园环境优美，布局合理。学院已建成千兆位校园网，瑶湖校区与京东校区实现互连，并覆盖全院教学楼和学生公寓。学院有教职工 3400 余人。拥有培养应用型、技能型人才的先进教学设施，已建成现代制造技术中心、计算机中心、电子电工电信中心、汽车技术中心、汽车驾驶培训中心、艺术设计与制作中心、服装设计与工程中心、护理实训中心和基础实验中心等实验实训基地 120 多个。”

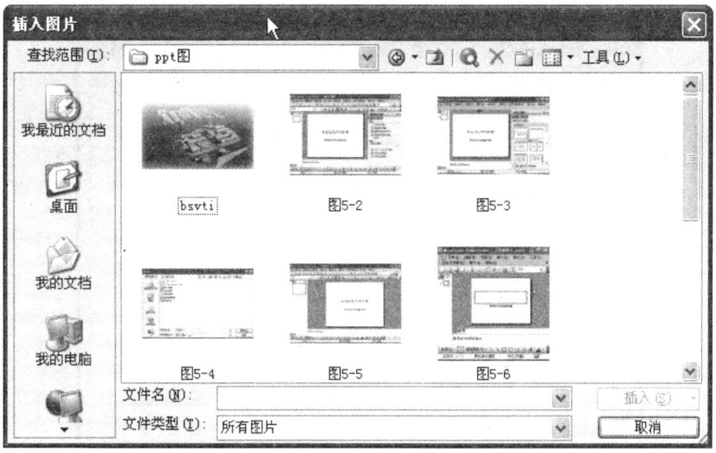

图 5-12　插入图片

（5）调整标题文字和图片的位置，使图片完全显示在幻灯片上，第三张幻灯片内容如图 5-13 所示。

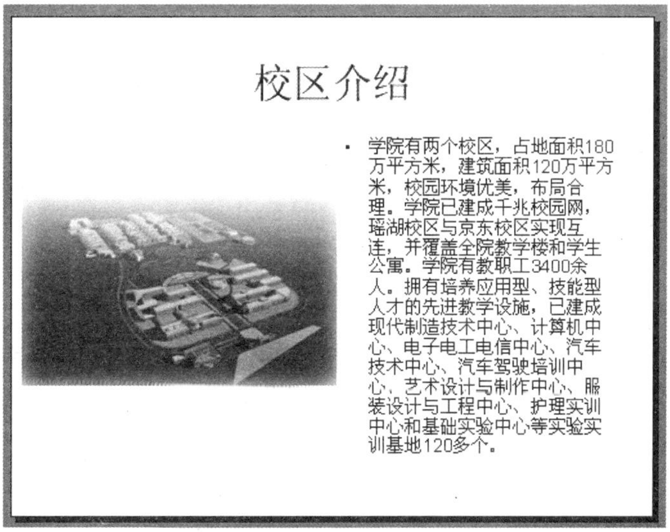

图 5-13　第三张幻灯片内容

说明：

单击文本或图片，将显示占位符。单击占位符边框，即选中占位符，按“Delete”键可以删除包括占位符在内的所有内容。将鼠标指针移至占位符四周的小方格上，鼠标指针变成上下、左右方向的箭头，按住鼠标拖动可调整占位符的大小。

（6）重复步骤（1）～（3），完成第四张幻灯片的文本输入。为第四张幻灯片文本框中的内容添加项目符号。选中文本框中的所有内容，选择“格式”→“项目符号和编号”命令，打开“项目符号和编号”对话框，如图 5-14 所示。选中其中的某一样式，单击“确定”按钮。

第四张幻灯片内容如图 5-15 所示。

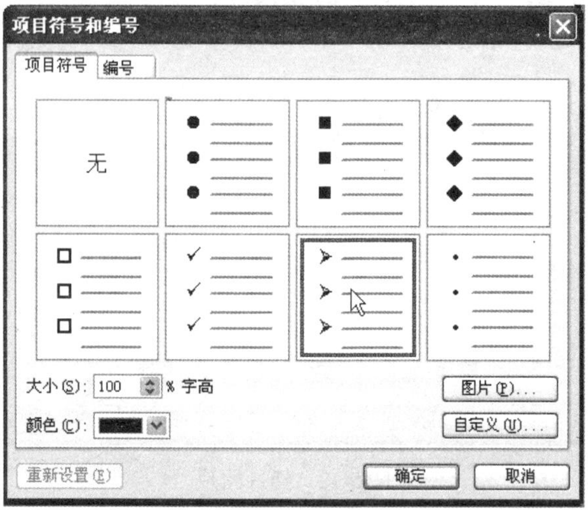

图 5-14　“项目符号和编号”对话框

说明：

项目符号和编号出现在小标题（占一个段落）的开头位置，用于突出项目小标题。如果幻灯片上只包含一个段落、只表达一个论点，则并不需要添加项目符号和编号。

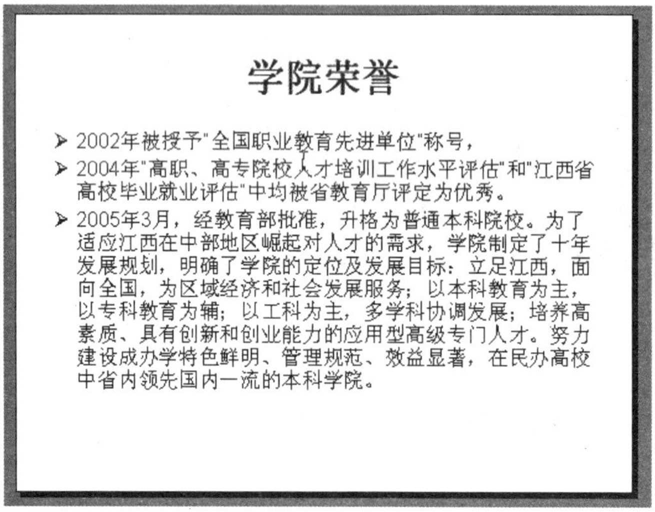

图 5-15　第四张幻灯片内容

通过“格式”菜单中的“幻灯片版式”命令可以容易地更改幻灯片的版式，以更改第四张幻灯片版式为例，操作步骤如下。

（1）单击左边大纲窗口中第四张幻灯片的图标。

（2）此幻灯片的版式是“标题和文本”版式。单击“格式”菜单按钮，选择“幻灯片版式”命令，选择“标题和竖排文字”版式，更改其版式，如图 5-16 所示。

说明：

如果希望恢复到原始版式，可以重新应用原始版式。

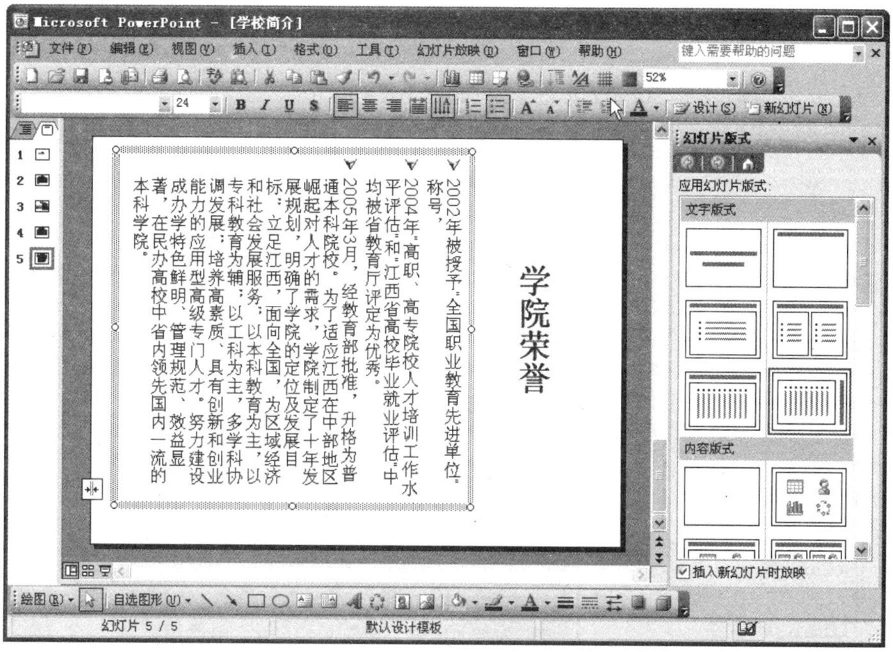

图 5-16　更改幻灯片版式

4. 文本格式设置

文本的格式设置包括字体、字号、字型、对齐方式、文字颜色等，具体方法与 Word 中的方法类似。注意：一定要先选中文本，这样才能设置其格式。图 5-17 所示的是完成文本格式设置后的演示文稿。

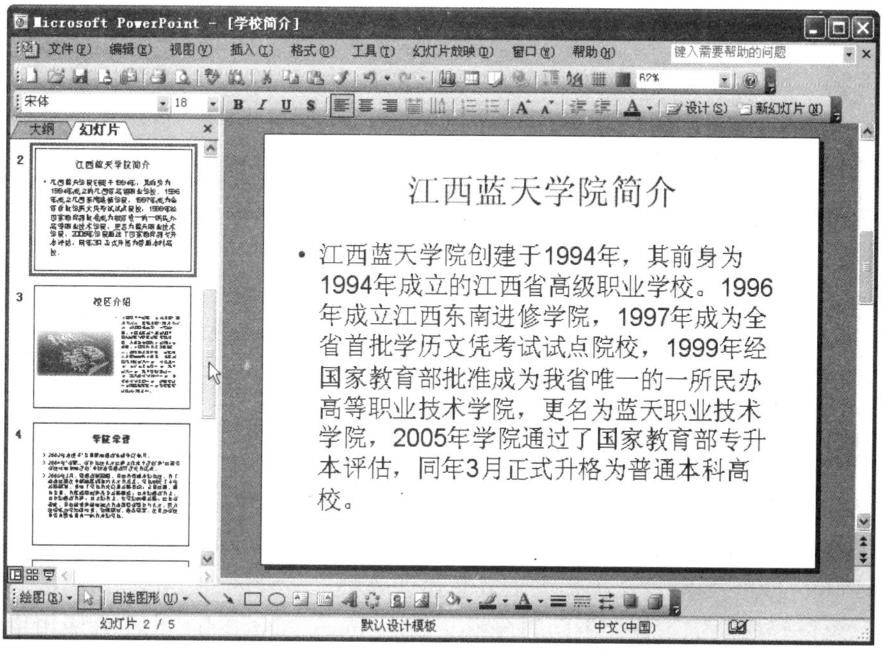

图 5-17　完成文本格式设置后的演示文稿

5. 段落格式设置

（1）选定要设置段落格式的文本区域，如图 5-18 所示。

（2）选择“格式”→“行距”命令，弹出“行距”对话框，如图 5-18 所示。

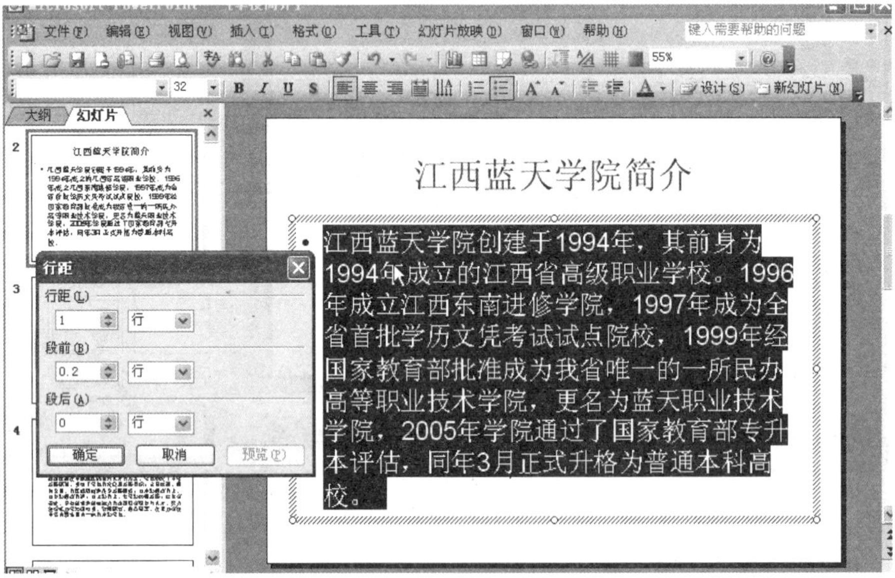

图 5-18　选定要设置段落格式的文本区域及“行距”对话框

（3）具体设置值如图 5-18 所示，完成后单击“确定”按钮返回。

（4）重复上面的步骤，完成整个演示文稿的段落格式设置。

6. 页眉与页脚的应用

（1）选择“视图”→“页眉和页脚”命令，弹出“页眉和页脚”对话框，如图 5-19 所示。

（2）选中“自动更新”单选按钮，选中“幻灯片编号”复选框，选中“页脚”复选框，并在其下的文本框中输入相关内容，选中“标题幻灯片中不显示”复选框，单击“全部应用”按钮完成幻灯片页眉页脚设置，如图 5-19 所示。

说明：

在“页眉和页脚”对话框的“幻灯片”选项卡中完成参数设置后，如果单击“应用”按钮，则只会将设置参数应用到当前幻灯片中，而不是整个演示文稿中。

7. 应用设计模板

设计模板是包含演示文稿样式的文件（扩展名为.pot），包括项目符号、字体的类型和大小、占位符大小和位置、背景设计和填充、配色方案及幻灯片母版和可选的标题母版。

PowerPoint 2003 为演示文稿提供了多套设计完整、专业的外观的设计模板。通过这些设计模板，可以轻松地定制各类不同的演示文稿，PowerPoint 2003 也允许应用用户自制的设计模板。

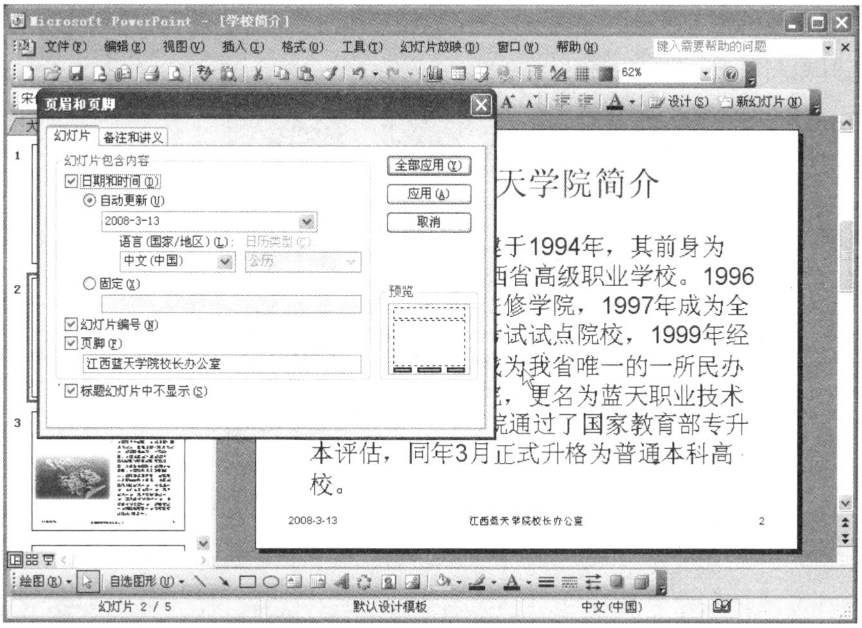

图 5-19　“页眉和页脚”对话框

对现有演示文稿应用设计模板的操作步骤如下。

（1）选择“格式”→“幻灯片设计”命令，打开“应用设计模板”界面，如图 5-20 所示。

图 5-20　“应用设计模板”界面

（2）在界面右侧列出了各种 PowerPoint 2003 提供的应用模板文件，如果使用软件提供的设计模板，则只要选中其中的一种，右框中显示的是预览效果，单击显示预览效果按钮，就会弹出快捷菜单，如图 5-21 所示，选择一种应用幻灯片方式即可。

图 5-21 “应用幻灯片”任务窗格

提示:

如用户觉得 PowerPoint 2003 的设计模板不能适用于用户的需求，可以使用自制设计模板，具体步骤如下:

(1) 首先使用 Photoshop 等图形图像处理软件进行设计;

(2) 创建演示文稿，新建一张“空白”版式的幻灯片;

(3) 将该幻灯片的背景应用成自制的背景图片;

(4) 保存该文件，将文件的类型保存为“演示文稿设计模板 (*.pot)”即可。

8. 动画方案设置

动画方案是为了给幻灯片中的文本添加预设视觉效果。PowerPoint 2003 可以为幻灯片上的文本、形状、声音、图像和其他对象设置动画效果，这样就可以突出文稿的重点，有效控制信息的流程并提高演示文稿的趣味性。

（1）添加动画方案。

① 选择“幻灯片放映”→“动画方案”命令。

② 在“动画方案”任务窗格中，单击应用于所选幻灯片列表中所选项目上的箭头，再单击某一种方案，如“渐变式缩放”，如图 5-22 所示。

说明:

选择动画方案时，只对所选的幻灯片应用方案，如果要对所有的幻灯片设置同样的动画方案，请单击“应用于所有幻灯片”按钮。

（2）自定义动画。自定义动画在预设动画的基础上为用户留出了更多的自行设定空间。如对象的顺序和时间安排、动画效果设置及多媒体对象设置等。用户自定义动画的具体操作步骤如下。

① 选择“幻灯片放映”→“自定义动画”命令，“自定义动画”任务窗格如图 5-23 所示。

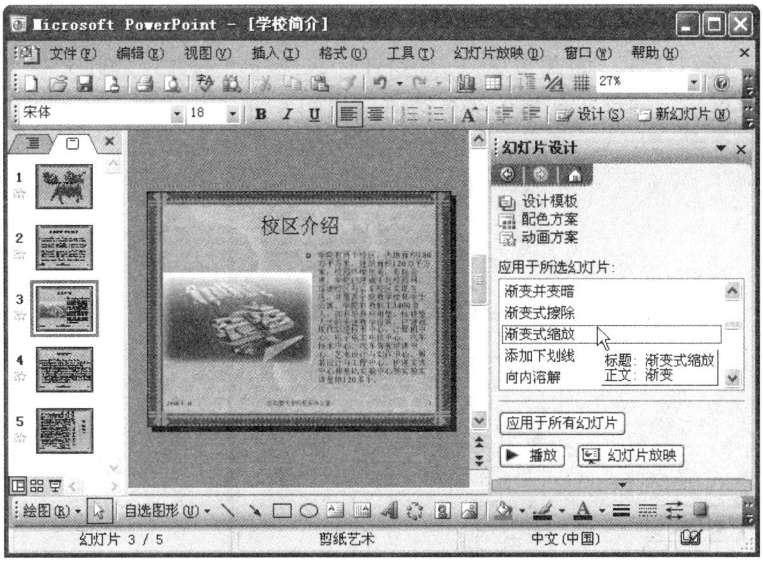

图 5-22　动画方案设置

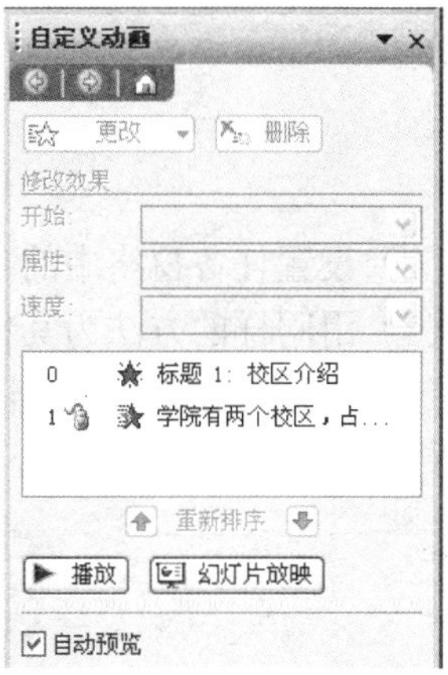

图 5-23　“自定义动画”任务窗格

② 选中页面标题“校区介绍”后即可激活“添加效果”按钮，可设置动画开始播放条件、播放速度、效果选项等，如图 5-24 所示。也可选择其他效果，如图 5-25 所示。

③ 用同样的方法可以为幻灯片中的其他对象设置动画效果。

9. 幻灯片切换效果设置

所谓幻灯片切换效果，就是在放映幻灯片时，从当前幻灯片切换到下一张幻灯片之间的过渡效果。幻灯片在放映中可以有多种切换效果，这样可以大大增强幻灯片放映的动感，使幻灯片的切换不单调。

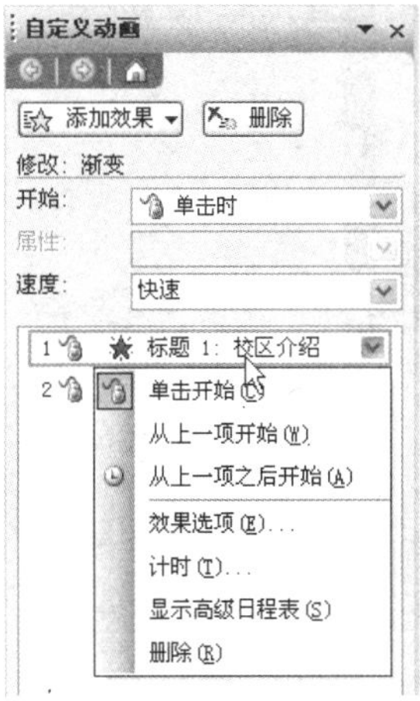

图 5-24　选择动画效果

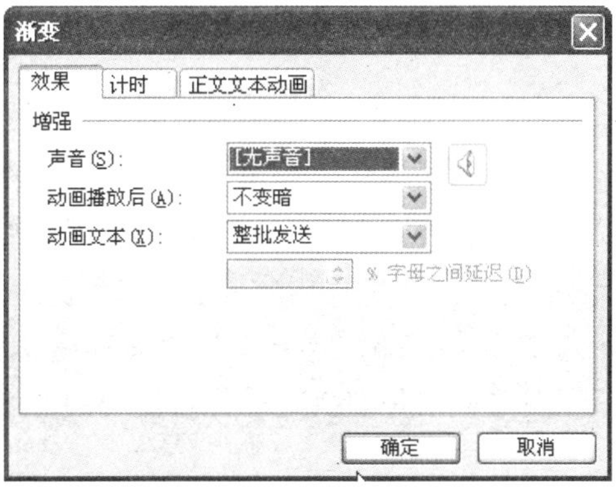

图 5-25　选择其他效果

设置幻灯片切换效果的操作步骤如下。

（1）选定一张幻灯片，如选定第 1 张幻灯片，选择“幻灯片放映”→“幻灯片切换”命令，在窗口中显示“幻灯片切换”任务窗格，如图 5-26 所示。

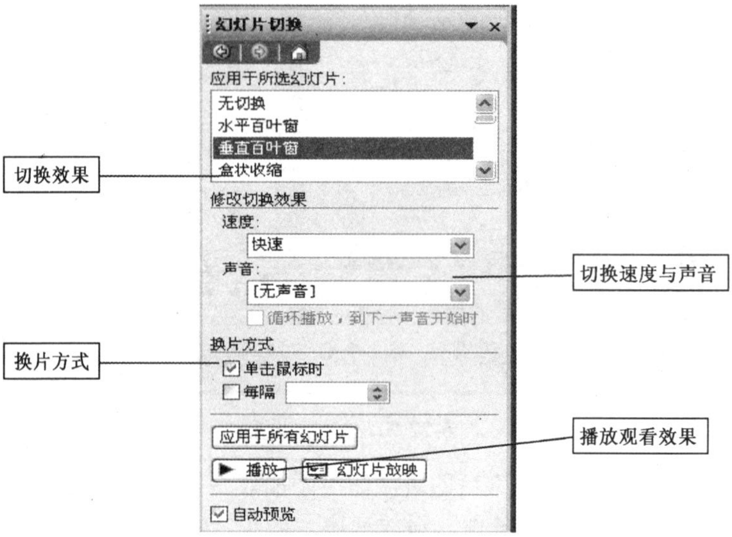

图 5-26 “幻灯片切换”任务窗格

（2）设置任务窗格中的各选项，如速度、声音、换片方式等。

（3）用同样的方法为其他幻灯片加上切换效果。

（4）通过单击（从当前幻灯片开始幻灯片放映）按钮，或者选择“幻灯片放映”→“观看放映”命令，或者按下“F5”键放映。如图 5-27 所示的操作可切换到指定幻灯片。

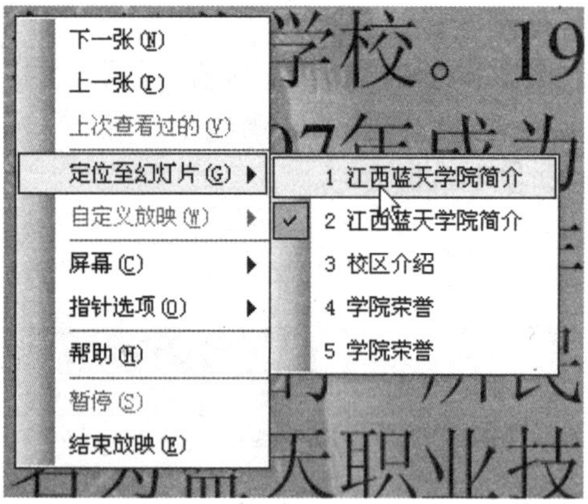

图 5-27 切换到指定幻灯片

说明：

如果希望所有的幻灯片都设置成同样的切换效果，则单击窗格中的“应用于所有幻灯片”按钮。观看幻灯片切换效果需切换到“幻灯片放映”视图模式。

学习测评

1．新建一张幻灯片，其版式为“标题幻灯片”，输入标题内容为“南昌旅游景点”，正文为“南昌近几年，在各方面都发生了巨大的变化。其他不说，单说市政府在建设花园城市这一块，就为老百姓做了很多实事，建设了相思林、天香园、鸟语林等许多新景点。”设置标题文本字体为楷体、加粗、60 磅、蓝色。正文字体为黑体、30 磅、红色。

2．在一张幻灯片前插入一张“文本与剪贴画”版式的幻灯片，在标题区输入“我的幻灯片”，并任意插入一张剪贴画。

3．应用设计模板为全部幻灯片背景设置某一种效果。

4．将第二张幻灯片背景的填充效果设置为：双色、横向。

5．在幻灯片中插入时间：2003 年 5 月，页脚：bsvti，及幻灯片编号。

6．将演示文稿以名称“南昌风景”保存到“我的文档”中。

实例 2

电子贺卡的制作

学习任务

在本实例中将通过一个电子贺卡的制作过程进一步说明演示文稿的使用方法与一些小技巧。包括演示文稿中艺术字、自绘图形等的应用，如图 5-28 显示的是该电子新年贺卡的静态效果。

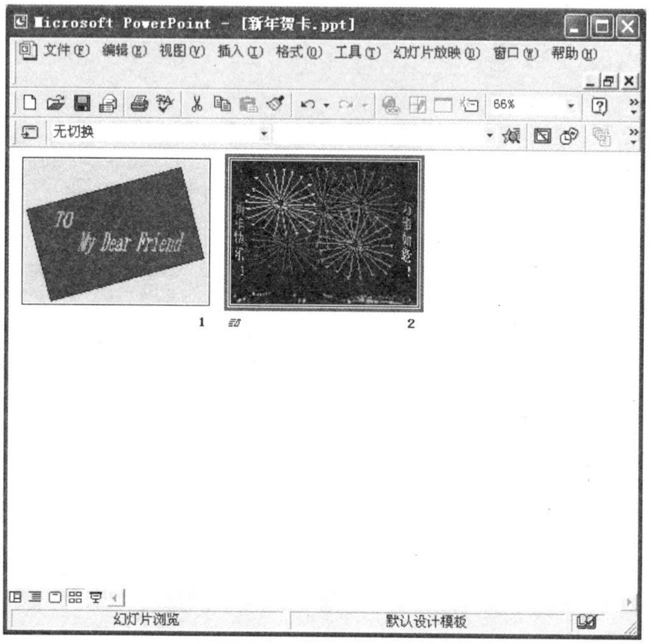

图 5-28　电子新年贺卡的静态效果

学习目标

1. 掌握演示文稿中艺术字的制作；
2. 掌握演示文稿中自绘图形的制作。

操作步骤

1. 制作贺卡信封

具体步骤如下。

（1）选择“开始”菜单中的“程序”→“Microsoft Office”→“Microsoft Office PowerPoint 2003”命令，即可启动 PowerPoint 2003，弹出如图 5-2 所示的窗口。

（2）单击“空演示文稿”，如图 5-3 所示。选择右边任务窗格中的“应用幻灯片版式”→“文字版式”→“标题幻灯片”版式，即创建了第一张幻灯片。

（3）选择“文件”→“保存”命令，弹出如图 5-4 所示的保存对话框。

（4）在对话框左侧的“选择保存”列表框中单击“我的文档”图标，然后在“文件名”文本框中输入“电子贺卡”四个字，单击“保存”按钮即可。

（5）首先制作贺卡的信封，先设置幻灯片的页面大小。选择“文件”菜单下的“页面设置”命令，打开“页面设置”对话框，如图 5-29 所示。设置幻灯片的宽度为 25 厘米，高度为 19 厘米，单击“确定”按钮。

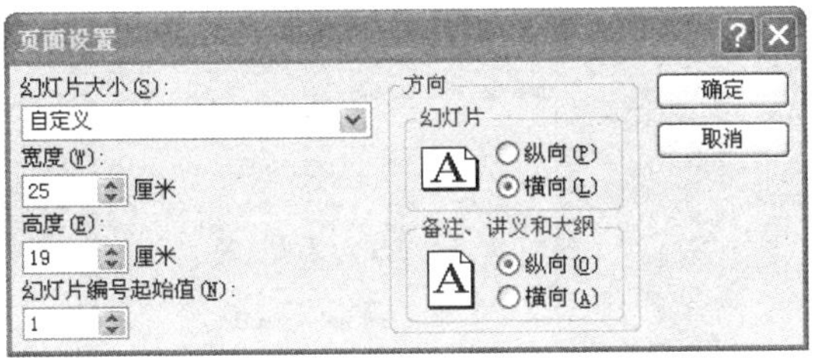

图 5-29　“页面设置”对话框

（6）为第一张幻灯片添加背景颜色。选择“格式”→“背景”命令，打开“背景”对话框，如图 5-30 所示。单击“背景填充”按钮，选择“其他颜色”命令，打开“颜色”面板，如图 5-31 所示。

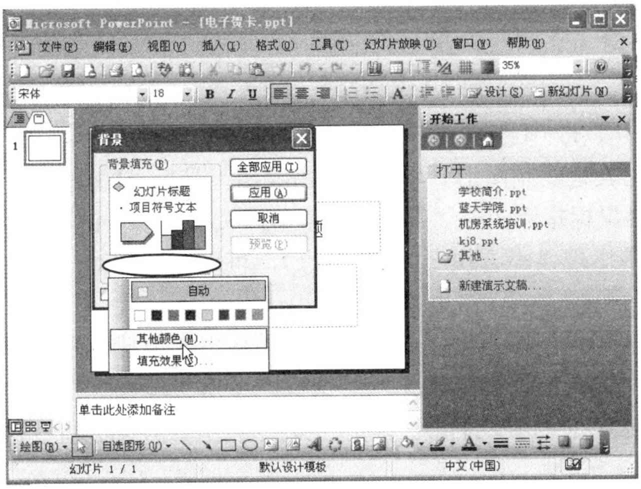

图 5-30　“背景”对话框

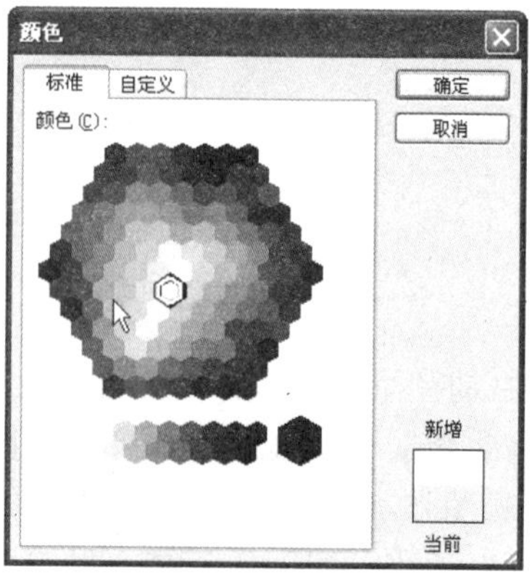

图 5-31　“颜色”面板

选中黄色，单击“确定”按钮，返回到“背景”对话框，单击“应用”按钮，效果如图 5-32 所示。

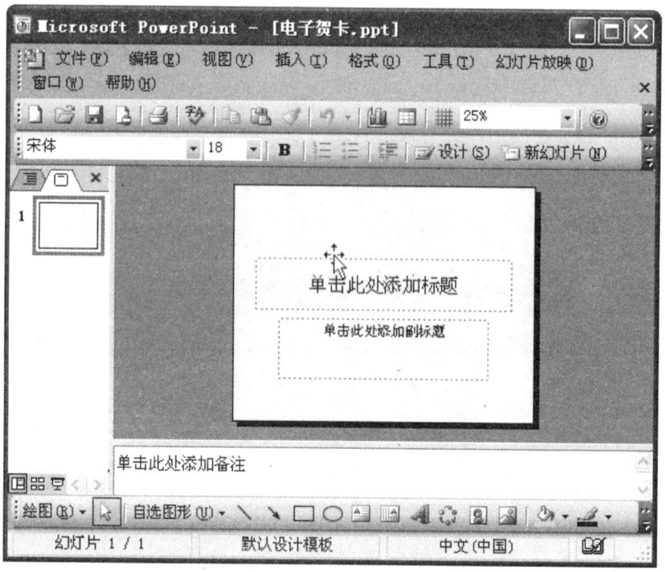

图 5-32　添加黄色的背景

说明：

如果希望所有的幻灯片都应用同样的背景，则单击“全部应用”按钮。

（7）使用绘图工具栏绘制图形。用鼠标单击绘图工具栏上的□（矩形），然后将鼠标指针移至幻灯片上，当鼠标指针变成“十”字形状时，按住鼠标左键从左上向右下方向拖动出一个矩形。矩形周围出现“小方块”（调整控点），可以通过拖动“小方块”来改变矩形的大小。

（8）改变矩形的颜色。在矩形上单击右键，在弹出的快捷菜单中选择“设置自选图形格式”命令，打开“设置自选图形格式”对话框，单击“填充”栏中的“颜色”下拉列表框，选择红色，如图 5-33 所示。单击“确定”按钮返回，矩形的颜色改为红色。

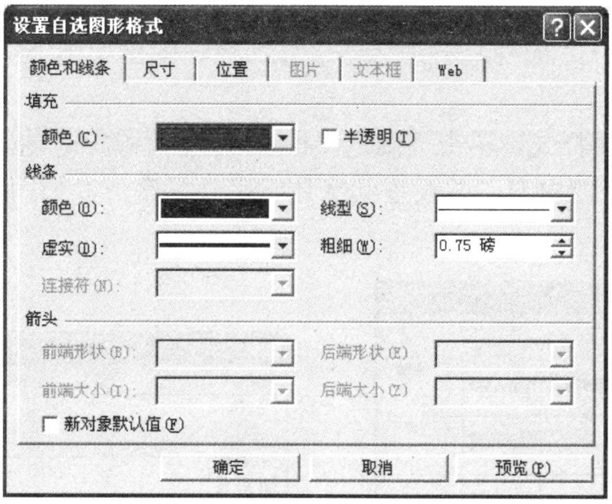

图 5-33　“设置自选图形格式”对话框

（9）调整矩形的方向。选中矩形，单击绘图工具栏上的“绘图”→“旋转或翻转”→“自由旋转”命令，如图 5-34 所示。或者单击“自由旋转”按钮。

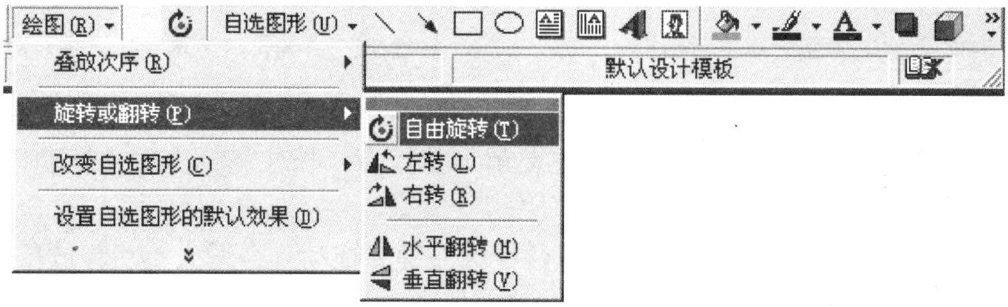

图 5-34　自由旋转

（10）将鼠标指针移至矩形的右下角，按住左键向上拖动，使矩形旋转一定的角度，如图 5-35 所示。

图 5-35　矩形旋转效果

（11）在信封上输入文字，这里我们使用“艺术字”。

① 选择“插入”→“图片”→“艺术字”命令，弹出如图 5-36 所示的“‘艺术字’库”对话框。

② 选定一种艺术字样式，单击“确定”按钮，弹出“编辑‘艺术字’文字”对话框，在对话框中输入艺术字的内容，并设置其字体、字号、字形，如图 5-37 所示，单击“确定”按钮完成插入。

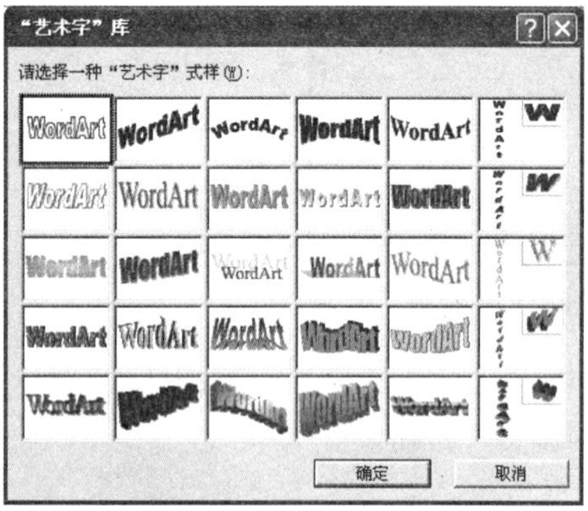

图 5-36 “‘艺术字’库”对话框

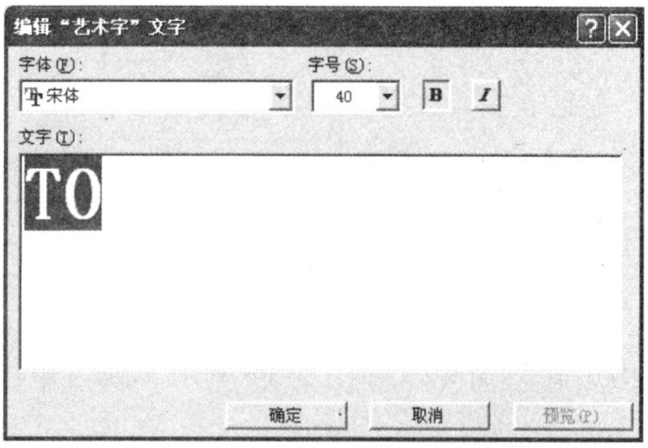

图 5-37 “编辑‘艺术字’文字”对话框

③ 拖动艺术字到适当的位置。

④ 将鼠标指针移到艺术字下方的黄色菱形形状控点，按住鼠标左键并拖动，调整艺术字的形状。

⑤ 将鼠标指针定位在一个控点上，按住鼠标左键并拖动到合适大小后释放鼠标。

说明：

若要使对象的中心保持不变，在拖动鼠标时按住“Ctrl”键；若要保持对象的比例不变，在拖动鼠标时按住“Shift”键；若要保持中心位置和比例都不变，在拖动鼠标的同时按住“Shift”和“Ctrl”键。

⑥ 用同样的方法插入其他艺术字，完成后的幻灯片如图 5-38 所示。

图 5-38 完成添加艺术字后的幻灯片

2. 制作礼花效果

（1）选择“插入”→“新幻灯片”命令，选择“空白”版式，插入第二张幻灯片。

（2）绘制礼花。

① 单击绘图工具栏上的“自选图形”，线条选直线，按住鼠标左键在幻灯片上拖动出一条短的直线。连续复制四次（可按“Ctrl+D”组合键），拖动直线排列位置，并且拖动控制点调整直线的大小，如图 5-39 所示。

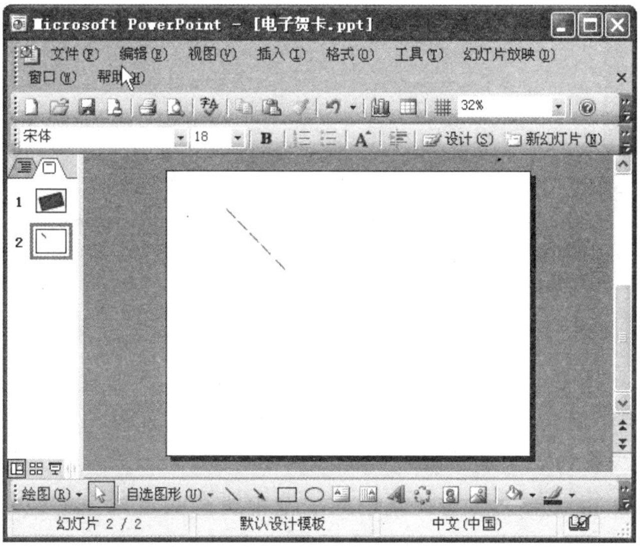

图 5-39　绘制直线

② 选中四条短线，单击鼠标右键，选择“组合”→“组合”命令，如图 5-40 所示。

图 5-40　组合直线

③ 单击 按钮，选择线条颜色，设置线条颜色为绿色。

④ 选中组合好的线条，多次使用复制，并调整它们的位置，效果图如图 5-41 所示。

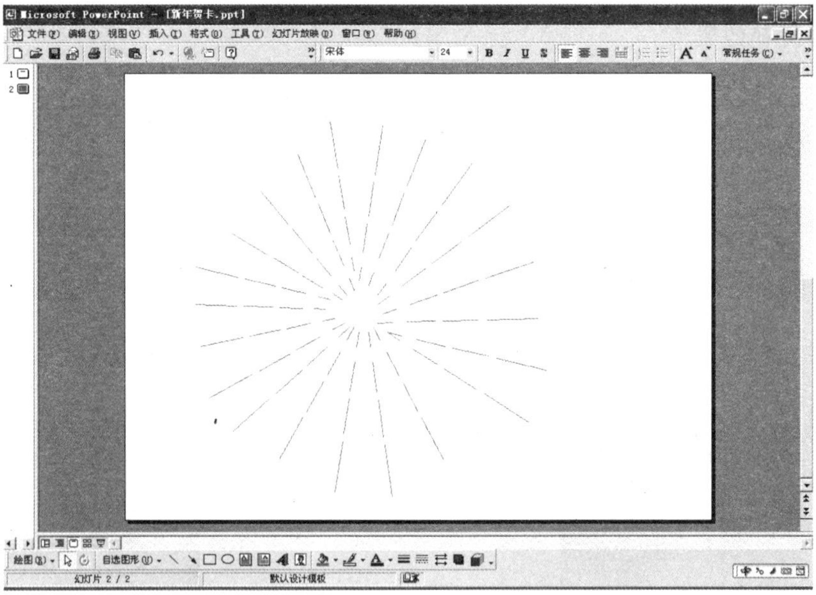

图 5-41　绽放的礼花光束

⑤ 单击绘图工具栏上的“自选图形”→“星与旗帜”→“五角星”命令，按住鼠标左键在幻灯片上拖出一个五角星，单击工具栏上的按钮设置五角星的填充颜色为绿色，单击按钮设置边框线条为“无线条颜色”。

⑥ 多次复制，并将五角星移动到线条上，选中所有的五角星和线条，选择“绘图”→“组合”命令，将五角星和线条组合成一个图形，并拖动控点调整图形的大小，效果图如图 5-42 所示。

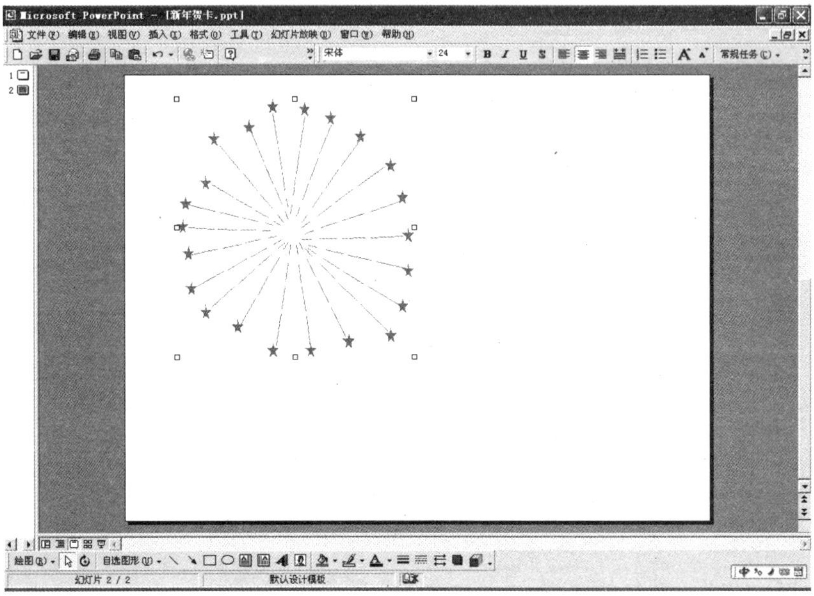

图 5-42　绽放的礼花

⑦ 绘制其他颜色的礼花。选中组合的礼花，复制出另一朵礼花。选中复制出的礼花，选择“绘图”→“取消组合”命令，取消组合，更改五角星和线条的颜色为“紫色”，然后重新组合。调整礼花的位置，如图 5-43 所示。

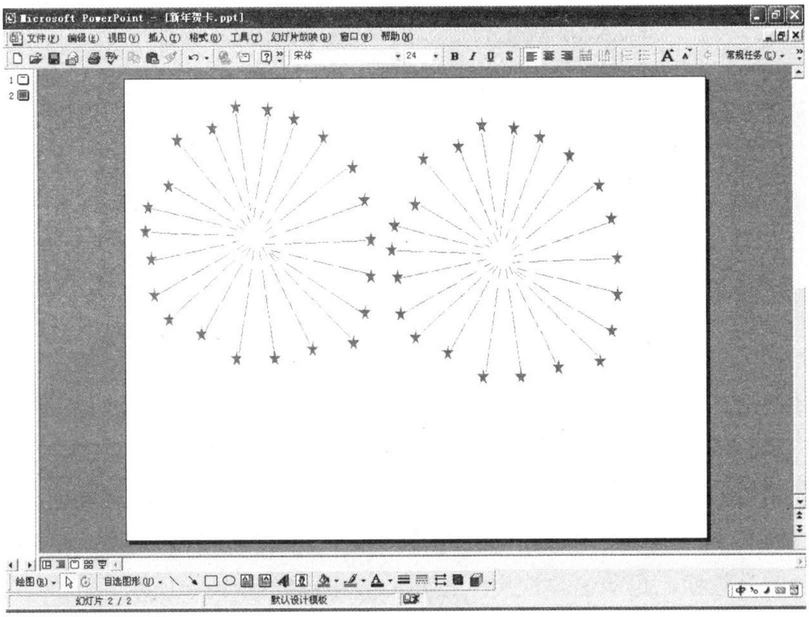

图 5-43 复制礼花

⑧ 用同样的方法再绘制其他颜色的礼花，并调整它们的位置，效果图如图 5-44 所示。

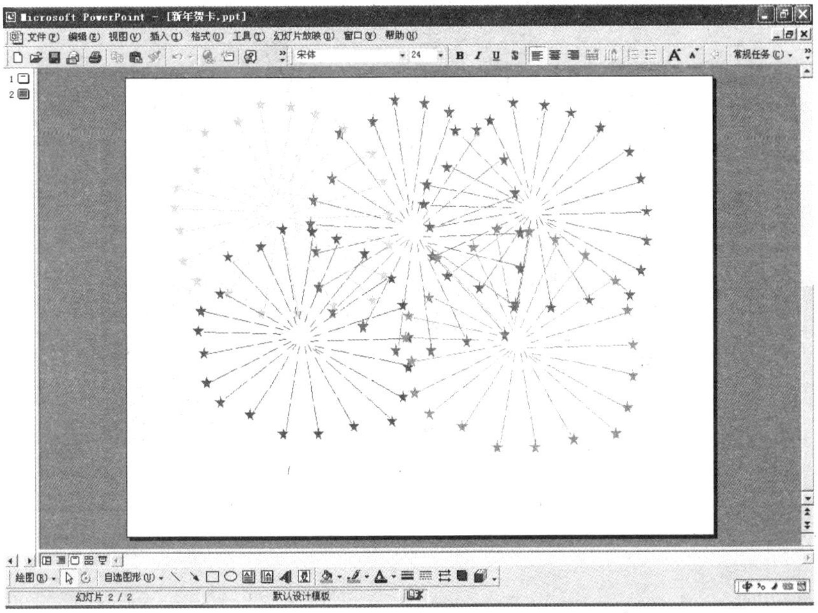

图 5-44 完成礼花制作

（3）添加背景。

将背景设置成夜晚的天空，之前搜集了一张该题材的图片，现将这张图片添加到幻灯片上。选择“格式”→“背景”命令，打开“背景”对话框，单击“背景填充”下拉按钮，选择“填充效果”命令，弹出“填充效果”对话框，切换至“图片”选项卡，如图 5-45 所示。

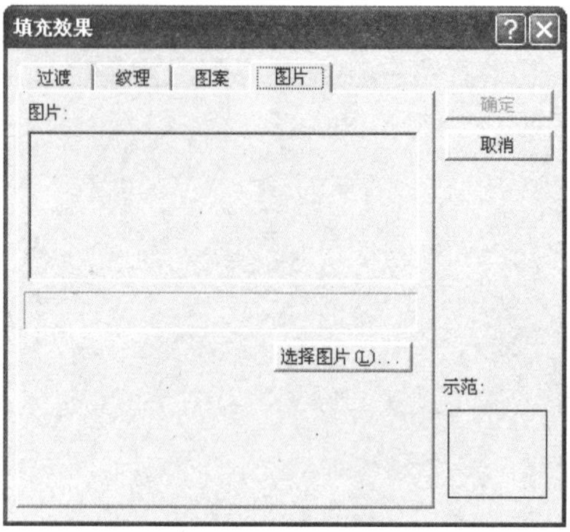

图 5-45　“填充效果”对话框

单击“选择图片”按钮，打开“选择图片”对话框，找到图片，单击“插入”按钮返回，单击“确定”按钮，再单击“应用”按钮，效果图如图 5-46 所示。

（4）添加艺术字，方法同上，效果如图 5-47 所示。

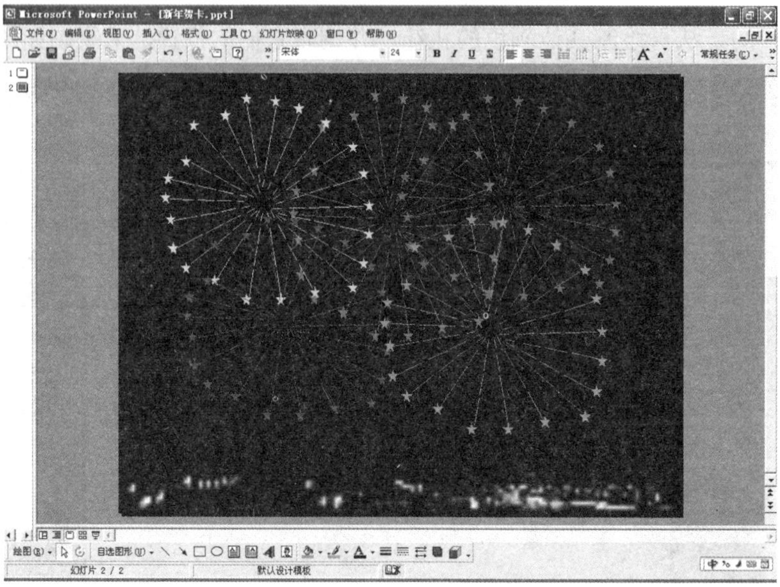

图 5-46　添加背景

（5）设置动画。

选择“幻灯片放映”→“自定义动画”命令，打开“自定义动画对话框”，设置每个对象的动画效果，如图 5-48 所示。

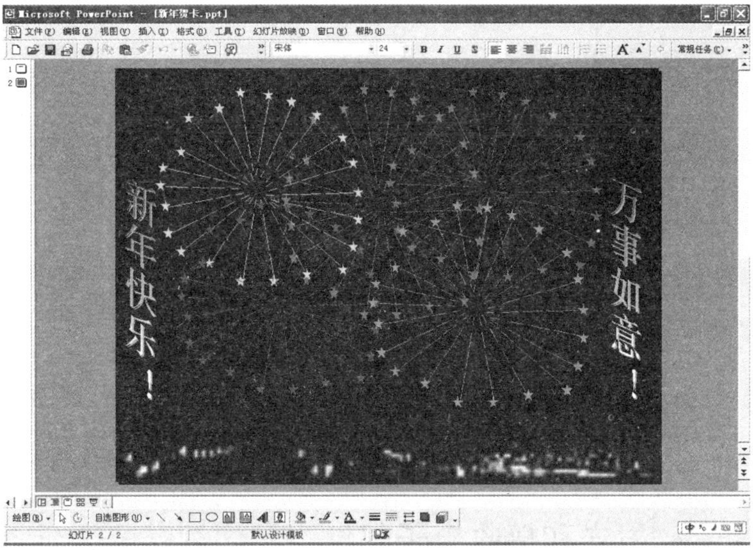

图 5-47　添加艺术字效果

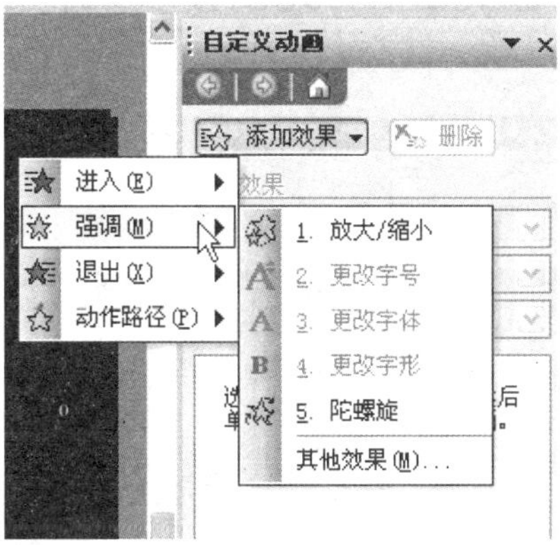

图 5-48　“自定义动画”设置

（6）按“F5”键观看电子贺卡的效果。

学习测评

1. 打开实例 1 的学习测评中保存的演示文稿“南昌风景”，请把全部幻灯片切换设为：溶解、快速、鼓掌声、单击鼠标换页或每隔 3 秒换页。

2. 给第一张幻灯片副标题区中的“天香园”三个字加上超链接，单击时链接到第二张幻灯片。

3. 幻灯片页面设置为：幻灯片大小为屏幕大小、幻灯片方向为横向。

4. 对上述演示文稿进行打包和解包操作。

5. 自制一份给朋友祝福的贺年卡。

第 6 章　网络与多媒体

- 安装与配置网络协议
- IE 浏览器的使用与设置
- 发送和接收电子邮件
- 使用 Outlook 2003 收发邮件

实例 1

安装与配置网络协议

学习任务

网络协议是网络上所有设备（网络服务器、计算机及交换机、路由器、防火墙等）之间通信规则的集合，它定义了通信时信息必须采用的格式和这些格式的意义。就像我们说话用某种语言一样，在网络上的各台计算机之间也有一种语言，这就是网络协议。

通过这个实例的学习，我们必须会对计算机安装必要的网络协议（见图 6-1），以及设置正确的 IP 地址。这样，不同的计算机之间必须使用相同的网络协议才能在异种网络之间进行通信。

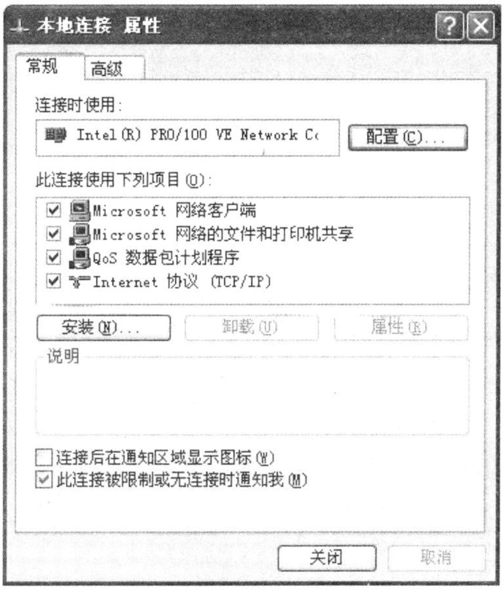

图 6-1　需要安装的网络协议

学习目标

1. IP 地址的设置；
2. 网络通信协议的设置；
3. 网络通信所必需的网络协议；
4. 查询任意一台计算机的 IP 地址和默认网关。

操作步骤

TCP/IP 是 Internet 网络协议，只有通过该协议才可访问 Internet。请按如下步骤安装配置 TCP/IP 协议。

（1）选择“开始”→“设置”→“控制面板”，打开“网络连接”（如果桌面上有网上邻居，可直接右击“网上邻居”→“属性”），右击“本地连接”，选择“属性”命令，单击“安装”按钮，打开“选择网络组件类型”对话框，如图 6-2 所示。选中“协议”项，单击“添加”按钮。

（2）弹出“选择网络协议”对话框，如图 6-3 所示。在“网络协议”列表框中选中“Microsoft TCP/IP 版本 6”项，单击“确定”按钮。系统安装 TCP/IP 协议后，用户可在“本地连接 属性”对话框中见到“Internet 协议（TCP/IP）”选项。

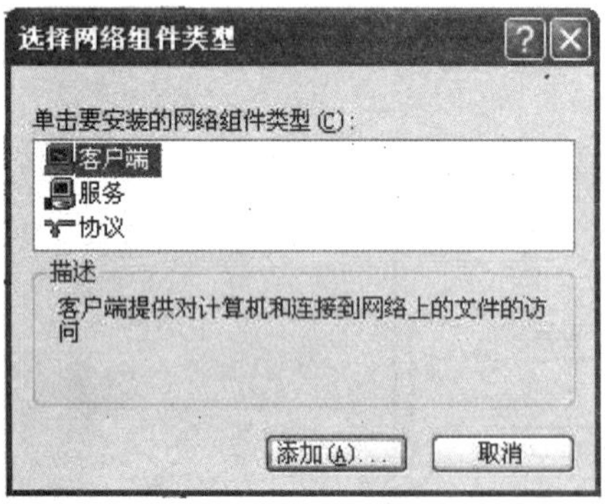

图 6-2　“选择网络组件类型”对话框

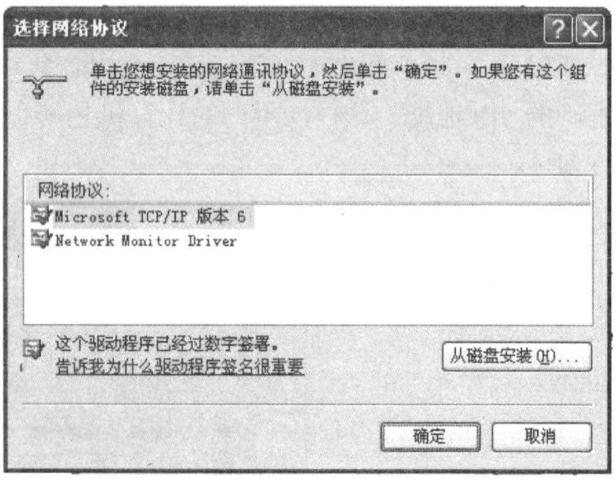

图 6-3　“选择网络协议”对话框

（3）用户安装完拨号网络适配器和 TCP/IP 协议以后，接下来进行配置协议，如图 6-4 所示。在“本地连接 属性”对话框中打开“常规”选项卡，选择“Internet 协议(TCP/IP)”选项，单击“属性”按钮，弹出“Internet 协议（TCP/IP）属性”对话框，如图 6-5 所示。

（4）大多数情况下，由 DHCP 提供动态 IP 地址，此时用户应选中“自动获得 IP 地址”单选按钮。如果没有 DHCP 服务器，则用户应按照要求获取 IP 地址及子网掩码并将之设置在图 6-5 中的“使用下面的 IP 地址”项中。

说明：

IP 地址是 TCP/IP 网络中用来唯一标识每台主机或设备的地址，IP 地址由 32 位（共 4 个八位组）的二进制数组成，IP 地址分为两部分，左边网络编号部分用来标识主机所在的网络；右边部分用来标识主机本身。连接到同一网络的主机必须拥有相同的网络编号。

网络 IP 地址“主要”分为 ABC 三类。

A 类：0.0.0.0～127.255.255.255，标准的子网掩码是 255.0.0.0（按子网掩码的另一种标注方法是/8，就是将子网掩码换算成二进制后，从左数起 8 个 1）。

B 类：128.0.0.0～191.255.255.255，标准的子网掩码是 255.255.0.0（按子网掩码的另一种标注方法是/16，就是将子网掩码换算成二进制后，从左数起 16 个 1）。

C 类：192.0.0.0～223.255.255.255，标准的子网掩码是 255.255.255.0（按子网掩码的另一种标注方法是/24，就是将子网掩码换算成二进制后，从左数起 24 个 1）。

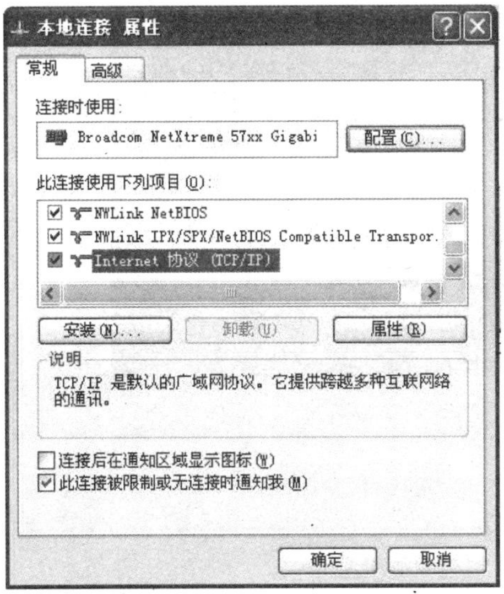

图 6-4　“本地连接 属性”对话框的“常规”选项卡

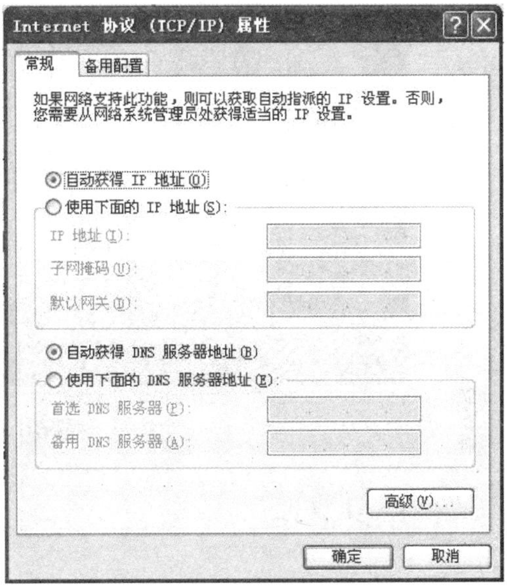

图 6-5　“Internet 协议（TCP/IP）属性”对话框

（5）一般用户在这里的 DNS 配置中选择默认设置即可，如果需要启动 DNS，如图 6-5 所示，在下面部分选中“使用下面的 DNS 服务器地址”单选按钮，在“首选 DNS 服务器”文本框中输入 DNS 服务器 IP 地址，并在“备用 DNS 服务器”文本框中输入备用 DNS 服务器 IP 地址，再单击“确定”按钮，完成 TCP/IP 协议配置。

（6）完成设置后，系统会提示只有重新启动计算机，上述设置才能生效，在弹出的对话框中单击“确定”按钮即可。

（7）单击“开始”菜单，选择“运行”命令，弹出一个对话框，如图 6-6 所示。输入命令“cmd”，在新窗口中输入命令“ipconfig”，就能查看到刚才所看到的本机的 IP 地址、默认网关及 DNS 等网络信息，如图 6-7 所示。

图 6-6　“运行”对话框

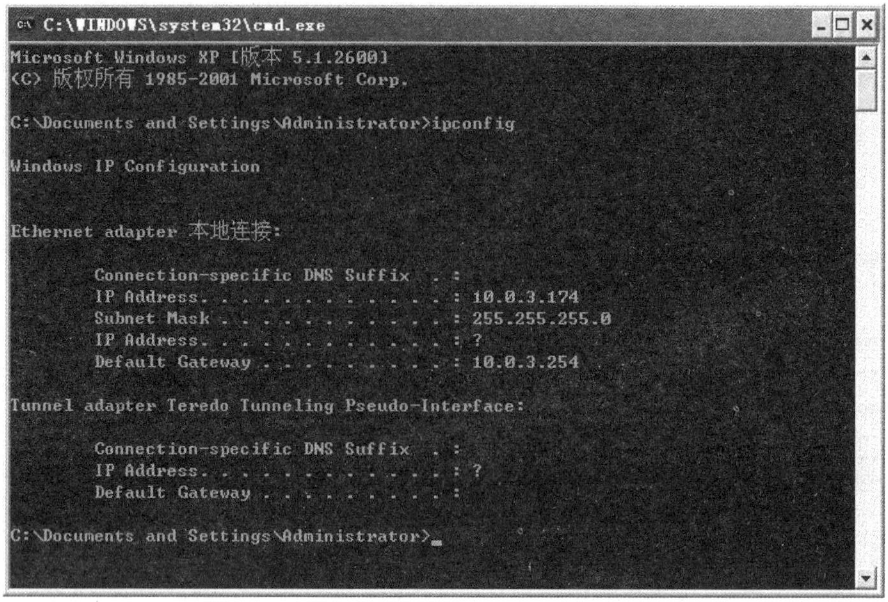

图 6-7　网络配置信息

学习测评

1. 自己使用刚才所说的命令查看自己的计算机的 IP 地址。
2. 自己动手修改 IP 地址、网关及 DNS 服务器。

实例 2

IE 浏览器的使用与设置

学习任务

Internet 上拥有数不清的网络资源，人们可以由此获得各种信息。在企业家眼里，因特网是一个宣传企业的窗口、是获得信息的窗口、是企业运营的工具、也是企业经营的战场。在科技工作者眼里，因特网是一个巨大的资料库，可以充分地进行资料的检索。而在一般用户的眼里，因特网更是丰富多彩，可以网上购物、网上求职、网上交流、网上娱乐、网上游戏、资料搜索等，如图 6-8 所示。

图 6-8　需要安装的网络协议

学习目标

1. 掌握 IE 浏览器的主页设置；

2．掌握 IE 浏览器的历史记录设置；

3．掌握网页与图片的保存方式和保存类型。

操作步骤

1．熟悉 IE 浏览器的窗口

启动 IE 浏览器，在地址栏中输入 http://www.jxbsu.com/，可以打开“江西蓝天学院”的首页，如图 6-9 所示。

图 6-9 “江西蓝天学院”的首页

2．IE 浏览器基本设置

（1）改变起始主页。

在 IE 浏览器菜单栏中选择“工具”菜单中的“Internet 选项”命令，在弹出的对话框中打开“常规”选项卡。

在“主页”选项组中的“地址”文本框中，输入“江西蓝天学院”主页的 URL 地址：http://www.jxbsu.com/，检查无误后，单击对话框底部的“确定”按钮，如图 6-10 所示。

关闭 IE 浏览器，然后再次启动 IE 浏览器。观察 IE 浏览器在启动后，直接连接江西蓝天学院网的 URL 地址的状况。

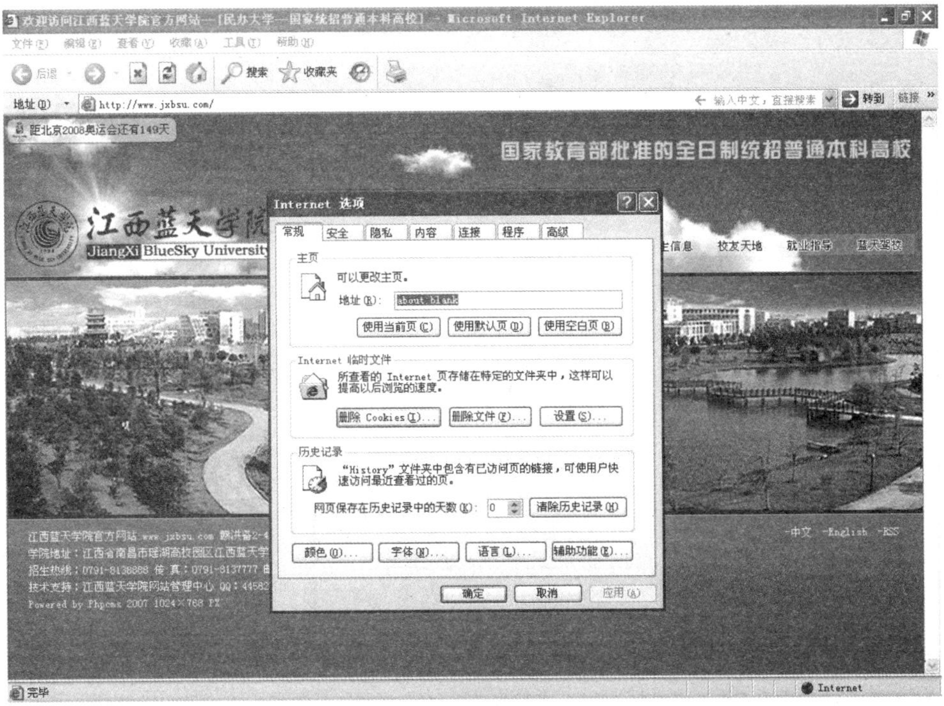

图 6-10 改变起始主页

说明：

URL 是英文“Uniform Resource Locators”的缩写，意思是“统一资源定位器”。它不仅可用来定位网络上信息资源的地址，也可用来定位本地系统要访问的文件。

URL 可分为两种类型：一种是绝对 URL，另一种是相对 URL。

（1）绝对 URL 的基本语法格式为：accessmethod: // servername[:port]/directory/name。其中，accessmethod 是指定资源服务器的服务方式，称为“使用协议”。在 WWW 系统中，最常用的就是 HTTP 协议。servername 指服务器域名，接入到 Internet 中每个可供访问的服务器都有一个专用的域名，用户要访问服务器上的资源，必须指明服务器的域名。“[:port]”是指明进入一个服务器的端口号，它是用数字来表示的，一般可默认。“directory”是指明文件所在服务器的目录或路径。“name”是文件名，在默认的情况下，首先会调出称为“主页”的文件。

（2）相对 URL 就是定位需要访问资源的相对路径。所谓“相对路径”，就是所需资源相对于当前位置的路径。

（2）设置 IE 浏览器的临时文件。

在 IE 浏览器菜单栏中选择“工具”→“Internet 选项”命令，在弹出的对话框中打开“常规”选项卡，在“Internet 临时文件”栏中单击“设置”按钮→用“使用的磁盘空间”标尺来调整 Internet 临时文件夹的空间大小，也可直接在文本框中输入磁盘空间的大小。把磁盘空间设置为 256 MB，在完成设置后，单击“确定”按钮，如图 6-11 所示。

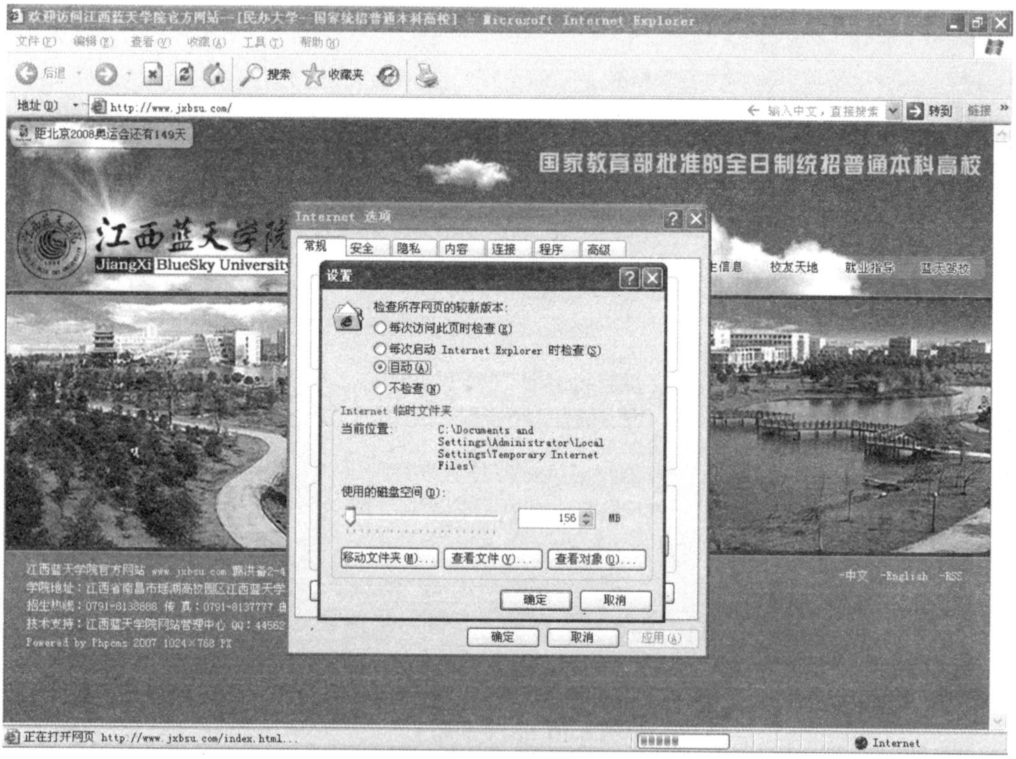

图 6-11　设置 IE 浏览器的临时文件

（3）设置 IE 浏览器的历史记录。

在 IE 浏览器菜单栏中选择“工具”菜单中的“Internet 选项”命令，在弹出的对话框中打开“常规”选项卡。

在“Internet 选项”对话框的“历史记录”栏中设置历史记录。用“网页保存在历史记录中的天数”右侧的微调按钮来设置，也可以直接在“网页保存在历史记录中的天数”文本框中输入保存天数。

如果想保存 10 天内访问过的所有主页，可以在“网页保存在历史记录中的天数”文本框中输入“10”，完成设置后，单击对话框底部的“确定”按钮，如图 6-12 所示。

（4）主页的保存。

在江西蓝天学院网主页的站点上，寻找现代教育技术中心站点的链接，如图 6-13 所示。

在 IE 浏览器菜单栏中选择“文件”→“另存为”命令。

弹出“保存网页”对话框。在“保存在”下拉列表框中，寻找该文件需要保存的位置（如保存在“桌面”，则单击对话框左边“桌面”按钮）。在“文件名”文本框中，输入要保存主页的名称为“主页”，或使用默认的主页名称。在“保存类型”下拉列表框中，可以根据需要选择不同的保存类型，如“网页，全部（*.htm;*.html）”、“Web 档案，单一文件（*.htm）”、“文本文件（*.txt）”等，最后在“保存网页”对话框中单击“保存”按钮，完成对主页文件的保存，如图 6-14 所示。

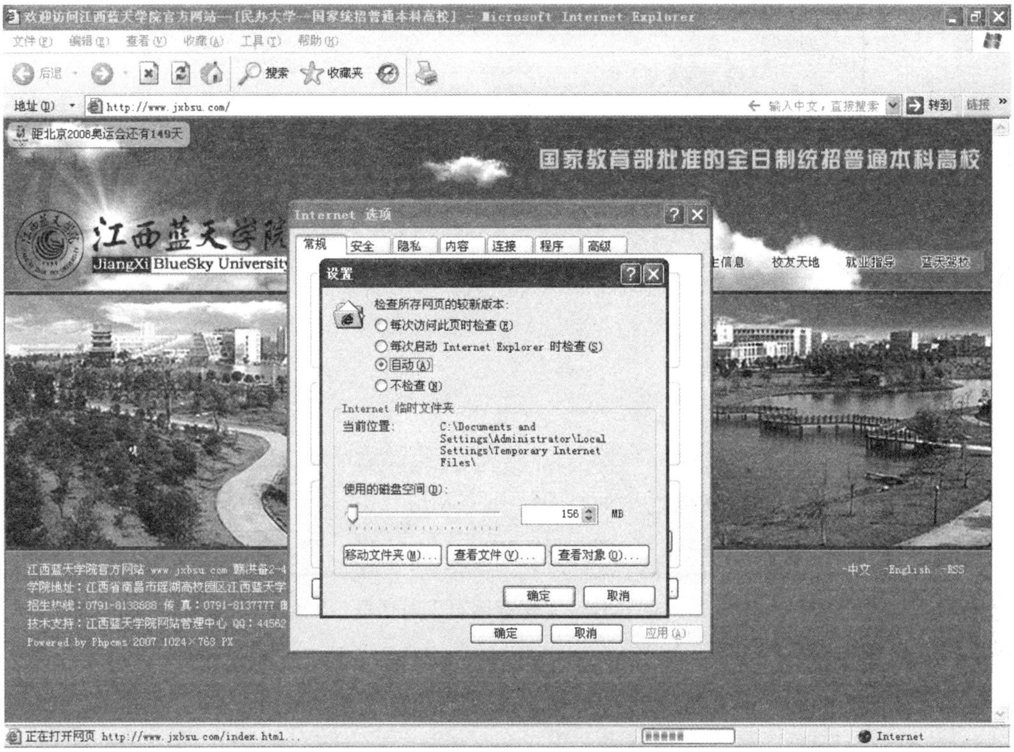

图 6-12　设置 IE 浏览器的历史记录

图 6-13　现代教育技术中心站点的链接

图 6-14　“保存网页”对话框

（5）保存图片。

右击需要保存的图片，在弹出的快捷菜单中选择“图片另存为”命令，如图 6-15 所示。

图 6-15　图片的保存

弹出“保存图片”对话框，与保存网页的对话框相似，如图 6-16 所示，在“保存在”下拉列表框中选择图片需要保存的路径，在“文件名”文本框中输入图片保存的名称，在“保存类型”下拉列表框下选择需要保存的类型。

图 6-16　“保存图片”对话框

学习测评

1. 把一个自己熟悉的网站地址设定为当前主页。

2. 打开一个 Web 页面，然后将该网页上的一幅图片以 Web 页的形式保存在“我的文档”中，名字采用默认名。

3. 打开一个 Web 页面，然后将整个页面以“单一文件（*.htm）”的保存类型保存。

实例 3

发送和接收电子邮件

学习任务

E-mail 已经成为人们日常通信的一种方式。人们利用电子邮件在 Internet 上快速、方便、高效地传递信息。它的生命力异常旺盛，使用它的人数众多，可以使用它发送信件、发送贺卡、发送传真，甚至用来订阅电子刊物、下载软件。用熟、用好 E-mail 是 Internet 网上冲浪的基本技能之一。如果还没有获取一个 E-mail 信箱，那么下面就教你怎么去得到一个 E-mail 信箱及使用方法。如图 6-17 所示，这是一个电子邮箱的登入界面。

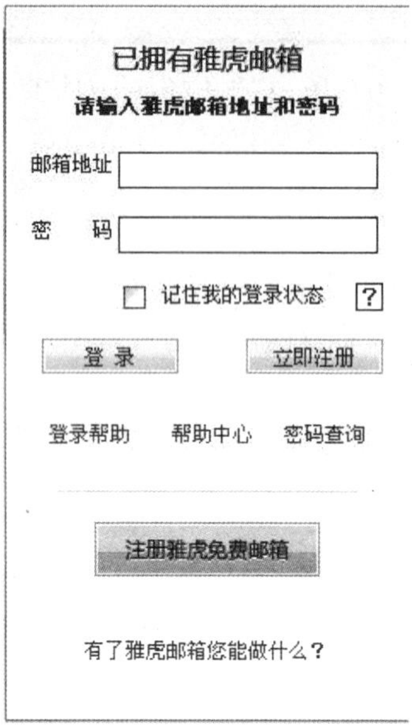

图 6-17　电子邮箱登入界面

学习目标

1. 掌握识别电子邮件地址的方法；
2. 掌握撰写和发送电子邮件的方法；
3. 掌握接收和发送电子邮件的方法；
4. 会回复收到的电子邮件或将其转发给其他人。

操作步骤

1. 申请邮箱

（1）开始申请。

打开 IE 浏览器，在地址栏输入 http://cn.yahoo.com/，进入雅虎邮箱主页，如图 6-18 所示。单击“立即注册”链接，进入如图 6-19 所示的页面。

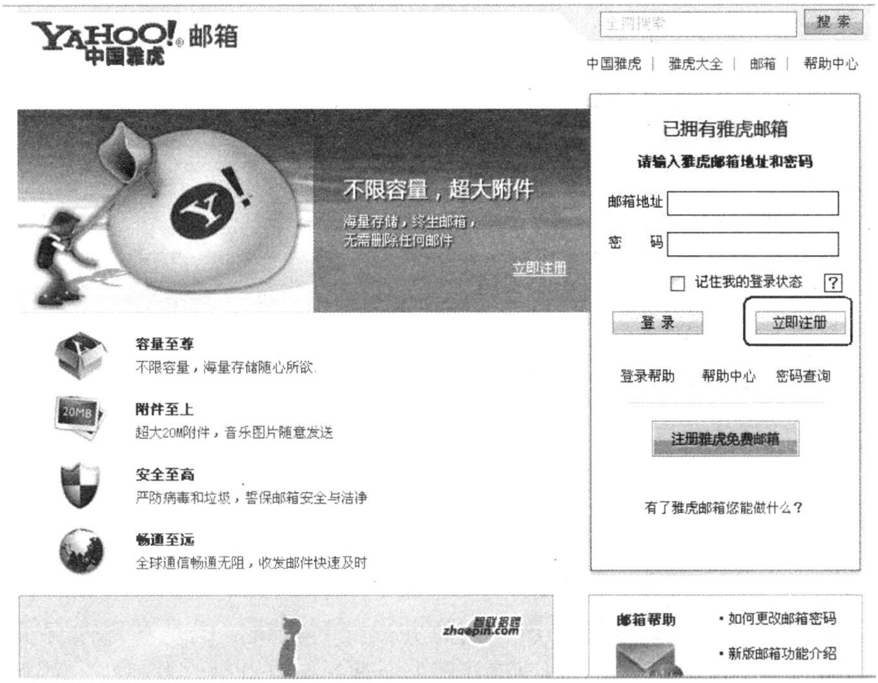

图 6-18　雅虎邮箱主页

图 6-19　账号申请

（2）确定邮箱用户名。

在图 6-19 所示的“用户名”文本框中按提示输入准备使用的用户名（不包括“@”和“@”以后的所有内容）。然后单击“完成”按钮，如果没有提示“所输的用户名已经有人用，请重新选择”这样的信息，输入密码、姓名和性别及密码保护信息。

（3）个人资料及同意协议如图 6-20 所示。

图 6-20　个人资料及同意协议

（4）确认所申请的雅虎免费电子邮箱。

确认所输入的数据无误后，单击“同意并提交”按钮，就是真正拥有了一个名为“xxxx @yahoo.cn”的电子邮箱，可以直接在网上通过 E-mail 软件收发邮件、阅读邮件了。

2. 使用免费电子邮箱收发电子邮件

免费电子邮箱申请成功后，让我们收发一次电子邮件（为了检查效果，通常自己给自己发一封），看看邮箱是不是遂人心意。

（1）接收电子邮件。请按如下步骤接收电子邮件。

① 登录邮箱。在免费邮箱主页，如图 6-21 所示，在“用户名”文本框中输入免费邮箱的用户名（不包括“@”和“@”以后的所有内容），然后单击“登录”按钮，进入免费邮箱，如图 6-22 所示。

② 如图 6-22 所示页面以列表的形式显示了收件箱、草稿箱、发件箱和垃圾箱及其中的邮件的数目。收件箱用于存放用户收到的电子邮件；发件箱用于存放用户等待发送的电子邮件；垃圾箱用于存放用户已经删除的电子邮件；草稿箱用于存放用户尚未写完的电子邮件。单击“收件箱”链接即可打开收件箱，收看收到的电子邮件。

图 6-21　免费邮箱主页

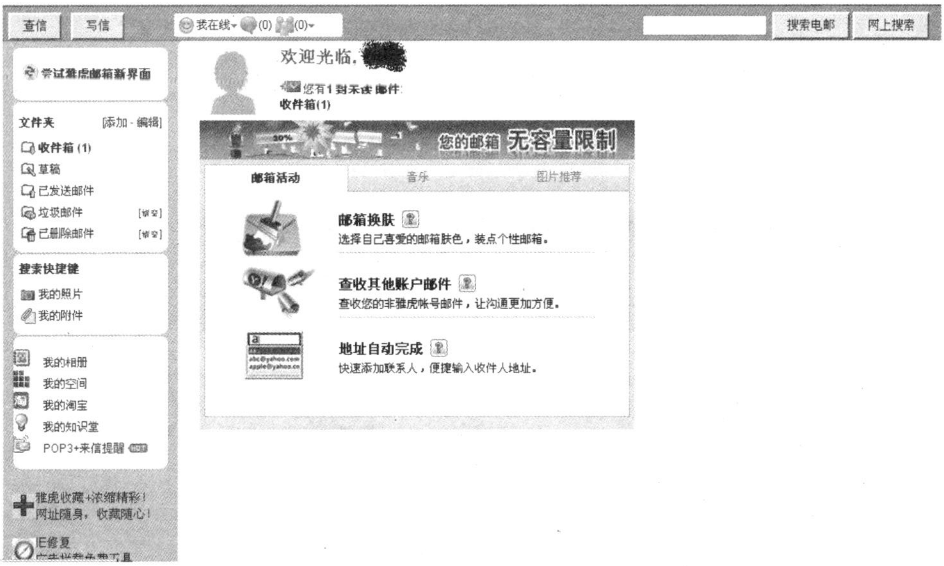

图 6-22　进入免费邮箱

③ 如图 6-23 所示，以列表的形式按照收到的时间顺序排列并显示用户收到的电子邮件，并分别列出发件人、邮件主题和寄送的时间。单击“发件人”链接，即可查看用户收到的电子邮件的内容，如图 6-24 所示。如果用户收到的邮件部分是以附件的形式发送的，单击相应的附件链接，即可在网页中打开查看。用户也可以右击“附件”链接，在弹出的快捷菜单中选择“目标另存为”命令，将附件单独保存。

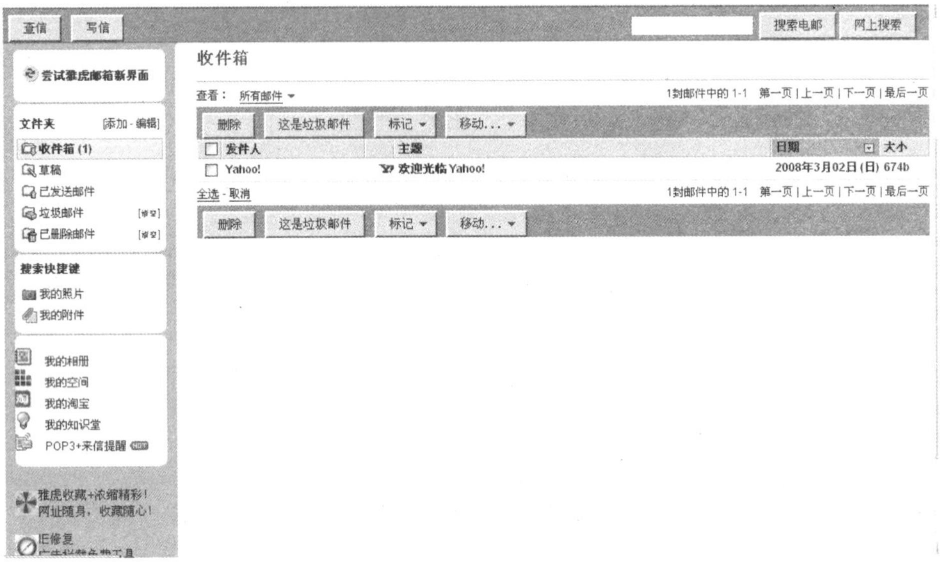

图 6-23　打开收件箱

图 6-24　查看用户收到的电子邮件

（2）撰写、发送电子邮件及以附件形式发送邮件。

① 撰写电子邮件进入免费电子邮箱后，单击图 6-25 所示页面左上侧的“写信”按钮，将打开撰写电子邮件网页，如图 6-26 所示。

说明：

（1）附件里基本任何文件都可以发送，但有些可执行的程序文件（如 EXE 文件）可能会遭到拒绝。多数网站对于文件大小有一定限制。

（2）抄送是把邮件同时发给多人，这些人互相之间可以知道都把信给谁了。

（3）暗送是把信秘密抄送给其他的人，每个收信人都不知道还把信发给其他的人了。

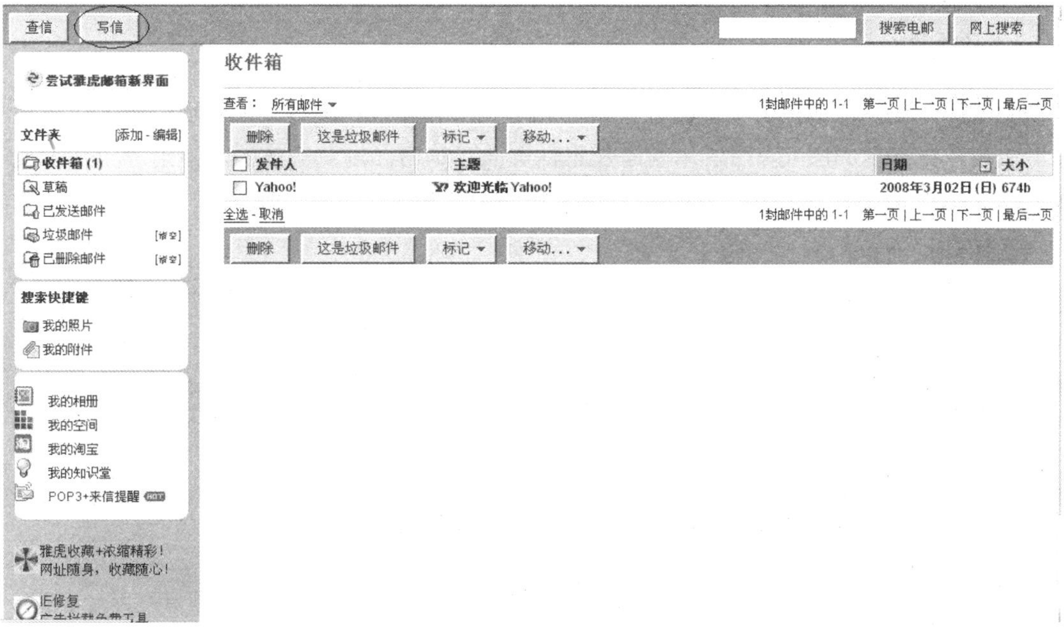

图 6-25　“发邮件”链接

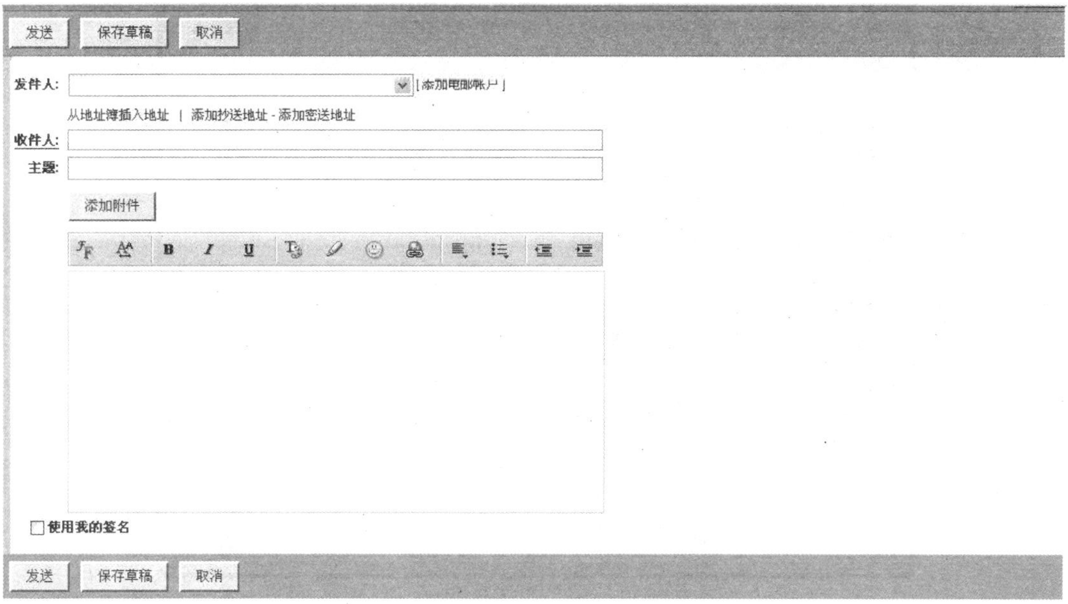

图 6-26　撰写电子邮件网页

② 单击相应文本输入框，当出现光标时就可以输入文本了，如图 6-26 所示。在“收件人”文本框中输入收件人的电子邮件地址，如果有多个收件人，中间可用逗号或分号隔开。在“主题”文本框中输入该邮件的主题，这样有助于收件人阅读和电子邮件分类。在正文编辑文本框中输入邮件正文，就像平时写信一样。邮件中应包含对方的称呼、写信的主要事由，最后是签名。如果信件内容较长，用户可以先在计算机上编辑好，然后复制并粘贴到正文编辑文本框中，也可以附件的形式发送。

③ 发送邮件附件。

电子邮件除了可以用来传递文本信息外，还可以附件的形式发送编辑好的文本或其他类型的信息，如声音文件、图像文件，甚至是可执行文件。在撰写邮件网页中单击“添加附件”按钮，将出现如图 6-27 所示的添加附件页面。单击“浏览”按钮，弹出“文件上载”对话框，如图 6-28 所示，选择所要插入的附件，然后单击“打开”按钮。

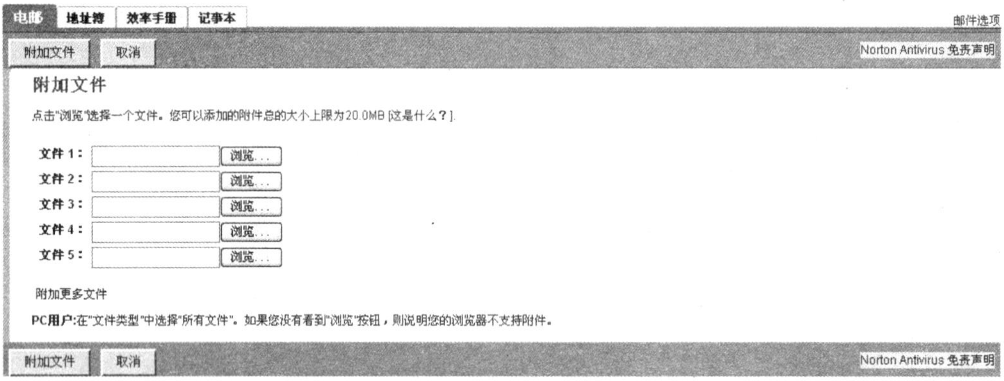

图 6-27　添加附件页面

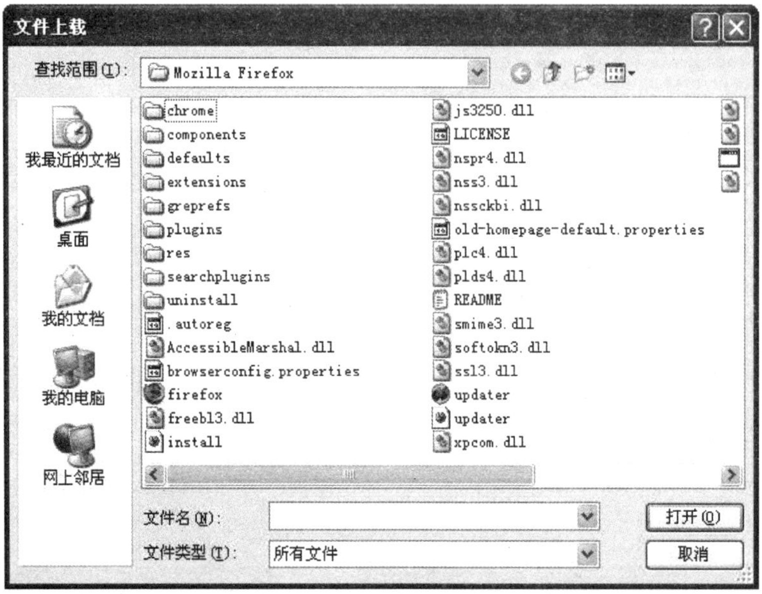

图 6-28　“文件上载”对话框

选择好文件后，单击“粘贴”按钮，将该文件当做附件插入到当前编辑的电子邮件中。附件粘贴完毕后，单击“确定”按钮，即可返回原来的信件编辑网页。

邮件编辑完毕后，检查一下收件人的电子邮件地址是否正确，以及邮件内容是不是还有写错的地方。检查完毕后，单击“发送”按钮，即可将编辑好的电子邮件发送出去。这时会出现邮件成功发送网页。

（3）免费电子信箱电子邮件的保存与删除。

如果用户通过浏览器收看免费电子信箱中的电子邮件，则可以按照如下方法保存电子邮件。

① 打开收件箱，单击要保存的邮件，选中信件的正文，这时正文将被蓝色覆盖。

② 选择“编辑”→“复制”命令，或同时按“Ctrl + C”组合键。

③ 打开“记事本”→“编辑”菜单，选择“粘贴”命令，或按“Ctrl + V”组合键。这时邮件正文将被粘贴到记事本中，将新建的文本文档保存即可。

④ 用户也可以右击邮件的链接，在弹出的快捷菜单中选择“目标另存为”命令，将它保存到用户的计算机中。删除免费电子信箱中的电子邮件，请按如下方法操作：单击邮件前的复选框，选中要删除的邮件，然后单击“删除”按钮即可。

学习测评

1. 在 163 网站申请一个免费电子邮箱，并利用所申请的邮箱给朋友发一封带图片附件的电子邮件。

2. 查阅别人发给你的邮件，删除垃圾邮件。

3. 为了保护邮箱不被别人盗用，自己试着更改邮箱的密码。

实例 4

使用 Outlook Express 2003 收发邮件

学习任务

随着 E-mail 的流行，邮件的管理和个人信息的处理需要有一个专门的软件来负责。Outlook Express 2003 就是最流行的邮箱管理软件之一。它提供了一种全新、有效的管理和处理信息的途径。通过它，用户可以掌握处理信息的一些行之有效的方法，更好地完成日常工作和处理繁忙的日常生活。使用它可以创建、管理和共享重要信息，包括发送电子邮件和传真、管理联系人信息、安排约会和会议、管理任务、记录日记及使用便笺等。因此，我们必须掌握一些基本的设置，如图 6-29 所示。

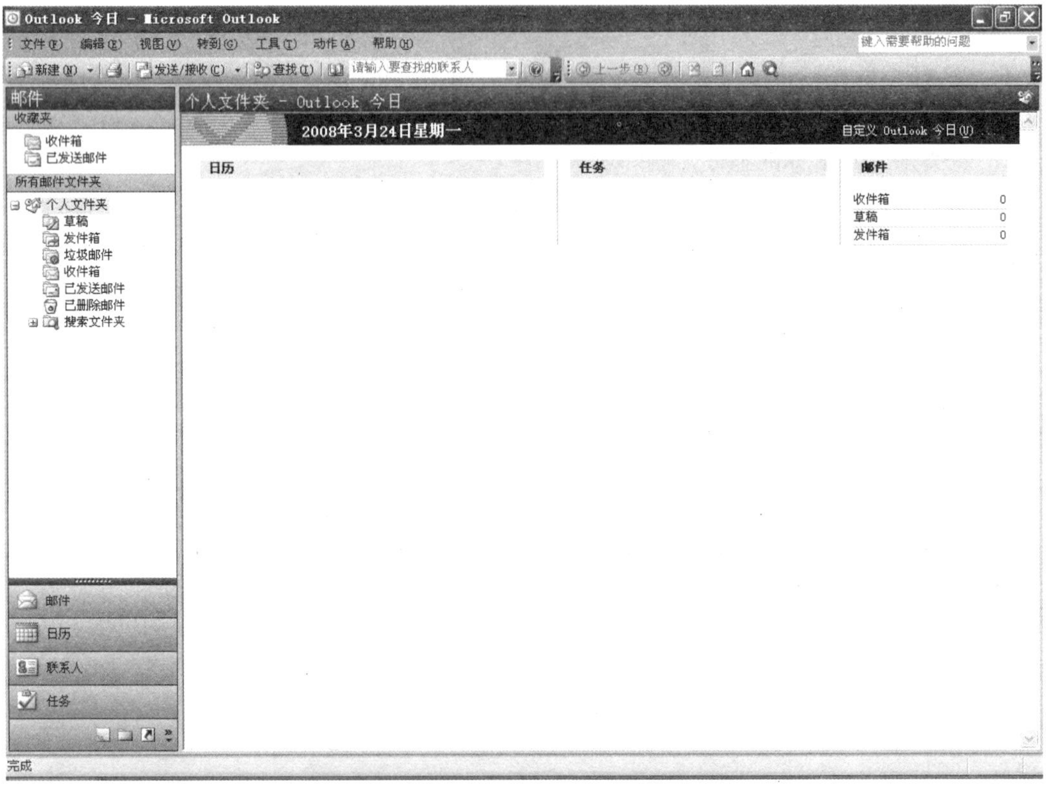

图 6-29　Outlook Express 2003 的启动界面

学习目标

1. 掌握识别电子邮件地址的方法；
2. 掌握撰写和发送电子邮件的方法；
3. 掌握接收和阅读电子邮件的方法；
4. 会回复收到的电子邮件或将其转发给其他人。

操作步骤

1. 设置邮件账户

（1）打开 Outlook Express 2003 窗口，在“工具”菜单中选择“电子邮件账户”命令，如图 6-30 所示。

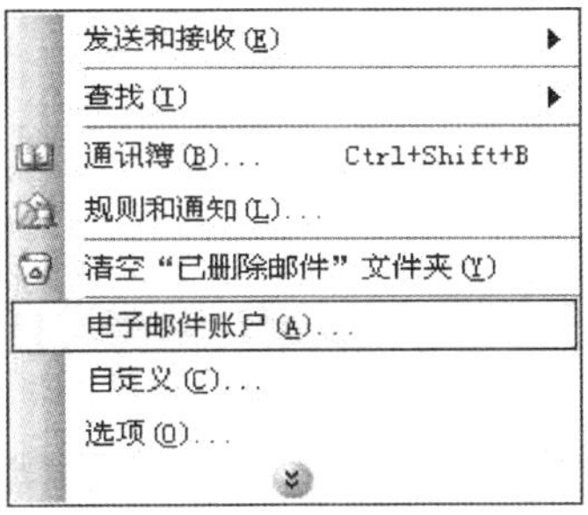

图 6-30 建立电子邮件账户

（2）在弹出的对话框中选中“添加新电子邮件账户”单选按钮，然后单击“下一步”按钮，如图 6-31 所示。

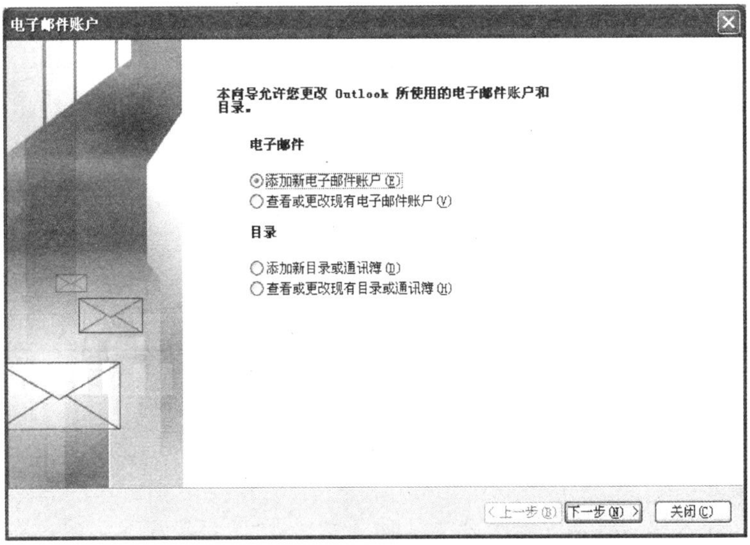

图 6-31 更改邮件账户

（3）通过选中单选按钮选择“POP3”作为您的服务器类型，然后单击“下一步”按钮，如图 6-32 所示。

（4）在电子邮件账户的设置中，用户把自己在页面邮箱中申请到的一些信息填写到如图 6-33 所示的页面中。

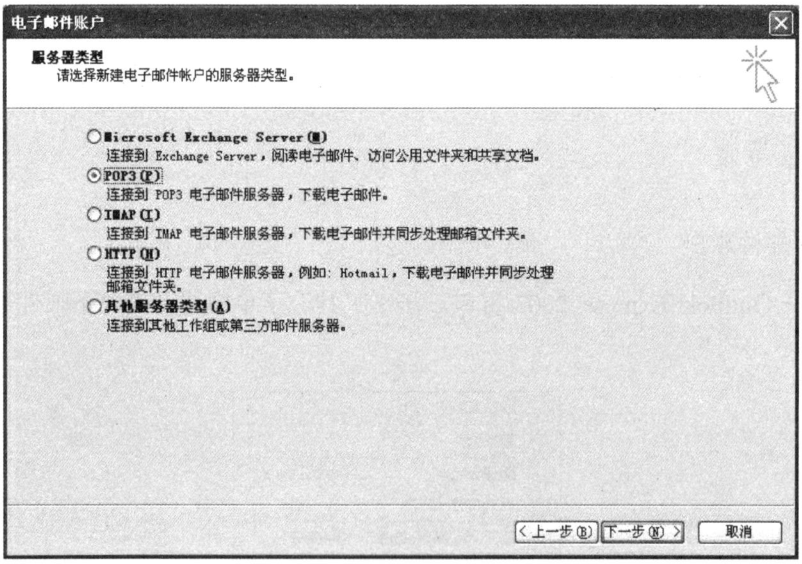

图 6-32　选择服务器类型

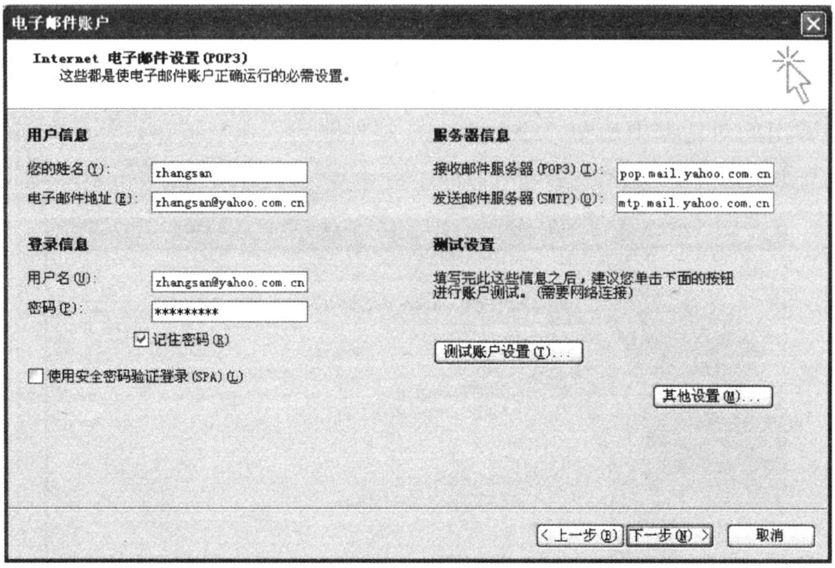

图 6-33　基本信息填写

说明：

（1）用户信息。

您的姓名：输入您的姓名，作为外发邮件“发件人:”字段中显示的内容。

电子邮件地址：输入您的完整 Yahoo! 电子邮件地址（Yahoo!ID@yahoo.com.cn）。

(2) 服务器信息。

接收邮件服务器（POP3）：pop.mail.yahoo.com.cn

邮件发送服务器（SMTP）：smtp.mail.yahoo.com.cn

(3) 登录信息。

用户名：输入您的 Yahoo!ID（雅虎电子邮件地址@前面的部分）。

密码：输入您的 Yahoo!邮箱密码。

（5）单击“其他设置...”按钮，弹出“Internet 电子邮件设置”对话框，然后打开“发送服务器”选项卡。

（6）选中“我的发送服务器（SMTP）要求验证”复选框，然后选中“使用与接收邮件服务器相同的设置”单选按钮，如图 6-34 所示。

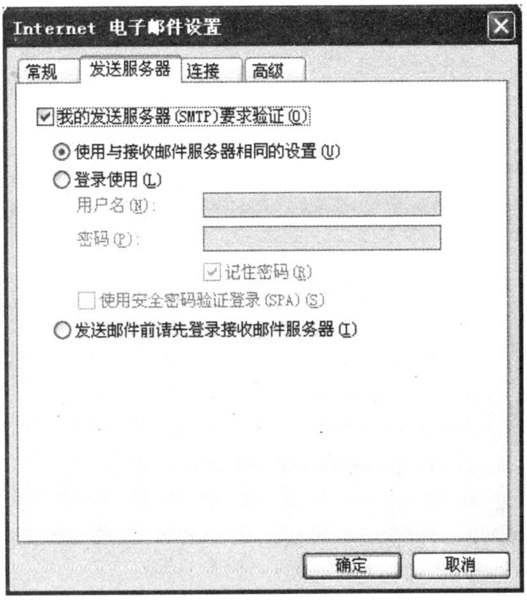

图 6-34　选择服务器类型

（7）打开“高级”选项卡。

（8）单击“使用默认设置”按钮来设置接收服务器与发送服务器的默认端口，如图 6-35 所示。

（9）单击“确定”按钮（同时建议勾选在“服务器上保留邮件的副本”单选按钮，以确保邮件不会出现丢失的情况。

（10）单击“测试账户设置...”，收到“恭喜您！所有测试成功完成”的消息后，单击“关闭”按钮。

（11）单击“下一步”按钮，然后单击“完成”按钮即可，如图 6-36 所示。

注意：

通过外部客户端，只能接收雅虎邮箱中收件箱的邮件而无法收到其他任何文件夹的邮件。

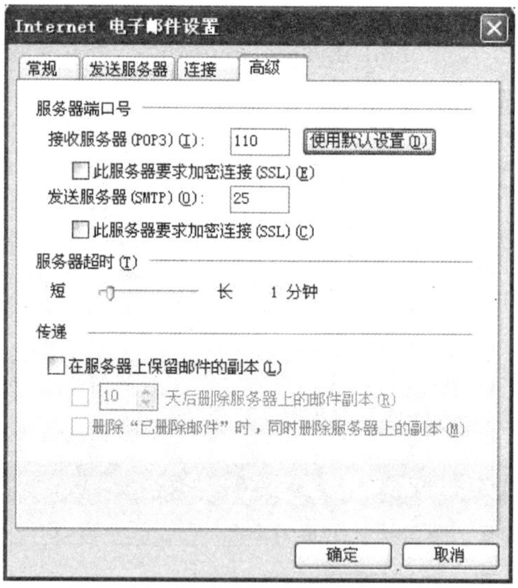

图 6-35　电子邮件设置

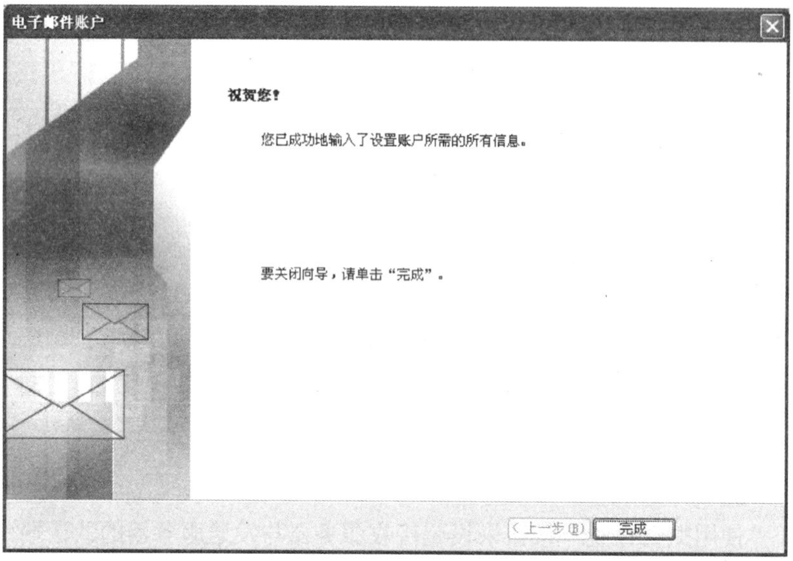

图 6-36　设置完成

2．建立联系人

将常用的 E-mail 地址添加到联系人列表中，建立联系人以便快速发送邮件。

操作提示如下。

（1）启动 Outlook Express 后，单击 Outlook Express 窗口左下方"联系人"选项按钮（如图 6-37 所示），单击常用工具栏中的"新建联系人"，"新建联系人"下拉列表如图 6-38 所示。

（2）在打开的新建联系人"常规"选项卡中填入联系人的姓名及 E-mail 地址，单击"新建并保存"按钮，将新联系人添加到联系人列表中，如图 6-39 所示。当所有的联系人都添加完后，可以单击常用工具栏上的"保存并关闭"按钮，如图 6-40 所示。

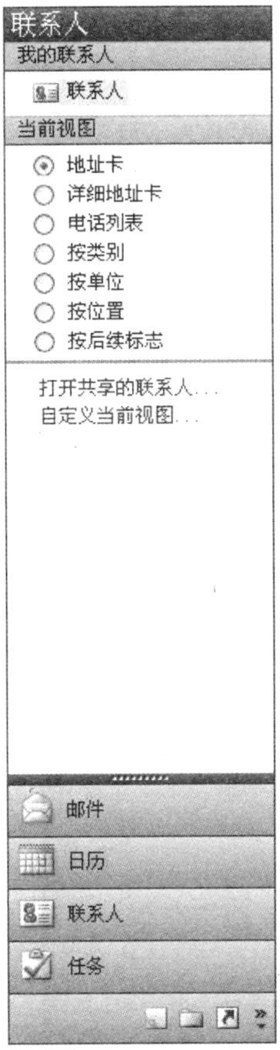

图 6-37　“联系人”选项按钮

图 6-38　“新建联系人”下拉列表

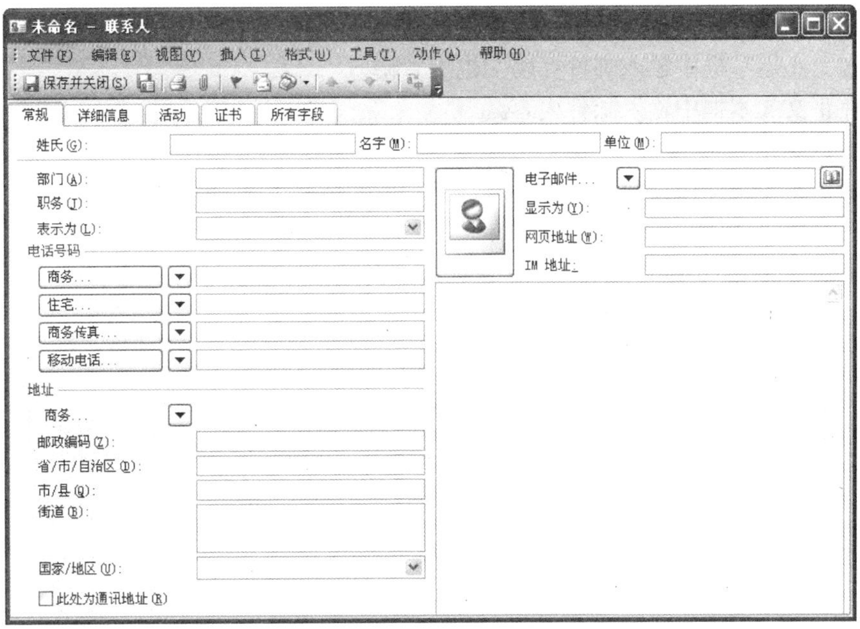

图 6-39　“常规”选项卡

图 6-40　“保存并关闭”按钮

3. 使用 Outlook Express 发送邮件

写一封祝贺同学生日的邮件，同时使用附件传送一张图片作为贺卡。

操作提示如下。

（1）打开新邮件编辑窗口。执行 Outlook Express 窗口中的“邮件”→“新邮件”命令或单击工具栏上的“新邮件”按钮，进入新邮件编辑窗口，如图 6-41 所示。

图 6-41　Outlook Express 新邮件编辑窗口

（2）在“收件人”文本框中输入收件人的邮件地址。

（3）在“主题”框中输入邮件标题（也可省略）。

（4）在正文文本框中输入邮件内容。

（5）发送带有附件的邮件。单击工具栏上的“附加文件”按钮，打开“插入附件”对话框，选择指定的文件作为邮件附件（可以同时添加多个附件），如图 6-42 所示。单击“插入”按钮即可插入到正在编辑的邮件中。

（6）此时，新邮件编辑界面如图 6-43 所示，单击工具栏上的“发送”按钮即可发送邮件。

注意：

当邮件编辑完成后，单击“新邮件”窗口工具栏上的“发送”按钮。当线路不通时，所撰写的邮件将保存到发件箱中，当联机后单击“发送与接收”按钮，可将发件箱中的邮件发送出去，并将来信送入收件箱。

图 6-42　“插入附件”对话框

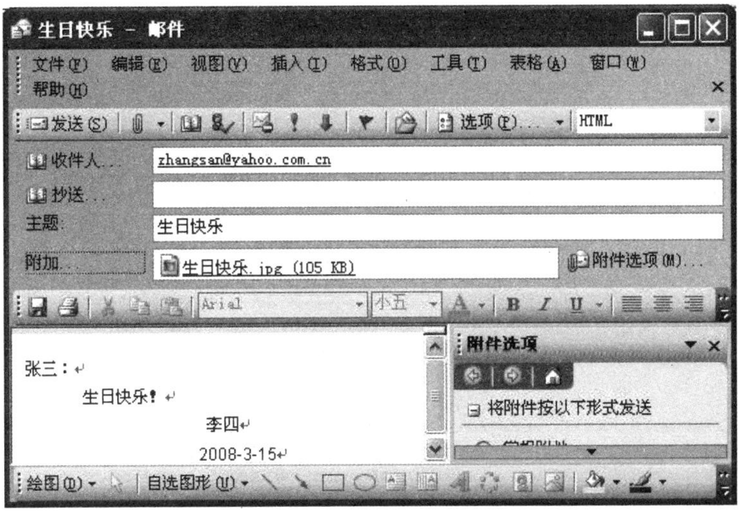

图 6-43　新邮件编辑界面

4．使用 Outlook Express 接收邮件

通过 Outlook Express 接收邮件的方法如下。

（1）在 Outlook Express 窗口的工具栏上单击“发送与接收”按钮，可将来信送入收件箱。

（2）如果要接收某一指定邮箱的邮件，单击“发送/接收”的下拉按钮，如图 6-44 所示，再选择雅虎邮箱。

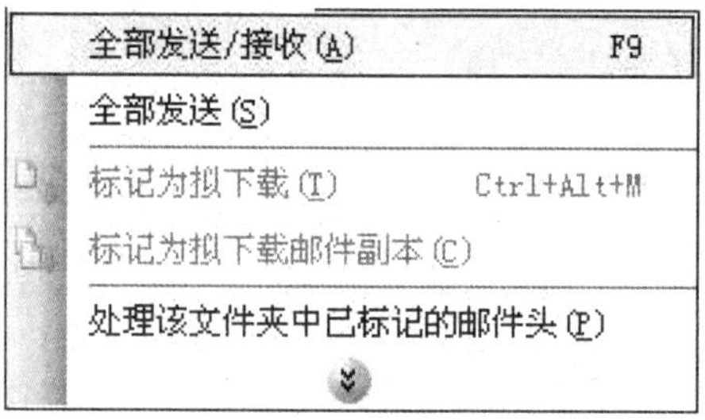

图 6-44　选择接收邮箱

5. 阅读和保存邮件的附件

单击邮件阅读窗口右上角的斜回形针“ θ ”按钮，弹出下拉菜单，双击附件文件名阅读附件或选择“保存附件”命令打开“附件保存”对话框，将附件保存到磁盘上。保存附件也可通过“文件|附件保存”命令来完成。单击“关闭”按钮，结束此次操作。

学习测评

先申请一个以自己学号命名的邮箱，删除 Outlook Express 中已有的邮件账户，新建一个邮件账户，并用此账户接收邮件。

要求：

（1）电子邮件地址：学号@tzc.edu.cn；

（2）显示姓名：自己的姓名；

（3）口令：自己定；

（4）POP3 和 SMTP 服务器地址都为：根据自己所申请的电子邮箱来进行设定。

实例 5

Windows Media Player 10 的管理和使用

学习任务

PC 还不是真正的电视机，但是正在逐步向这方面发展。可以通过 Internet 观看实况转播或视频录像，还可以收听实况收音机广播和 CD 品质的音乐。实现这些功能都需要一个非常优秀的播放器——Windows Media Player 10，其界面如图 6-45 所示。它具备了播放大部分多媒体文件的能力，也必须能够处理 Internet 服务。新的多媒体内容不断出现，年轻的天才们不断发明出新的多媒体格式并把它们放在网上。它具有可扩展能力，可以加载各种各样优秀的插件，帮助它完善自己的功能。学习使用它可以帮助我们更好地发挥出 PC 的多媒体功能。

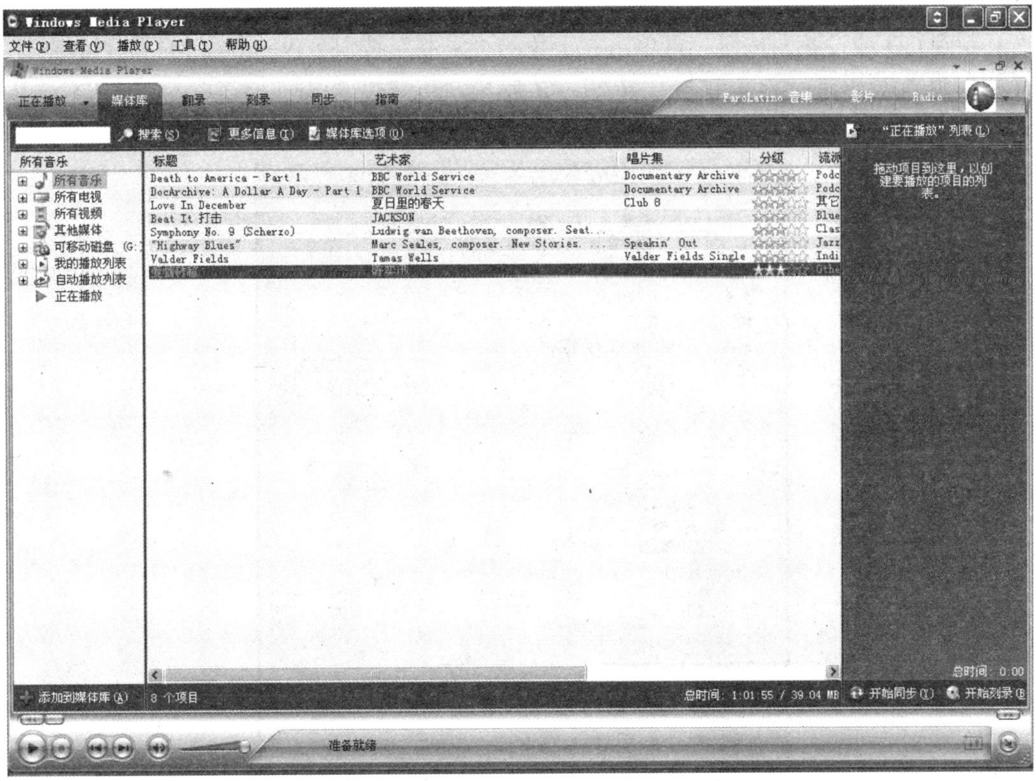

图 6-45　Windows Media Player 10 界面

学习目标

1. 掌握用 Windows Medio Player 10 制作 CD 的方法；
2. 掌握播放列表控制设置方法；
3. 掌握与便携式播放器同步的功能。

操作步骤

1. 翻录 CD

（1）将音乐整理到硬盘。

（2）将要用到的 CD 找出来，记下要复制整理的音乐音轨顺序，然后放入光驱。打开 Windows Media Player 10，按下界面左边的“从 CD 复制”按钮，打开 CD 音乐列表，可以看到在每个曲目的前面都有个小勾。去掉不想复制的音乐文件前面的勾。

（3）在 CD 列表的下面，是将曲目复制保存的位置。如果要更改保存目录，可选择“工具→“选项→“复制音乐”命令，再按“更改”按钮，输入想保存的位置即可。

（4）下面就可以将这些音乐写成 CD 了。先准备一张空白的刻录盘放入刻录机。然后在 Windows Media Player 10 中选择“文件”→“打开”命令，选中刚才复制到硬盘的音乐，单击“复制到 CD 或设备”按钮，再单击右上角的“复制”按钮，Windows Media Player 10 就会开始对每首音乐进行检查和格式转换，之后刻录工作就正式开始了！翻录 CD 选项如图 6-46 所示。

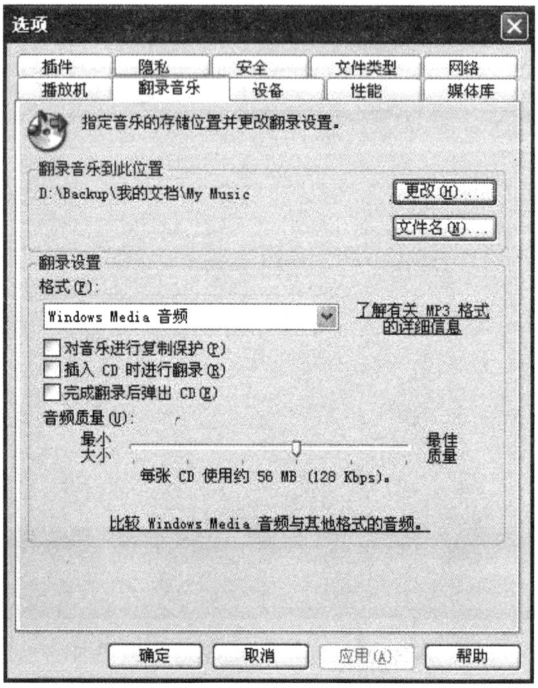

图 6-46　翻录 CD 选项

2. 播放列表控制

如果需要对自动同步的播放列表进行调整，只需选中“自定义将同步的播放列表”项即可。选中该项后，下方便会出现目前保存在 Windows Media Player 中的所有播放列表，用户可以根据自己的喜好将需要同步的播放列表选中，而所有选中的列表也会按照它们排列的顺序依次进行同步。如果想对某个列表的优先级进行调整，只需将其选中，然后按动屏幕下部的箭头按钮将其向上移动，排位越靠上优先级越高。设置完成后，Windows Media Player 便开始向便携设备中同步歌曲了（见图 6-47）。

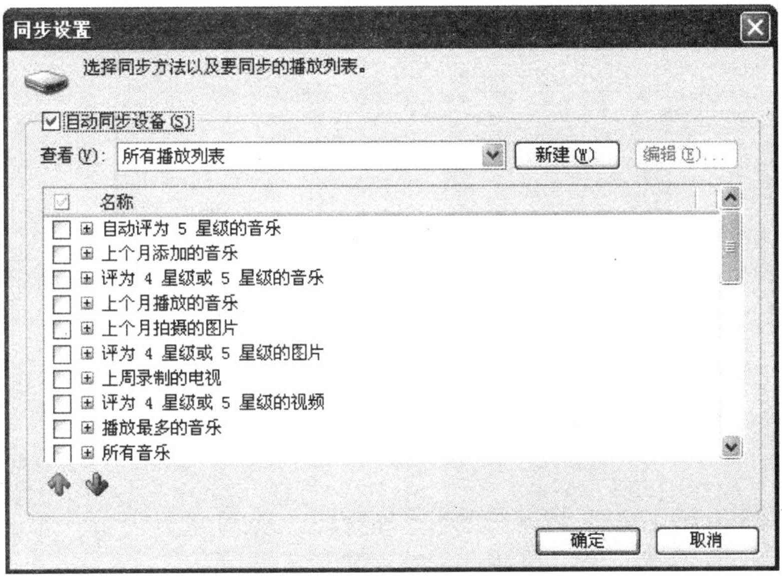

图 6-47　“同步设置”对话框

如果需要对播放列表的优先级进行改动，只需单击 Windows Media Player 主界面上的“媒体库”选项卡，然后右击左侧的播放器条目，在弹出的快捷菜单中选择“改变同步设置”命令，便可以再次对播放列表的顺序进行修改了。

当用户在 PC 上安装了其他的媒体播放器后，往往会发生文件关联变更的问题。当双击一个音乐文件的时候，系统很有可能并不会启动 Windows Media Player，而是使用其他播放器。

对于这种情况，用户只需右击文件，然后选择“打开方式”→“选择程序”命令，选择“Windows Media Player”，并选中“始终使用选择的程序打开这种文件”即可。但对于大量的文件，可以打开 Windows Media Player，进入“工具”菜单→“选项”菜单→“文件类型”选项卡，在文件类型列表中选择需要与 Windows Media Player 进行关联的文件类型即可。设置完成后单击“确定”按钮，选择的文件类型便会重新与 Windows Media Player 关联（见图 6-48）。

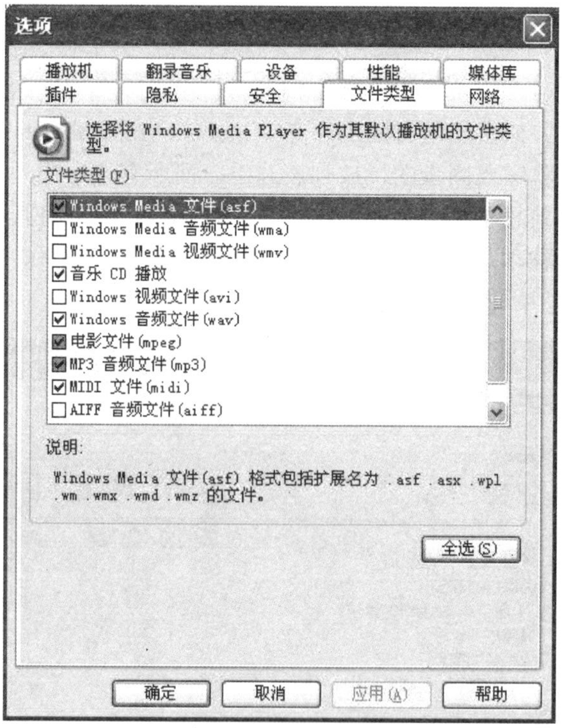

图 6-48　“文件类型”选项

说明：

（1）Windows media player 10 支持的文件格式有：

Windows Media 格式（.asf、.wma、.wmv、.wm）；

Windows Media 元文件（.asx、.wax、.wvx、.wpl）。

（2）Windows media player 10 不支持的文件格式有：

RealNetworks 内容（.ra、.rm、.ram）；

QuickTime 内容（.mov、.qt）；

MPEG-4（.mp4）。

3．同步

使用 Windows Media Player 10 播放其同步列表中的歌曲的时候，将便携式播放器连接到 PC，软件便会自动识别添加的新设备，并提示用户是否需要与该设备保持同步。

当用户插入的某个设备总是拥有同一个驱动器盘符（如 PC 上的读卡器所支持的 SD 卡），那么，可以利用 Windows Media Player 10 的设置来避免软件频繁询问是否与该设备同步。单击工具菜单，选择“选项”命令，然后打开“设备”选项卡，选定读卡器的盘符字母，然后进入属性页面，反选“当连接到该设备时开始同步”选项。这样，当将 SD 卡插入读卡器时，Windows Media Player 便不会再提示同步了，如图 6-49 所示。

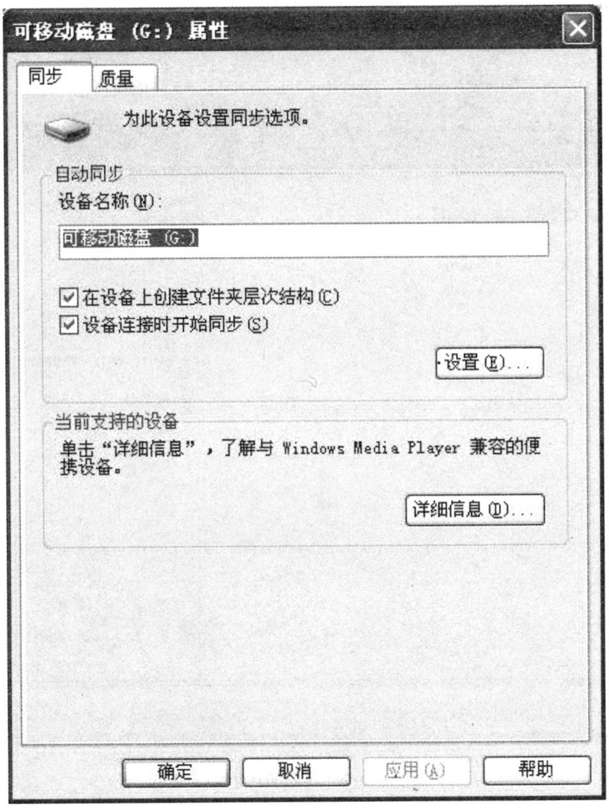

图 6-49　读卡设备

当然，对于移动音乐播放器来说，同步功能还是非常实用的，用户可以轻松选定一组歌曲并将其传输至移动设备中。在 Windows Media Player 10 主窗口上打开"媒体库"选项卡，选定一首想要传输的歌曲，单击右键，在弹出的菜单中选择"添加到"，然后选择"同步列表"。如果需要同时选定多个歌曲文件，可以在选择时按下"Ctrl"键。添加到同步列表的操作如前所述。

当同步歌曲添加完毕后，单击 Windows Media Player 10 主窗口上的"同步"选项卡，左侧的面板中便会显示刚才添加的歌曲列表。如果右侧的面板中并没有显示出移动播放器，则单击向下的箭头，选择相应的设备或驱动器盘符字母。接下来只需要单击"开始同步"按钮即可开始文件传输，如图 6-50 所示。

不过，如果在创建同步列表之后才将设备连接到 PC，Windows Media Player 会要求用户为设备进行同步选项设置，其中有手动和自动两种选项供用户选择。如果选择了手动，每次将设备连接到 PC 都需要手动添加需要传输的歌曲文件。

如果选择了自动，当用户将设备连接至 PC 时，Windows Media Player 会尝试将整个媒体库中的文件同步到便携式播放器中。如果设备无法容纳整个媒体库，Windows Media Player 会根据播放列表自动选择需要传输的文件。

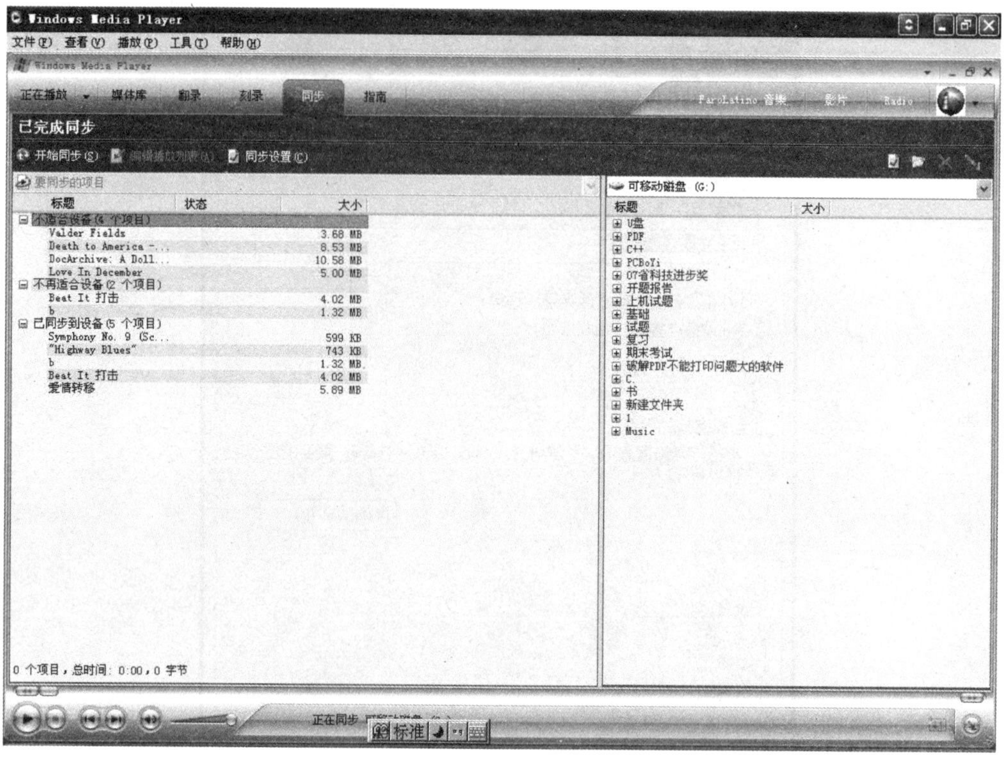

图 6-50　开始同步

学习测评

1. 如何使用 Windows Media Player 来制作 CD？
2. 如何使用 Windows Media Player 同步移动播放器的音乐列表？

第 7 章　计算机基础习题

1．下列叙述中，正确的是（　　）

A．内存中存放的是当前正在执行的应用程序和所需的数据。

B．内存中存放的是当前暂时不用的程序和数据。

C．外存中存放的是当前正在执行的程序和所需的数据。

D．内存中只能存放指令。

2．影响一台计算机性能的关键部件是（　　）。

A．CD-ROM

B．硬盘

C．CPU

D．显示器

3．CPU 主要技术性能指标有（　　）。

A．字长、运算速度和时钟主频

B．可靠性和精度

C．耗电量和效率

D．冷却效率

4．在计算机中，信息的最小单位是（　　）。

A．bit

B．Byte

C．Word

D．Double Word

5．下列关于磁道的说法中，正确的是（　　）

A．盘面上的磁道是一组同心圆。

B．由于每一磁道的周长不同，所以每一磁道的存储容量也不同。

C．盘面上的磁道是一条阿基米得螺线。

D．磁道的编号是最内圈为 0，并按次序由内向外逐渐增大，最外圈的编号最大。

6．计算机的硬件主要包括：中央处理器（CPU）、存储器、输出设备和（　　）。

A．键盘

B．鼠标

C．输入设备

D．显示器

7．UPS 的中文译名是（　　）。

A．稳压电源

B．不间断电源

C．高能电源

D．调压电源

8．目前，打印质量最好的打印机是（　　）。

A．针式打印机

B．点阵打印机

C．喷墨打印机

D．激光打印机

9．下列叙述中，错误的是（　　）

A．计算机硬件主要包括：主机、键盘、显示器、鼠标器和打印机五大部件。

B．计算机软件分系统软件和应用软件两大类。

C．CPU 主要由运算器和控制器组成。

D．内存储器中存储当前正在执行的程序和正在处理的数据。

10．下列关于世界上第一台电子计算机 ENIAC 的叙述中，错误的是（　　）

A．它是 1946 年在美国诞生的。

B．它的主要元件是电子管和继电器。

C．它是首次采用存储程序控制概念的计算机。

D．它主要用于弹道计算。

11．在计算机的硬件技术中，构成存储器的最小单位是（　　）。

A．字节（Byte）

B．二进制位（bit）

C．字（Word）

D．双字（Double Word）

12．控制器的主要功能是（　　）。

A．指挥计算机各部件自动、协调地工作

B．对数据进行算术运算

C．进行逻辑判断

D．控制数据的输入和输出

13．在计算机中，条码阅读器属于（　　）。

A．输入设备

B．存储设备

C．输出设备

D．计算设备

14．一台微机性能的好坏，主要取决于（　　）。

A．内存储器容量的大小

B．CPU 的性能

C．显示器分辨率的高低

D．硬盘的容量

15．下列说法中，正确的是（　　）

A．硬盘的容量远大于内存的容量。
B．硬盘的盘片是可以随时更换的。
C．优盘的容量远大于硬盘的容量。
D．硬盘安装在机箱内，它是主机的组成部分。

16．下面关于 USB 的叙述中，错误的是（　　）
A．USB 的中文名为“通用串行总线”。
B．USB 2.0 的数据传输速率大大高于 USB 1.1。
C．USB 具有热插拔与即插即用的功能。
D．USB 接口连接的外部设备（如移动硬盘、U 盘）必须另外供应电源。

17．把内存中的数据保存到硬盘上的操作称为（　　）。
A．显示
B．写盘
C．输入
D．读盘

18．把存储在硬盘上的程序传送到指定的内存区域中，这种操作称为（　　）。
A．输出
B．写盘
C．输入
D．读盘

19．鼠标器是当前计算机中常用的（　　）。
A．控制设备
B．输入设备
C．输出设备
D．浏览设备

20．冯·诺依曼（Von Neumann）在总结 ENIAC 的研制过程和制定 EDVAC 计算机方案时，提出两点改进意见，它们是（　　）。
A．采用 ASCII 编码集和指令系统
B．引入 CPU 和内存储器的概念
C．机器语言和十六进制
D．采用二进制和存储程序控制的概念

21．CPU 的指令系统又称为（　　）。
A．汇编语言
B．机器语言
C．程序设计语言
D．符号语言

22．组成 CPU 的主要部件是（　　）。
A．运算器和控制器
B．运算器和存储器
C．控制器和寄存器

D．运算器和寄存器

23．下面关于随机存取存储器（RAM）的叙述中，正确的是（　　）

A．静态（RAM）的集成度低，但存取速度快且无须“刷新”。

B．DRAM 的集成度高且成本高，常做 Cache 用。

C．DRAM 的存取速度比 SRAM 快。

D．DRAM 中存取的数据断电后不会丢失。

24．CD-ROM 是（　　）。

A．大容量可读可写外部存储器

B．大容量只读外部存储器

C．可直接与 CPU 交换数据的存储器

D．只读内部存储器

25．假设某台式计算机的内存储器容量为 256 MB，硬盘容量为 20 GB。硬盘的容量是内存容量的（　　）。

A．40 倍

B．60 倍

C．80 倍

D．100 倍

26．运算器的主要功能是进行（　　）。

A．算术运算

B．逻辑运算

C．加法运算

D．算术和逻辑运算

27．下列的英文缩写和中文名字的对照中，正确的一个是（　　）。

A．URL——用户报表清单

B．CAD——计算机辅助设计

C．USB——不间断电源

D．RAM——只读存储器

28．度量计算机运算速度的常用单位是（　　）。

A．MIps

B．MHz

C．MB

D．Mbps

29．下列各存储器中，存取速度最快的是（　　）。

A．CD-ROM

B．内存储器

C．软盘

D．硬盘

30．在微机的配置中常看到“P4 2.4G”字样，其中数字“2.4G”表示（　　）。

A．处理器的时钟频率是 2.4GHz

B．处理器的运算速度是 2.4GIps

C．处理器是 Pentium4 第 2.4 代

D．处理器与内存间的数据交换速率是 2.4Gbps

31．微机的销售广告中，“P4 2.4G/256M/80G”中的 2.4G 是表示（　　）。

A．CPU 的运算速度为 2.4GIps

B．CPU 为 Pentium 4 的 2.4 代

C．CPU 的时钟主频为 2.4GHz

D．CPU 与内存间的数据交换速率是 2.4Gbps

32．存储计算机当前正在执行的应用程序和相应的数据的存储器是（　　）。

A．硬盘

B．ROM

C．RAM

D．CD-ROM

33．在外部设备中，扫描仪属于（　　）。

A．输出设备

B．存储设备

C．输入设备

D．特殊设备

34．下列的英文缩写和中文名字的对照中，正确的一个是（　　）。

A．WAN——广域网

B．ISP——因特网服务程序

C．USB——不间断电源

D．RAM——只读存储器

35．计算机主要技术指标通常是指（　　）。

A．所配备的系统软件的版本

B．CPU 的时钟频率和运算速度、字长、存储容量

C．显示器的分辨率、打印机的配置

D．硬盘容量的大小

36．计算机技术中，下列度量存储器容量的单位中，最大的单位是（　　）。

A．KB

B．MB

C．Byte

D．GB

37．下列说法中，正确的是（　　）

A．软盘的容量远远小于硬盘的容量。

B．硬盘的存取速度比软盘的存取速度慢。

C．优盘的容量远大于硬盘的容量。

D．软盘驱动器是唯一的外部存储设备。

38. 计算机技术中，英文缩写 CPU 的中文译名是（　　）。

A. 控制器

B. 运算器

C. 中央处理器

D. 寄存器

39. 在 CD 光盘上标记有“CD-RW”字样，此标记表明该光盘（　　）。

A. 只能写入一次、可以反复读出的一次性写入光盘

B. 可多次擦除型光盘

C. 只能读出、不能写入的只读光盘

D. RW 是 Read and Write 的缩写

40. 目前，在市场上销售的微型计算机中，标准配置的输入设备是（　　）。

A. 键盘+CD-ROM 驱动器

B. 鼠标+键盘

C. 显示器+键盘

D. 键盘+扫描仪

41. 在计算机指令中，规定其所执行操作功能的部分称为（　　）。

A. 地址码

B. 源操作数

C. 操作数

D. 操作码

42. 一个完整的计算机系统应该包含（　　）。

A. 主机、键盘和显示器

B. 系统软件和应用软件

C. 主机、外设和办公软件

D. 硬件系统和软件系统

43. 下列叙述中，错误的是（　　）

A. 硬盘在主机箱内，它是主机的组成部分。

B. 硬盘是外部存储器之一。

C. 硬盘的技术指标之一是每分钟的转速 rpm。

D. 硬盘与 CPU 之间不能直接交换数据。

44. 现代微型计算机中所采用的电子器件是（　　）。

A. 电子管

B. 晶体管

C. 小规模集成电路

D. 大规模和超大规模集成电路

45. 组成计算机硬件系统的基本部分是（　　）。

A. CPU、键盘和显示器

B. 主机和输入/输出设备

C. CPU 和输入/输出设备

D．CPU、硬盘、键盘和显示器

46．字长是 CPU 的主要性能指标之一，它表示（　　）。

A．CPU 一次能处理二进制数据的位数

B．最长的十进制整数的位数

C．最大的有效数字位数

D．计算机结果的有效数字长度

47．下列设备组中，完全属于输出设备的一组是（　　）。

A．喷墨打印机，显示器，键盘

B．激光打印机，键盘，鼠标

C．键盘，鼠标，扫描仪

D．打印机，绘图仪，显示器

48．下列计算机技术词汇的英文缩写和中文名字对照中，错误的是（　　）。

A．CPU——中央处理器

B．ALU——算术逻辑部件

C．CU——控制部件

D．OS——输出服务

49．计算机的系统总线是计算机各部件间传递信息的公共通道，它分为（　　）。

A．数据总线和控制总线

B．数据总线、控制总线和地址总线

C．地址总线和数据总线

D．地址总线和控制总线

50．目前市售的 USB Flash Disk（俗称优盘）是一种（　　）。

A．输出设备

B．输入设备

C．存储设备

D．显示设备

51．计算机存储器中，组成一个字节的二进制位数是（　　）。

A．4 bits

B．8 bits

C．16 bits

D．32 bits

52．下列叙述中，正确的是（　　）

A．把数据从硬盘上传送到内存的操作称为输出。

B．WPS Office 2003 是一个国产的系统软件。

C．扫描仪属于输出设备。

D．将高级语言编写的源程序转换为机器语言程序的程序叫编译程序。

53．世界上第一台电子数字计算机 ENIAC 是 1946 年研制成功的，其诞生的国家是（　　）。

A．美国

B. 英国

C. 法国

D. 瑞士

54. 控制器（CU）的功能是（　　）。

A. 指挥计算机各部件自动、协调一致地工作

B. 对数据进行算术运算或逻辑运算

C. 控制对指令的读取和译码

D. 控制数据的输入和输出

55. 在微机中，1 GB 的等于（　　）。

A. 1024×1024 Bytes

B. 1024 KB

C. 1024 MB

D. 1000 MB

56. 英文缩写 ROM 的中文名译名是（　　）。

A. 高速缓冲存储器

B. 只读存储器

C. 随机存取存储器

D. 优盘

57. 下列度量单位中，用来度量 CPU 时钟主频的是（　　）。

A. MB/s

B. MIps

C. GHz

D. MB

58. 数据在计算机内部传送、处理和存储时，采用的数值是（　　）。

A. 十进制

B. 二进制

C. 八进制

D. 十六进制

59. 当前流行的移动硬盘或优盘进行读/写时利用的计算机接口是（　　）。

A. 串行接口

B. 平行接口

C. USB

D. UBS

60. 调制解调器（MODEM）的功能是（　　）。

A. 将计算机的数字信号转换成模拟信号

B. 将模拟信号转换成计算机的数字信号

C. 将计算机数字信号与模拟信号相互转换

D. 为了上网与接电话两不误

61．下列叙述中，正确的是（　　）

A．Cache 一般由 DRAM 构成。

B．汉字的机内码就是它的国际码。

C．数据库管理系统 Oracle 是系统软件。

D．指令由控制码和操作码组成。

62．下面叙述中错误的是（　　）。

A．移动硬盘的容量比优盘的容量大。

B．移动硬盘和优盘均有重量轻、体积小的特点。

C．闪存（Flash Memory）的特点是断电还能保存存储的数据不丢失。

D．移动硬盘和硬盘都不易携带。

63．电子数字计算机最早的应用领域是（　　）。

A．辅助制造工程

B．过程控制

C．信息处理

D．数值计算

64．下列的英文缩写和中文名字的对照中，正确的是（　　）。

A．CAD——计算机辅助设计

B．CAM——计算机辅助教育

C．CIMS——计算机集成管理系统

D．CAI——计算机辅助制造

65．下列选项中，不属于显示器主要技术指标的是（　　）。

A．分辨率

B．重量

C．像素的点距

D．显示器的尺寸

66．组成一个计算机系统的两大部分是（　　）。

A．系统软件和应用软件

B．硬件系统和软件系统

C．主机和外部设备

D．主机和输入/输出设备

67．下列关于 CPU 的叙述中，正确的是（　　）

A．CPU 能直接读取硬盘上的数据。

B．CPU 能直接与内存储器交换数据。

C．CPU 主要组成部分是存储器和控制器。

D．CPU 主要用来执行算术运算。

68．按电子计算机传统的分代方法，第一代至第四代计算机依次是（　　）。

A．机械计算机、电子管计算机、晶体管计算机、集成电路计算机

B．晶体管计算机、集成电路计算机、大规模集成电路计算机、光器件计算机

C．电子管计算机、晶体管计算机、小/中规模集成电路计算机、大规模和超大规

模集成电路计算机

D．手摇机械计算机、电动机械计算机、电子管计算机、晶体管计算机

69．下列叙述中，正确的是（　　）

A．用高级语言编写的程序称为源程序。

B．计算机能直接识别、执行用汇编语言编写的程序。

C．用机器语言编写的程序执行效率最低。

D．不同型号的 CPU 具有相同的机器语言。

70．下列中，错误的是（　　）

A．硬盘在主机箱内，它是主机的组成部分。

B．硬盘属于外部设备。

C．硬盘驱动器既可做输入设备又可做输出设备。

D．硬盘与 CPU 之间不能直接交换数据。

71．硬盘属于（　　）。

A．内部存储器

B．外部存储器

C．只读存储器

D．输出设备

72．下列叙述中，正确的是（　　）

A．字长为 16 位表示这台计算机最大能计算一个 16 位的十进制数。

B．字长为 16 位表示这台计算机的 CPU 一次能处理 16 位二进制数。

C．运算器只能进行算术运算。

D．SRAM 的集成度高于 DRAM。

73．下面关于随机存取存储器（RAM）的叙述中，正确的是（　　）

A．RAM 分静态 RAM（SRAM）和动态 RAM（DRAM）两大类。

B．SRAM 的集成度比 DRAM 高。

C．DRAM 的存取速度比 SRAM 快。

D．DRAM 中存储的数据无须“刷新”。

74．用高级程序设计语言编写的程序（　　）。

A．计算机能直接执行

B．可读性和可移植性好

C．可读性差但执行效率高

D．依赖于具体机器，不可移植

75．下面关于优盘的描述中，错误的是（　　）

A．优盘有基本型、增强型和加密型三种。

B．优盘的特点是重量轻、体积小。

C．优盘多固定在机箱内，不便携带。

D．断电后，优盘还能保持存储的数据不丢失。

76．下列设备组中，完全属于外部设备的一组是（　　）。

A．CD-ROM 驱动器、CPU、键盘、显示器

B．激光打印机、键盘、CD-ROM 驱动器、鼠标器
C．内存储器、CD-ROM 驱动器、扫描仪、显示器
D．打印机、CPU、内存储器、硬盘

77．计算机之所以能按人们的意图自动进行工作，最直接的原因是因为采用了（　　）。
A．二进制
B．高速电子元件
C．程序设计语言
D．存储程序控制

78．通常所说的微型机主机是指（　　）。
A．CPU 和内存
B．CPU 和硬盘
C．CPU、内存和硬盘
D．CPU、内存与 CD-ROM

79．组成计算机指令的两部分是（　　）。
A．数据和字符
B．操作码和地址码
C．运算符和运算数
D．运算符和运算结果

80．第三代计算机采用的电子元件是（　　）。
A．晶体管
B．中、小规模集成电路
C．大规模集成电路
D．电子管

81．用来存储当前正在运行的应用程序及相应数据的存储器是（　　）。
A．ROM
B．硬盘
C．RAM
D．CD-ROM

82．对 CD-ROM 可以进行的操作是（　　）。
A．读或写
B．只能读不能写
C．只能写不能读
D．能存不能取

83．下列设备组中，完全属于外部设备的一组是（　　）。
A．激光打印机、移动硬盘、鼠标器
B．CPU、键盘、显示器
C．SRAM 内存条、CD-ROM 驱动器、扫描仪
D．优盘、内存储器、硬盘

84．下列说法中，正确的是（　　）
A．只要将用高级程序语言编写的源程序文件（如 try.c）的扩展名更改为.exe，它就成为可执行文件了。
B．当代高级的计算机可以直接执行用高级程序语言编写的程序。
C．用高级程序语言编写的源程序经过编译和连接后称为可执行程序。
D．用高级程序语言编写的程序的可移植性和可读性都很差。

85．Cache 的中文译名是（　　）。
A．缓冲器
B．只读存储器
C．高速缓冲存储器
D．可编程只读存储器

86．把用高级语言编写的源程序转换为可执行程序（.exe），要经过的过程叫做（　　）。
A．汇编和解释
B．编辑和连接
C．编译和连接
D．解释和编译

87．现代计算机中采用二进制数制是因为二进制数的优点是（　　）。
A．代码表示简短，易读
B．物理上容易实现且简单可靠；运算规则简单；适合逻辑运算
C．容易阅读，不易出错
D．只有 0，1 两个符号，容易书写

88．USB 1.1 和 USB 2.0 的区别之一在于传输速率不同，USB 1.1 的传输速率是（　　）。
A．150 KB/s
B．12 MB/s
C．480 MB/s
D．48 MB/s

89．下列叙述中，错误的是（　　）
A．把数据从内存传输到硬盘叫写盘。
B．WPS Office 2003 属于系统软件。
C．把源程序转换成机器语言的目标程序的过程叫编译。
D．在计算机内部，数据的传输、存储和处理都使用二进制编码。

90．运算器（ALU）的功能是（　　）。
A．只能进行逻辑运算
B．对数据进行算术运算或逻辑运算
C．只能进行算术运算
D．做初等函数的计算

91．随机存取存储器（RAM）的最大特点是（　　）。
A．存储量极大，属于海量存储器
B．存储在其中的信息可以永久保存

C．一旦断电，存储在其上的信息将全部消失，且无法恢复

D．计算机中，只用来存储数据

92．随机存储器中，有一种存储器需要周期性地补充电荷以保证所存储信息的正确，它是（　　）。

A．静态 RAM[SRAM]

B．动态 RAM[DRAM]

C．RAM

D．Cache

93．下列叙述中，正确的是（　　）

A．C++是高级程序设计语言的一种。

B．用 C++程序设计语言编写的程序可以直接在机器上运行。

C．当代最先进的计算机可以直接识别、执行任何语言编写的程序。

D．机器语言和汇编语言是同一种语言的不同名称。

94．计算机操作系统是（　　）。

A．一种使计算机便于操作的硬件设备

B．计算机的操作规范

C．计算机系统中必不可少的系统软件

D．对源程序进行编辑和编译的软件

95．用高级程序设计语言编写的程序为源程序，它（　　）。

A．只能在专用的机器上运行

B．无须编译或解释，可直接在机器上运行

C．可读性不好

D．具有良好的可读性和可移植性

96．当前计算机上运行的 Windows 2000 属于（　　）。

A．批处理操作系统

B．单用户单任务操作系统

C．单用户多任务操作系统

D．分时操作系统

97．下面关于“计算机系统”的叙述中，最完整的是（　　）

A．“计算机系统”就是指计算机的硬件系统。

B．“计算机系统”是指计算机上配置的操作系统。

C．“计算机系统”由硬件系统和安装在其上的操作系统组成。

D．“计算机系统”由硬件系统和软件系统组成。

98．在所列的软件中：1．WPS Office 2003；2．Windows 2000；3．UNIX；4．Auto CAD；5．Oracle；6．Photoshop；7．Linux，属于应用软件的是（　　）。

A．1，4，5，6

B．1，3，4

C．2，4，5，6

D．1，4，6

99．一个完整计算机系统的组成部分应该是（　　）。

A．主机、键盘和显示器

B．系统软件和应用软件

C．主机和它的外部设备

D．硬件系统和软件系统

100．计算机能直接识别的语言是（　　）。

A．高级程序语言

B．机器语言

C．汇编语言

D．C++语言

101．完整的计算机软件指的是（　　）。

A．程序、数据与相应的文档

B．系统软件和应用软件

C．操作系统与应用软件

D．操作系统和办公软件

102．英文缩写 CAI 的中文意思是（　　）。

A．计算机辅助教学

B．计算机辅助制造

C．计算机辅助设计

D．计算机辅助管理

103．操作系统管理用户数据的单位是（　　）。

A．扇区

B．文件

C．磁道

D．文件夹

104．下列各组软件中，完全属于应用软件的一组是（　　）。

A．UNIX，WPS Office 2003，MS-DOS

B．Auto CAD，Photoshop，PowerPoint 2000

C．Oracle，FORTRAN 编译系统，系统诊断程序

D．物流管理程序，Sybase，Windows 2000

105．在所列的软件中：1．WPS Office 2003；2．Windows 2000；3．财务管理软件；4．UNIX；5．学籍管理系统；6．MS-DOS；7．Linux，属于应用软件的是（　　）。

A．1，2，3

B．1，3，5

C．1，3，5，7

D．2，4，6，7

106．计算机软件分系统软件和应用软件两大类，系统软件的核心是（　　）。

A．数据库管理系统

B．操作系统

C．程序语言系统

D．财务管理系统

107．办公室自动化（OA）是计算机的一项应用，按计算机应用的分类，它属于（　　）。

A．科学计算

B．辅助设计

C．实时控制

D．信息处理

108．计算机操作系统通常具有的五大功能是（　　）。

A．CPU 管理、显示器管理、键盘管理、打印机管理和鼠标管理

B．硬盘管理、软盘驱动器管理、CPU 管理、显示器管理和键盘管理

C．处理器（CPU）管理、存储管理、文件管理、设备管理和作业管理

D．启动、打印、显示、文件存取和关机

109．下列关于软件的叙述中，错误的是（　　）。

A．计算机软件系统由程序和相应的文档资料组成

B．Windows 操作系统是系统软件

C．Word 2000 是应用软件

D．软件具有知识产权，不可以随便复制使用

110．用高级程序设计语言编写的程序（　　）。

A．计算机能直接执行

B．可读性和可移植性好

C．可读性差但执行效率高

D．依赖于具体机器，不可移植

111．下列叙述中，正确的是（　　）

A．用高级程序语言编写的程序称为源程序。

B．计算机能直接识别并执行用汇编语言编写的程序。

C．用机器语言编写的程序的执行效率最低。

D．用高级语言编写的程序的可移植性最差。

112．下列各类计算机程序语言中，不属于高级程序设计语言的是（　　）。

A．Visual Basic

B．Visual C++

C．C 语言

D．汇编语言

113．下列关于软件的叙述中，正确的是（　　）

A．计算机软件分为系统软件和应用软件两大类。

B．Windows 就是广泛使用的应用软件之一。

C．所谓软件就是程序。

D．软件可以随便复制使用，不用购买。

114．下列软件中，不是操作系统的是（　　）。

A．Linux

B. UNIX

C. MS-DOS

D. MS-Office

115. 下列软件中，属于应用软件的是（　　）。

A. Windows 2000

B. PowerPoint 2000

C. UNIX

D. Linux

116. 下列各组软件中，全部属于应用软件的是（　　）。

A. 程序语言处理程序、操作系统、数据库管理系统

B. 文字处理程序、编辑程序、UNIX 操作系统

C. 财务处理软件、金融软件、WPS Office 2003

D. Word 2000、Photoshop、Windows 98

117. 对计算机操作系统的作用描述完整的是（　　）。

A. 管理计算机系统的全部软、硬件资源，合理组织计算机的工作流程，以充分发挥计算机资源的效率，为用户提供使用计算机的友好界面

B. 对用户存储的文件进行管理，方便用户

C. 执行用户输入的各类命令

D. 是为汉字操作系统提供运行的基础

118. 下面关于操作系统的叙述中，正确的是（　　）

A. 操作系统是计算机软件系统中的核心软件。

B. 操作系统属于应用软件。

C. Windows 是 PC 唯一的操作系统。

D. 操作系统的五大功能是：启动、打印、显示、文件存取和关机。

119. 把用高级程序设计语言编写的源程序翻译成目标程序（.OBJ）的程序称为（　　）。

A. 汇编程序

B. 编辑程序

C. 编译程序

D. 解释程序

120. 操作系统将 CPU 的时间资源划分成极短的时间片，轮流分配给各终端用户，用户有独占计算机的感觉，这种操作系统称为（　　）。

A. 实时操作系统

B. 批处理操作系统

C. 分时操作系统

D. 分布式操作系统

121. 微机上广泛使用的 Windows 2000 是（　　）。

A. 单用户多任务操作系统

B. 多用户多任务操作系统

C. 实时操作系统

D．多用户分时操作系统

122．操作系统中的文件管理系统为用户提供的功能是（　　）。

A．按文件作者存取文件

B．按文件名管理文件

C．按文件创建日期存取文件

D．按文件大小存取文件

123．十进制数 60 转换成二进制数是（　　）。

A．0111010

B．0111110

C．0111100

D．0111101

124．5 位二进制无符号数最大能表示的十进制整数是（　　）。

A．64

B．63

C．32

D．31

125．无符号二进制整数 1001111 转换成十进制数是（　　）。

A．79

B．89

C．91

D．93

126．根据数值的基本概念，下列各进制的整数中，值最大的一个是（　　）。

A．十六进制数 10

B．十进制数 10

C．八进制数 10

D．二进制数 10

127．十进制数 50 转换成无符号二进制整数是（　　）。

A．0110110

B．0110100

C．0110010

D．0110101

128．无符号二进制整数 111110 转换成十进制数是（　　）。

A．62

B．60

C．58

D．56

129．十进制数 39 转换成无符号二进制整数是（　　）。

A．100011

B．100101

C．100111

D．100011

130．二进制数 1001001 转换成十进制数是（　　）。

A．72

B．71

C．75

D．73

131．十进制数 90 转换成无符号二进制数是（　　）。

A．1011010

B．1101010

C．1011110

D．1011100

132．一个字长为 8 位的无符号二进制整数能表示的十进制数值范围是（　　）。

A．0～256

B．0～255

C．1～256

D．1～255

133．用 8 位二进制数能表示的最大的无符号整数等于十进制整数（　　）。

A．255

B．256

C．128

D．127

134．一个字长为 7 位的无符号二进制整数能表示的十进制数值范围是（　　）。

A．0～128

B．0～255

C．0～127

D．1～127

135．十进制数 111 转换成无符号二进制数是（　　）。

A．01100101

B．01101001

C．01100111

D．01101111

136．字长为 6 位的无符号二进制整数最大能表示的十进制整数是（　　）。

A．64

B．63

C．32

D．31

137．已知三个用不同数值表示的整数 A=00111101B，B=3CH，C=64D，则能成立的比较关系是（　　）。

A．A＜B＜C
B．B＜C＜A
C．B＜A＜C
D．C＜B＜A

138．已知 A=10111110B，B=AEH，C=184D，关系成立的不等式是（　　）。
A．A＜B＜C
B．B＜C＜A
C．B＜A＜C
D．C＜B＜A

139．如果删除一个非零无符号二进制偶数后的两个 0，则次数的值为原数的（　　）。
A．4 倍
B．2 倍
C．1/2
D．1/4

140．设一个十进制整数为 D＞1，转换成十六进制数为 H。根据数制的概念，下列叙述中正确的是（　　）。
A．数字 H 的位数≥数字 D 的位数
B．数字 H 的位数≤数字 D 的位数
C．数字 H 的位数＞数字 D 的位数
D．数字 H 的位数＜数字 D 的位数

141．下列两个二进制数进行算术加运算，100001+111=（　　）。
A．101110
B．101000
C．101010
D．100101

142．已知 a=00101010B 和 b=40D，下列关系式成立的是（　　）。
A．a＞b
B．a=b
C．a＜b
D．不能比较

143．下列编码中，属于正确的汉字内码的是（　　）。
A．5EF6H
B．FB67H
C．A3B3H
D．C97DH

144．一个汉字的机内码与国标码之间的差别是（　　）。
A．前者各字节的最高位二进制值各为 1，而后者为 0
B．前者各字节的最高位二进制值各为 0，而后者为 1
C．前者各字节的最高位二进制值各为 1、0，而后者为 0、1

D．前者各字节的最高位二进制值各为 0、1，而后者为 1、0

145．五笔字型汉字输入法的编码属于（　　）。

A．音码

B．形声码

C．区位码

D．形码

146．根据汉字国际码 GB—80 的规定，总计有各类符号和一、二级汉字的个数是（　　）。

A．6763 个

B．7445 个

C．3008 个

D．3755 个

147．汉字的区位码由一个汉字的区号和位号组成。其区号和位号的范围各为（　　）。

A．区号 1～95，位号 1～95

B．区号 1～94，位号 1～94

C．区号 0～94，位号 0～94

D．区号 0～95，位号 0～95

148．下列关于汉字编码的叙述中，错误的是（　　）

A．BIG5 码是通行于我国香港和台湾地区的繁体汉字编码。

B．一个汉字的区位码就是它的国际码。

C．无论两个汉字的笔画数目相差多少，但它们的机内码的长度是相同的。

D．同一个汉字用不同的输入法输入时，其输入码不同但机内码却是相同的。

149．已知一汉字的国际码是 5E38，其内码应是（　　）。

A．DEB8

B．DE38

C．5EB8

D．7E58

150．根据汉字国际 GB2312—80 的规定，1KB 的存储容量能存储的汉字内码的个数是（　　）。

A．128

B．256

C．512

D．1024

151．汉字国际码（GB2312—80）把汉字分成（　　）。

A．简化字和繁体字两个等级

B．一级汉字、二级汉字和三级汉字三个等级

C．一级常用汉字、二级次常用汉字两个等级

D．常用字、次常用字、罕见字三个等级

152．一个汉字的内码长度为两个字节，其每个字节的最高二进制位的值依次分别是（　　）。

A．0，0

B．0，1

C．1，0

D．1，1

153．存储一个 32×32 点的汉字字形码需要的字节数是（　　）。

A．256

B．128

C．72

D．16

154．显示或打印汉字时，系统使用的是汉字的（　　）。

A．机内码

B．字型码

C．输入码

D．国际码

155．已知“装”字的拼音输入码是“zhuang”，而“大”字的拼音输入码是“da”，它们的国际码的长度的字节数分别是（　　）。

A．6，2

B．3，1

C．2，2

D．4，2

156．存储 1024 个 24×24 点阵的汉字字形码需要的字节数是（　　）。

A．720B

B．72KB

C．7000B

D．7200B

157．在计算机中，对汉字进行传输、处理和存储时使用汉字的（　　）。

A．字形码

B．国际码

C．输入码

D．机内码

158．王码五笔字型输入法属于（　　）。

A．音码输入法

B．形码输入法

C．音形结合的输入法

D．联想输入法

159．在计算机中，西文字符所采用的编码是（　　）。

A．EBCDIC 码

B．ASCII 码

C．国际码

D．BCD 码

160．存储一个 24×24 点的汉字字形码需要（　　）。

A．32 字节

B．48 字节

C．64 字节

D．72 字节

161．已知汉字“家”的区位码是 2850，则其国际码是（　　）。

A．4870D

B．3C52H

C．9CB2H

D．A8D0H

162．根据汉字国际码 GB2312—80 的规定，将汉字分为常用汉字和次常用汉字两级。次常用汉字的排列次序是按（　　）。

A．偏旁部首

B．汉语拼音字母

C．笔画多少

D．使用频率高低

163．根据汉字国际 GB2312—80 的规定，一个汉字的机内码的码长是（　　）。

A．8 bits

B．12 bits

C．16 bits

D．24 bits

164．下列 4 个 4 位十进制数中，属于正确汉字区位码的是（　　）。

A．5601

B．9596

C．9678

D．8799

165．区位码输入法的最大优点是（　　）。

A．只用数码输入，方法简单、容易记忆

B．易记易用

C．一字一码，无重码

D．编码有规律，不易忘记

166．下列编码中，正确的汉字机内码是（　　）。

A．6EF6H

B．FB6FH

C．A3A3H

D．C97CH

167．根据汉字国际码 GB2312—80 的规定，一级常用汉字数有（　　）。

A．3477 个

B．3575 个

C．3755 个

D．7445 个

168．一个汉字的内码和它的国际码之间的差是（　　）。

A．2020H

B．4040H

C．8080H

D．A0A0H

169．在下列字符中，其 ASCII 码值最小的一个是（　　）。

A．空格

B．0

C．A

D．a

170．已知英文字母 m 的 ASCII 码值为 6DH，那么 ASCII 码值为 70H 的英文字母是（　　）。

A．P

B．Q

C．p

D．j

171．已知英文字母 m 的 ASCII 码值为 6DH，那么，码值为 4DH 的字母是（　　）。

A．N

B．M

C．P

D．L

172．在标准 ASCII 码表中，英文字母 a 和 A 的码值之差的十进制值是（　　）。

A．20

B．32

C．–20

D．–32

173．在标准 ASCII 码表中，已知英文字母 A 的十进制码值是 65，英文字母 a 的十进制码值是（　　）。

A．95

B．96

C．97

D．91

174．标准 ASCII 码用 7 位二进制位表示一个字符的编码，其不同的编码共有（　　）。

A．127 个

B．128 个

C．256 个

D．254 个

175．已知三个字符为：a、X 和 5，按它们的 ASCII 码值升序排序，结果是（　　）。

A．5，a，X

B．a，5，X

C．X，a，5

D．5，X，a

176．已知三个字符为：a、Z 和 8，按它们的 ASCII 码值升序排序，结果是（　　）。

A．8，a，Z

B．a，8，Z

C．a，Z，8

D．8，Z，a

177．在 ASCII 码表中，根据码值由小到大的排列顺序是（　　）。

A．空格字符、数字符、大写英文字母、小写英文字母

B．数字符、空格字符、大写英文字母、小写英文字母

C．空格字符、数字符、小写英文字母、大写英文字母

D．数字符、大写英文字母、小写英文字母、空格字符

178．下列叙述中，正确的是（　　）

A．一个字符的标准 ASCII 码占一个字节的存储量，其最高位二进制总为 0。

B．大写英文字母的 ASCII 码值大于小写字母的 ASCII 码值。

C．同一个英文字母（如 A）的 ASCII 码和它在汉字系统下的全角内码是相同的。

D．一个字符的 ASCII 码与它的内码是不同的。

179．在标准 ASCII 码表中，已知英文字母 K 的十进制码值是 75，英文字母 k 的十进制码值是（　　）。

A．107

B．101

C．105

D．106

180．在标准 ASCII 码表中，已知英文字母 A 的 ASCII 码是 01000001，英文字母 F 的 ASCII 码是（　　）。

A．01000011

B．01000100

C．01000101

D．01000110

181．在下列字符中，其 ASCII 码值最大的一个是（　　）。

A．Z

B．9

C．空格字符

D．a

182．字符比较大小实际是比较它们的 ASCII 码值，正确的比较是（　　）。

A．‘A’ 比 ‘B’ 大

B．‘H’ 比 ‘h’ 小

C．‘F’ 比 ‘D’ 小

D．‘9’ 比 ‘D’ 大

183．下列叙述中，正确的是（　　）

A．所有计算机病毒只在执行文件中传染。

B．计算机病毒可通过读/写移动存储器或 Internet 网络进行传播。

C．只要把带毒优盘设置成只读状态，那么此盘的病毒就不会因读盘而传染给另一台计算机。

D．计算机病毒是由于光盘表面不清洁而造成的。

184．计算机病毒实际上是（　　）。

A．一个完整的小程序

B．一段寄生在其他程序上的通过自我复制进行传染的、破坏计算机功能和数据的特殊程序

C．一个有逻辑错误的小程序

D．微生物病毒

185．对于计算机用户来说，为了防止计算机因意外故障而丢失重要数据，对重要数据应定期进行备份。下列移动存储器中，最不常用的一种是（　　）。

A．软盘

B．USB 移动硬盘

C．USB 优盘

D．磁带

186．下列关于计算机病毒的叙述中，错误的是（　　）

A．计算机病毒具有潜伏性。

B．计算机病毒具有传染性。

C．感染过计算机病毒的计算机具有对该病毒的免疫性。

D．计算机病毒是一个特殊的寄生程序。

187．下列关于计算机病毒的叙述中，正确的是（　　）

A．反病毒软件可以查、杀任何种类的病毒。

B．计算机病毒发作后，将对计算机硬件造成永久性的物理破坏。

C．反病毒软件必须随着新病毒的出现而升级，提高查、杀病毒的能力。

D．感染过计算机病毒的计算机具有对该病毒的免疫性。

188．下列叙述中，正确的是（　　）

A．计算机病毒只在可执行文件中传染。

B．计算机病毒主要通过读/写移动存储器或 Internet 网络进行传播。

C．只要删除所有感染了病毒的文件就可以彻底清除病毒。

D．计算机杀毒软件可以查出和清除任意已知的和未知的计算机病毒。

189. 下列叙述中，正确的是（　　）.

A. Word 文档不会带计算机病毒。

B. 计算机病毒具有自我复制的能力，能迅速扩散到其他程序上。

C. 清除计算机病毒的最简单办法是删除所有感染了病毒的文件。

D. 计算机杀毒软件可以查出和清除任何已知或未知的病毒。

190. 对计算机病毒的防治也应以“预防为主”。下列各项措施中，错误的预防措施是（　　）

A. 将重要数据文件及时备份到移动存储设备上。

B. 用杀毒软件定期检查计算机。

C. 不要随便打开/阅读身份不明的发件人发来的电子邮件。

D. 在硬盘中再备份一份。

191. 随着 Internet 的发展，越来越多的计算机感染病毒的可能途径之一是（　　）。

A. 从键盘上输入数据

B. 通过电源线

C. 所使用的光盘表面不清洁

D. 通过 Internet 的 E-mail，附着在电子邮件的信息中

192. 计算机病毒除通过读/写或复制移动存储器上带病毒的文件传染外，另一条主要的传染途径是（　　）。

A. 网络

B. 电源电缆

C. 键盘

D. 输入有逻辑错误的程序

193. 当计算机病毒发作时，主要造成的破坏是（　　）。

A. 对磁盘片的物理损坏

B. 对磁盘驱动器的损坏

C. 对 CPU 的损坏

D. 对存储在硬盘上的程序、数据甚至系统的破坏

194. 感染计算机病毒的原因之一是（　　）。

A. 不正常关机

B. 光盘表面不清洁

C. 错误操作

D. 从网上下载文件

195. 下列用户 XUEJY 的电子邮件地址中，正确的是（　　）。

A. XUEJY　@　bj163.com

B. XUEJYbj163.com

C. XUEJY#bj163.com

D. XUEJY@bj163.com

196. 在因特网技术中，缩写 ISP 的中文全名是（　　）。

A. 因特网服务提供商（Internet Service Provider）

B．因特网服务产品（Internet Service Product）

C．因特网服务协议（Internet Service Protocol）

D．因特网服务程序（Internet Service Program）

197．在计算机网络中，英文缩写 WAN 的中文名是（　　）。

A．局域网

B．无线网

C．广域网

D．城域网

198．下列关于电子邮件的说法，正确的是（　　）

A．收件人必须有 E-mail 地址，发件人可以没有 E-mail 地址。

B．发件人必须有 E-mail 地址，收件人可以没有 E-mail 地址。

C．收件人和发件人都必须有 E-mail 地址。

D．发件人必须知道收件人住址的邮政编码。

199．下列各指标中，数据通信系统的主要指标之一是（　　）。

A．误码率

B．重码率

C．分辨率

D．频率

200．Internet 网中不同网络和不同计算机相互通信的基础是（　　）。

A．ATM

B．TCP/IP

C．Novell

D．X.25

201．Internet 提供的最常用、便捷的通信服务是（　　）

A．文件传输（FTP）

B．远程登录（Telnet）

C．电子邮件（E-mail）

D．万维网（WWW）

202．用“综合业务数字网”（又称“一线通”）接入因特网的优点是上网通话两不误，它的英文缩写是（　　）。

A．ADSL

B．ISDN

C．ISP

D．TCP

203．下列各项中，正确的电子邮箱地址是（　　）。

A．L202@sina.com

B．TT202#yahoo.com

C．A112.256.23.8

D．K201yahoo.com.cn

204．下列关于因特网上收/发电子邮件优点的描述中，错误的是（　　）

A．不受时间和地域的限制，只要能接入因特网，就能收/发电子邮件。

B．方便、快速。

C．费用低廉。

D．收件人必须在原电子邮箱申请地接收电子邮件。

205．以下说法中，正确的是（　　）

A．域名服务器（DNS）中存放 Internet 主机的 IP 地址。

B．域名服务器（DNS）中存放 Internet 主机的域名。

C．域名服务器（DNS）中存放 Internet 主机域名与 IP 地址的对照表。

D．域名服务器（DNS）中存放 Internet 主机的电子邮箱的地址。

206．根据域名代码规定，表示政府部门网站的域名代码是（　　）。

A．.net

B．.com

C．.gov

D．.org

207．电话拨号连接是计算机个人用户常用的接入因特网的方式。称为“非对称数字用户线”的接入技术的英文缩写是（　　）。

A．ADSL

B．ISDN

C．ISP

D．TCP

208．在计算机网络中，英文缩写 LAN 的中文名是（　　）。

A．局域网

B．城域网

C．广域网

D．无线网

209．TCP 协议的主要功能是（　　）。

A．对数据进行分组

B．确保数据的可靠传输

C．确定数据传输路径

D．提高数据传输速度

210．调制解调器（MODEM）的作用是（　　）。

A．将数字脉冲信号转换成模拟信号

B．将模拟信号转换成数字脉冲信号

C．将数字脉冲信号与模拟信号相互转换

D．为了上网与打电话两不误

211．计算机网络最突出的优点是（　　）。

A．精度高

B．共享资源

C．运算速度快

D．容量大

212．域名 MH.BIT.EDU.CN 中主机名是（　　）。

A．MH

B．EDU

C．CN

D．BIT

213．Internet 实现了分布在世界各地的各类网络的互联，其基础和核心协议是（　　）。

A．DHTTP

B．TCP/IP

C．HTML

D．FTP

214．拥有计算机并以拨号方式接入 Internet 的用户需要使用（　　）。

A．CD-ROM

B．鼠标

C．软盘

D．MODEM

215．用户在 ISP 注册拨号入网后，其电子邮箱建在（　　）。

A．用户的计算机上

B．发件人的计算机上

C．ISP 的邮件服务器上

D．收件人的计算机上

216．根据域名代码规定，表示教育机构网站的域名代码是（　　）。

A．.net

B．.com

C．.edu

D．.org

217．计算机网络的目标是实现（　　）。

A．数据处理

B．文献检索

C．资源共享和信息传输

D．信息传输

《大学计算机应用基础实验指导》读者意见反馈表

尊敬的读者：

感谢您购买本书。为了能为您提供更优秀的教材，请您抽出宝贵的时间，将您的意见以下表的方式（可从 http://edu.phei.com.cn 下载本调查表）及时告知我们，以改进我们的服务。对采用您的意见进行修订的教材，我们将在该书的前言中进行说明并赠送您样书。

姓名：______________ 电话：______________________________

职业：______________ E-mail:______________________________

邮编：______________ 通信地址：___________________________

1．您对本书的总体看法是：

□很满意 □比较满意 □尚可 □不太满意 □不满意

2．您对本书的结构（章节）：□满意 □不满意 改进意见__________________

____

____

3. 您对本书的例题 □满意 □不满意 改进意见______________________

____

____

4．您对本书的习题 □满意 □不满意 改进意见______________________

____

____

5．您对本书的实训 □满意 □不满意 改进意见______________________

____

____

6． 您对本书其他的改进意见：

____

____

____

____

7．您感兴趣或希望增加的教材选题是：

____

____

____

请寄：100036 **北京万寿路** 173 **信箱高等职业教育事业部收**

电话：010-88254571 E-mail:gaozhi@phei.com.cn